U0728866

谨以此书

纪念陈原道

诞辰 120 周年暨英勇就义 90 周年

陈原道传

胡长水 著

中共党史出版社

◎ 莫斯科中山大学时期的陈原道

目录

引　子 / 1

第一章　少年家国情怀 / 1

一、河水流过陈泗湾 / 2

二、从七年私塾到龙华学校 / 19

第二章　开始信仰马克思主义 / 37

一、求学芜湖“二农” / 38

二、投身革命大潮 / 56

三、出席全国学联第七次代表大会，加入中国共产党 / 66

第三章　留学莫斯科中山大学 / 77

一、到莫斯科去 / 78

二、系统学习马克思列宁主义理论 / 85

三、探索中国共产党人正确的思想方法 / 99

四、“对政治问题能独立的分析” / 107

第四章　受命赴河南，重建中共河南省委 / 131

一、成为任弼时的助手 / 132

二、重建中共河南省委 / 140

三、坚决抵制“立三路线” / 156

第五章　六届四中全会前后 / 173

一、三次上书中央，继续批判“立三路线” / 174

二、列席六届四中全会 / 207

三、中央党报委员会成员 / 237

四、受命赴天津，解决中共河北省委问题 / 240

第六章　在草岚子监狱 / 271

一、第一次被捕 / 272

二、建立狱中中共支部，出任第一任支部书记 / 281

三、反“反省”：应对与反击 / 293

四、共产党人的“监狱大学” / 312

五、争论 / 320

第七章　最后的斗争 / 335

一、巡视直南 / 336

二、又一次临危受命，第二次被捕 / 345

三、血染雨花台 / 353

结语：永远的怀念 / 361

后　记 / 386

引 子

新中国成立后，在巢湖北部地区的东黄山一带，老百姓中一直传颂着一个人——陈原道。人们说，他年少时读书特别聪明，一手毛笔字写得很漂亮，小小年纪，对人就很仁义；又说，他后来到芜湖读书时加入了共产党，还到苏联留过学，回国后当了共产党的大干部，只是后来被国民党在南京雨花台枪杀了；还说，他的妻子刘亚雄现在是中央的部长，要是陈原道还活着，一定是共产党的一个大人物！在老百姓的口中，对他有着深深的怀念，又有着深深的痛惜！及至“文化大革命”，又传说他和刘亚雄都与“六十一人叛徒集团案”有关，连原来在南京雨花台烈士纪念馆的展览都被撤掉了……

1976年粉碎“四人帮”以后，党和国家开始拨乱反正、平反冤假错案，陈原道重新进入了人们的视野。首先是南京雨花台烈士纪念馆恢复了对陈原道烈士事迹的陈列；陈原道当年在北平和南京狱中的难友薄一波、曹瑛、孔祥桢、周仲英、马宾等先后在《人民日报》发表纪念文章，深切怀念这位忠诚的共产党人；中共党史界也有专家学者陆续撰文，研究、宣传陈原道的生平事迹和革命精神。但是，也有一些党史著作包括回忆录，对陈原道仍然存在误读，把他和王明教条宗派捆在一起。陈原道的形象，又变得有些模糊起来。

事实上，现有的档案文献资料已经说明，陈原道是一位在政治上、思想理论上和革命气节上都十分了不起的共产党人。1927年就读于莫斯科中山大学期间，他在今后的学习方向中就提出："以马克思列宁主义为原则，来研究中国问题（历史的、个别的）。"并在莫斯科中山大学期间，就把这一思想方法贯彻到实践中，坚持研究中共历史，也就是研究中国国情。在回国以后的革命实践中，他又努力践行这条思想路线，坚持调查研究，坚持从中国革命的实际出发，坚决抵制脱离革命实际的"立三路线"。陈原道提出的这一思想方法和毛泽东后来在延安整风时期为全党确立的坚持马克思主义中国化，或者说坚持马克思主义和中国革命实际相结合的思想路线是完全相通的。完全可以说，陈原道为党的正确的思想路线的确立，贡献了自己的思想理论成果。同时，在莫斯科中山大学学生内部复杂的思想纷争中，他秉持的是列宁主义的建党原则，坚持"对政治问题独立的分析"，不依附于任何人。从而在思想路线和组织路线上和王明"左"倾教条主义者划清了界限。回国以后，他三次临危受命：1929 年赴河南，重建中共河南省委；1931 年 1 月党的六届四中全会后赴天津，重建中共河北省委，出色地完成了中央交给的任务。在河南工作期间，他在坚决抵制"立三路线"的斗争实践中，对中国革命要走以农村包围城市、武装夺取政权的道路这一重大问题进行了初步的探索，因而被执行"左"倾错误的同志讥讽为是以"农民推动城市"，是"农村包围城市"，是"上山主义"。而这恰恰被后来的革命实践证明是正确的。1932 年 11 月，在党内先后出现顾顺章、向忠发两个重要人物叛变，中央机关在上海已经无法立足，准备撤往江西苏区的时候，他又受命赴上海，担任中共江苏省委常委和上海革命工会党团书记，领导上海的工人运动。他在革命生涯中两次被捕入狱，表现了崇高的革命气节，最后唱着《国际歌》，血染雨花台。

陈原道是一位忠诚的、伟大的共产党人和共产主义战士。1934年1月，时任中华苏维埃共和国第一届临时中央政府主席的毛泽东在第二次全国苏维埃代表大会开幕词中，把他和黄公略、赵博生、韦拔群、恽代英、蔡和森、邓中夏等著名革命先驱并列，向他们表示默哀和敬仰！1937年7月1日，周恩来在中共中央召开的党的活动分子会上所作的《十六周年的中国共产党》的报告中，列举了一批在革命斗争中英勇牺牲的中华民族的优秀儿女，陈原道名列其中。

本书着重记述了陈原道革命生涯中的三次临危受命、两次监狱斗争。揭示了陈原道在中共思想理论发展史上的两大贡献：一是在党内较早提出了一个正确的思想方法；二是初步探讨了中国革命的正确道路，突出宣扬了陈原道崇高的革命气节。同时，全书也以一定的篇幅揭示了陈原道青少年时代成长的历史文化渊源。鉴于陈原道和王明“左”倾教条主义者之间关系的史料十分少见，为了正确地说明这一问题，本书对相关的历史背景资料做了系统梳理和比较研究，探微索隐，悉心考证，指出了陈原道和王明的根本不同点，以及在反“立三路线”这个历史交叉点上的共同点，还原历史的本来面目。强调要对当时的历史环境进行具体分析，防止简单化。

本书是带研究性的历史人物传记。坚持于史有据，论从史出；对某些重要的回忆史料，不能定论的则只是录以备考，力求写出一部信史。同时，文章需要锋芒，“笔锋常带情感”（梁启超语），也是史家治史之题中应有之义。何况传主是一位一生追求真理的革命先烈！

‖ 第一章 ‖

少年家国情怀

一、河水流过陈泗湾

1902年4月21日，陈原道出生于安徽省巢县青岗陈泗湾村（今属巢湖市栏杆集镇）。村中的亲属和老人都记得他属虎。原名陈元道，1920年在龙华高等小学读书时改名陈原道，字伯康，笔名和曾用名有革新、割心、元盗、列甫、烈武、玄涛[①]。

据《陈氏宗谱》记载：陈氏原为妫姓。相传帝尧曾把两个女儿娥皇、女英嫁给舜，让他在妫汭河边居住，后来妫汭河一带的人都为妫姓。周武王灭商以后，追封前代圣王的后人，找到了舜的后裔妫满，将大女儿元姬嫁给他，封妫满为陈侯（封地在今河南淮阳），让他奉守舜祀。妫满死后谥号为陈胡公，陈胡公是陈氏的始祖。

《陈氏宗谱》还记载，陈原道的出生地陈泗湾及其附近的陈姓人口，是其祖先陈达、陈亨兄弟及其族侄陈道明于明代洪武年间，由江苏句容枣林岗携带家人，还有黄犬一条，乘一只木船，过长江，进滁河，溯河而上，先是来到现在的陈泗湾，兄陈达即

① 见陈原道在莫斯科中山大学填写的调查表等相关资料，王玉芳主编：《陈原道生平历史资料汇编》第二册。

在此定居。弟陈亨继续溯河而上，行至弯陈村居住。侄陈道明又继续北上，至50华里外的今肥东县安家。兄陈达初到时，此处尚未形成村庄。因住地紧靠滁河，住地南边的东黄山，每到夏季则多雨，两道山水冲刷而下，逐渐形成一条宽五六十米的河道，流过门前，汇入滁河。因河水在门前绕了四道弯进入滁河，故村名曰陈四弯。后来逐渐演变为“陈泗湾”。

★ 这是进入故居的小路

到陈原道出生时，陈姓族人已在此居住了五百多年，早已融入了巢湖流域的历史文化之中。据专家考证，秦统一后置郡县，陈泗湾所在的这一片地域，隶属于橐皋（后称柘皋）县，唐以后隶属于巢县，清中期改属于合肥县梁乡，处巢县、含山边界，一直到中华民国时期。直到1949年后复归巢县，隶属新民

★ 陈原道故居正门

区[①]。陈原道在20世纪二三十年代从芜湖、上海给家里写信，地址为安徽巢县油坊集转。离陈泗湾十华里的油坊集（亦称司集），则是远近闻名的重要集镇，远古时期属于有巢氏族部落。

★ 陈原道故里　作者：黄声友

陈原道的青少年就是生长在巢湖北部地区一个临水而居的村落。门前20米，便是一条清澈的小河。从村子往南10里，是绵延40里的东黄山（巢县境西乡有西黄山，相对而称。与皖南黄山同名）。“黄山三百六十洼，洼洼有人家。”每当夏日暴雨来临，数日不停，从东黄山流出的洪水，常常让门前河水泛滥，良田被淹没，百姓称作“发大水”。往西20里，是坐落于巢湖支流柘皋河畔的千年古镇柘皋，往东20里，则是位于滁河上游的千年古镇古河。这里是江淮之间两大水系——巢湖流域、滁河流域的分流地，又是皖中历史文化的融会之地。

在这里，少年陈原道饱受着历史文化的滋润、熏陶，又经受着时代风雨的冲击、洗礼，润物无声，而又波涛汹涌……

巢湖流域，这是一片古老而神奇的土地。

---

① 参见宁业高：《司集考释》，程仲平编：《禹娶涂山在巢湖》，铅印本。

据《巢湖文化全书·历史文化卷》记载，20 世纪 80 年代考古发掘出的和县猿人遗址、巢县银山智人遗址表明，早在旧石器时期，中华民族的先辈就生活在巢湖这块土地上。这里是早期人类繁衍生息之地，是中华民族的发祥地之一。这里，又是华夏文明史上第一圣祖有巢氏及其子孙的生息地。《韩非子·五蠹》记载：“上古之世，人民少而禽兽众，人民不胜禽兽虫蛇。有圣人作，构木为巢，以避群害，而民悦之，使王天下。”由此，中华民族进入有巢氏时代。有巢氏族的生活区包括滁河流域、巢湖流域的广袤土地，有巢氏作为首领遂被称为“圣人”。历史学者对此评论说：“有巢氏的功德是无量无垠的。远古时代，茫茫荒原，凶禽猛兽，初民生活艰难困苦，生命毫无保障，各个‘原始人群’无不奋力战斗以图改变和改善生存条件，其中最有创见、最有贡献的祖先之一就是有巢氏。他既有圣人之心，仁人之爱，更有伟人之志，杰人之行。他是一个在极其艰难的困境中，用智慧和胆识、血汗和生命，英勇无畏地与天斗，与地斗，与禽兽斗，终于在奋斗的实践过程中创造革新，导引人类进步的英雄典型。……学者出版家王云五赞颂说：‘有巢氏，上古伟人’。”[①]

自此，有巢氏的子孙便在这块土地上繁衍生息。最早建立的是巢国，外氏族敬称“巢伯国”，中原氏族部落君臣以地理方位而称之为“南巢”。夏、商、周时期，各氏族部落不断融合，在巢湖、滁河流域逐渐形成了以巢国和“群舒”为代表的政治经济区域。这里地处神奇的北纬 30 度线上，更踞华夏江淮要津，山峦起伏，气候温润，物产丰富，更有八百里巢湖，因此成了兵家必争之地。“几千年间，这个广阔的湖面上总是波光粼粼亦战旗

① 宁业高：《论有巢氏族功德与古巢国演延》，《巢湖文化全书·历史文化卷》，东方出版社 2005 年版，第 43 页。

猎猎，渔歌阵阵又杀声滚滚。”[1] 东汉末年，群雄并起，诸侯割据，曹操与孙权之间的战争亦多发生于此。浩瀚万顷的巢湖，横亘于江淮之间，成为魏、吴两军争斗的战场。孙权得豪杰周瑜（庐江人，曾任居巢长）的辅佐，军政强盛，使曹操“四越巢湖不成”（诸葛亮《后出师表》）。伴随着宋代著名词人苏轼《念奴娇·赤壁怀古》的千古传唱，也使“雄姿英发”的巢湖庐江人周瑜家喻户晓。及至明清，从巢湖水师和淮军营帐中走出的一干朝廷重臣大将，尤其是拒绝降日、服毒自杀的北洋水师提督丁汝昌等人，也为巢湖人所耳熟能详。

在陈原道的家乡，民间有一种喜听老人讲故事的民俗，俗称“呱蛋”。每到晚上掌灯时分，尤其是农闲季节，一些年长一些的人常聚集一家或一处，天南海北地讲各种故事。有或远或近的真人真事，也有各种神话传说。有的老人虽目不识丁，仍能把三国、岳家军、杨家将、花木兰从军和包公断案的故事说得头头是道。孩子们包括一些家庭妇女常围坐在一起，听得津津有味。有成套连环的故事，常一连讲几个晚上，这叫“说大古书”。陈泗湾村的老人曾回忆，陈原道小时候特爱听长辈们讲故事，“说大古书”，对曹操、刘备、孙权、周瑜、杨家将、岳飞这些古代英雄豪杰和清官包公的名字和故事十分熟悉，还喜欢刨根问底。

村子里的老人还回忆，陈原道小时候和伙伴们特别喜欢听当地一个流传千年的神话传说——“陷巢州”。

据谙熟巢湖文史的专家考证，“陷巢州”的传说是古人把巢湖地区的地壳运动而形成的湖泊与神话结合起来，渐成一种民间传说。早在魏晋时期就盛传“古巢陷落”的神话，小说家干宝在

---

① 宁业高:《巢湖名称与“陷巢州”传说考辨》,《巢湖学院学报》2005 年第 7 卷第 6 期。

《搜神记》中即有采记。后人的叙述大体由此而来。故事的情节大致是：

相传古代这里本是一座繁荣的巢州城，东海龙王之子小白龙向往人间，乔装白衣秀士来到巢州，醉卧街头，不慎现形鱼身，被巢州人发现而进行割肉分食，唯有焦姥和女儿焦姑将分得的那份鱼肉放入水中，从而救活小白龙一命。龙王因分食小白龙而怒，意欲陷落巢州，小白龙为报焦姥、焦姑救命之恩，托梦恩人焦姥，要焦姥、焦姑赶快逃走。然当州城下陷、洪水滔滔之际，焦姥母女为救百姓，沿街呼喊：陷巢州啦！陷巢州啦！因而耽误了逃命的时间。小白龙见焦姥母女将被洪水吞没，便将焦姥化为姥山（岛），将焦姑化为姑山（岛），又将她俩跑掉的两双鞋子化为两座小小的鞋山（岛）。遇难的百姓见三山拔地而起，水涨山高，于是蜂拥而上，登山避险。这时，只见巢州已是一片汪洋。得救的巢州百姓因敬仰焦姥舍己救人的高尚品德，遂将所陷之湖命名为焦湖[①]。

"陷巢州"的民间传说，在巢湖流域千年传诵，家喻户晓。其主旨是歌颂焦姥母女的仁爱之心和在危难之际舍己救人的大爱之情，因而成为百姓心中的圣人形象。后人还根据这一传说，在姥山上建起了圣姥庙，祀奉焦姥为巢湖神，在姥山顶上修了一座塔，名望儿塔（即文峰塔），好让焦姥母女时时守望。

一方水土养一方人。巢湖流域是夏文化的发祥地。古代的圣人、仁人和英雄豪杰，民间的美丽传说，巢湖流域的这一方水土，滋润着陈原道青少年时代的心灵，逐渐培养了他一种崇尚仁人、崇尚英雄的情结。巢湖姥山，以及家乡附近的古人庵、仙人桥、石龙角，陈原道在龙华学校时的作文中都一一展现。由此，

① 宁业高：《巢湖名称与"陷巢州"传说考辨》，《巢湖学院学报》2005 年第 7 卷第 6 期。苏士珩主编：《环巢湖民间传说》，黄山书社 2014 年版。

也培养了陈原道对历史的浓厚兴趣。在龙华学校时，老师对他作文的批语即是："胸中瞭然于史册。"[①]

在考察陈原道青少年时代的学习生活及思想状况时，还有一个现象颇为老师、同学和乡亲父老赞扬，这就是他在龙华高等小学时的作文，写得不仅视野宽宏、见解独特，而且文采斐然。有些叙事类的作文，词句如诗如赋，是一篇篇优美的散文。他到芜湖读书时曾在《学生文艺丛刊》发表过一首白话诗——《新年杂感》，回忆几次上学时家里的窘境，祖父、祖母、父亲、母亲的叮嘱，写得如泣如诉，凄婉动人。陈原道之所以会有这样的才情、文思，也与家乡的文化熏陶成正相关。

★ 大禹治水图（选自《新巢湖》2017年春季号）

近年来，历史学者、中国科技大学研究员宁业高先生经过多年广泛搜集历史文献资料，悉心研究，得出一个重要结论：历史上所说的"禹娶涂山（女）"，这个涂山，正在离陈原道出生的陈泗湾村十里的东黄山群中，直到近代，这里仍有涂山之称。绕涂山而流的河流古名为涂水，今是滁河上游的支流之一。涂山下和涂水畔

① 王玉芳主编:《陈原道生平历史资料汇编》第六册。

还有涂姓氏村落，旧称涂山保，今称方涂巷。宁先生的学术观点在众多史志研究者中引起广泛赞同。宁文还有一条重要的佐证，这就是《康熙字典》对“涂”的释义：“涂，又涂山，国名。在寿春界巢县东北。《书·益稷》：‘娶于涂山。’《连山易》：‘禹娶涂山氏女，名攸。’《史记·夏本纪》：‘禹会诸侯涂山，今山前有禹会村。’苏轼有《禹会村诗》。俗谓涂山在会稽，渝州，濠州，当涂，九江，及三巴之江州，并非。”① 这就是说，涂山，无论是国名、地名，还是“禹娶涂山（女）”，都是在巢县东北，而非会稽、渝州、濠州等。这是集众多名家学者的《康熙字典》编纂班子对历史上这个争议问题的权威性结论。

宁业高先生还进一步会同当地的史志研究者通过文献资料和实地考察得出结论，大禹所娶的妻子涂山女偃攸生籍地就在巢县东北的油坊集（司集）方涂巷一带。文献记载，大禹在长江、滁河、巢湖、淮河一带往返治水，三十未娶，在涂山遇到了有巢氏族皋陶部族美丽、贤良的女子偃攸，遂结为夫妻。然婚后第五天，大禹就外出治水，履职公务，三过家门而不入，妻子偃攸十月怀胎，

★ 禹妻携子图（选自《新巢湖》2017 年春季号）

① 见宁业高：《禹娶涂山在巢湖》，程仲平编：《禹娶涂山在巢湖》，铅印本。

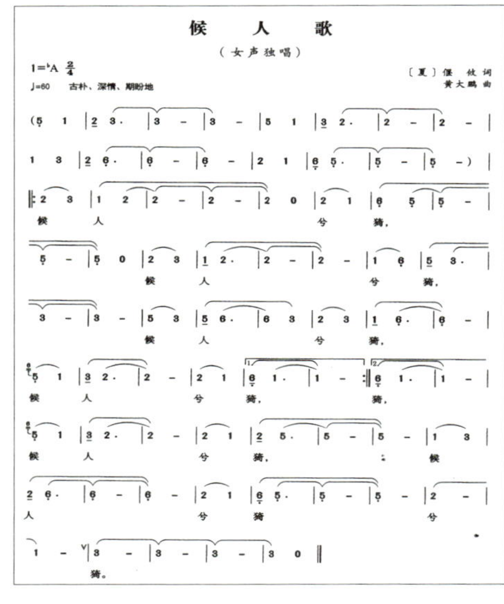

★《候人歌》

养育幼子启，恪守忠贞之心，直至大禹八年治水成功后方归。故汉代《列女传》将攸女事迹列为第一类母仪典范加以称颂[①]。史书记载：偃攸盼夫心切，望穿秋水，在携子望夫归来时，心中反复吟唱着四字歌：“候人兮猗！”（等候你归来啊！多么长久啊！）这首歌，是我国现有文献中的第一首情歌，第一曲“南音”，是中华民歌的源头。因而有“南音导其源，楚辞盛其流”之说。而实地勘察、走访说明，现今司集方涂巷一带就是涂山所在地。直到 1949 年区划调整时，行政建制仍为“巢县新民区涂山乡”。

缘于此，巢湖司集一带，也就是陈原道的家乡，一直有着传唱民谣、民歌的文化传统。就连老百姓的丧事，女眷们的“哭”，都是以“唱”的形式出现。这种“哭唱”，常常把逝者的辛劳、品德、历史编成“唱词”，一哭三唱，凄婉动人。这种“哭唱”，实际上是千年传承的巢湖司集民歌的一种形式。更多的是，人们把生活中的各种人和事，以民歌的形式唱出来，或爱，或恨，或调侃，或赞美。这种民歌，许多平民百姓张口就来，俗称“随嘴带”。即使是“随嘴带”，也有韵有味，有才有情。源远流长的司集民歌，到新中国成立后，曾产生了一批著名民歌手，20 世纪

① 见宁业高：《禹娶涂山在巢湖》，程仲平编：《禹娶涂山在巢湖》，铅印本。

50 年代初，还几度被省里推选，唱到了中南海怀仁堂，以致今日以司集民歌为代表的巢湖民歌，列入国家首批非物质文化遗产名录。

家乡的这一历史传统文化，也深深地融入陈原道的心灵之中。1926 年，他在莫斯科中山大学填写的调查表中即说到，他青少年时“爱文学”。他的文学素养，正来源并植根于他早期生活和学习的这片土地。

喜爱历史和文学，成为家乡的历史文化在少年陈原道身上凝结成的两大特长和素质，也由此培育了他处世的仁人理念和做人的英雄情结。

陈原道生长在清末民初。对青少年时代的陈原道思想影响最直接的，还是那个时代的历史风云。他 8 岁入私塾，17 岁入龙华高等小学，19 岁赴芜湖读书，这一时期是他新思想的吸纳期和萌发期。从他这一时期的文章和行为实践来看，对他影响最大的是近代以来的这样几件大事：

第一件大事是甲午海战和《马关条约》的签订。

自 1840 年英国对中国发动鸦片战争并签订《南京条约》以后，中国开始一步步成为半殖民地半封建社会。而 1894 年至 1895 年的甲午战争，则是这一过程中的重大转折点。洋务运动时期人们曾经寄予极大希望的李鸿章苦心经营的淮军和北洋海军，在战争中竟很快覆没，割地、赔款的《马关条约》又是那么地苛刻，把清政府的腐朽无能一下子暴露在全国人民的面前。亲身经历这场事变的吴玉章后来在回忆录中沉痛地回忆说：“这真是空前未有的亡国条约！它使全中国都为之震动。从前我国还只是被西方大国打败过，现在竟被东方的小国打败了，而且失败得那样惨，条约又签得那样苛，这是多么大的耻辱啊！李鸿章的卖国贼面目彻底暴露了。广大人民都反对投降派，反对李鸿章，欲食其肉而后快。当时正在北京会试的各省学子也纷纷集会、请愿，康有为即联络其中的一千余人，举行了著名的‘公车上书’，要求拒和迁都，变法图强。我还记得甲午战争战败的消息传到我家乡的时候，我和我的二哥（吴永锟）曾经痛哭不止……我们当时悲痛之深，实非言语所能表述。”①

救亡图存！——一下子成了中国人民的主题，尤其是在众多有着家国情怀的知识分子中。严复在天津《直报》上接连发表四篇文章。在最后一篇《救亡决论》中，第一次响亮地喊出了“救亡”的口号。于是，戊戌维新运动应声而起。“救亡”唤起了启蒙！正如历史学家金冲及所言:“自这时起的近半个世纪内，‘救亡’成为所有爱国者心目中最紧迫、最关注的中心问题，一切都要围绕这个中心问题来重新考虑，这是中国近代民族觉醒历程中有着里程碑意义的巨大变化。”②

甲午战争七年后，陈原道呱呱坠地。“救亡”，也成了他青少年时代面临的重大社会问题。

第二件大事是辛亥革命。

由康有为、谭嗣同、梁启超、严复等从封建士大夫中冲杀出来的知识分子发起的维新运动，是一场具有相当规模的思想运动和政治运动，尤其是严复译述的《天演论》的发表，震动了整个思想界，影响了一代知识分子。因此，著名历史学家范文澜说，戊戌变法运动的进步意义，主要表现在知识分子得到一次思

①《吴玉章文集》下卷，重庆出版社 1987 年版，第 955 页。

② 金冲及:《二十世纪中国史纲》第一卷，社会科学文献出版社 2009 年版，第 10 页。

想上的解放。但是，维新志士们企图在不触动封建地主阶级根本制度的基础上求得某种改良，这种“跪着造反”的方式注定它必然招致失败。事实正是如此。慈禧太后很快发动政变，软禁光绪皇帝，康有为、梁启超逃往国外，谭嗣同等六君子带着“有心杀贼，无力回天”的遗恨走向了刑场。“百日维新”如昙花一现。很快，八国联军攻占北京，更加屈辱的《辛丑条约》签订，外国列强在中国掀起了瓜分的狂潮。

于是，“革命”的口号应运而生，并且很快风靡海内外，其中以陈天华所著的《警世钟》《猛回头》和邹容的《革命军》影响最大。在《猛回头》《警世钟》中，陈天华一语道破：“现在的朝廷，已经是‘洋人的朝廷’了！”“要革命的，这时可以革了，过了这时没有命了。”[①] 在《革命军》一书中，自谓“革命军中马前卒”的邹容更是以痛快淋漓气势如虹的笔调大声呼喊“革命”：“吾于是沿万里长城，登昆仑，游扬子江上下，溯黄河，竖独立之旗，撞自由之钟，呼天吁地，破嗓裂喉，以鸣于我同胞前曰：呜呼！我中国今日不可不革命。”“巍巍哉，革命也。皇皇哉，革命也。”[②] 也正是在这一革命的风潮中，革命党人的团体纷纷建立。1894 年 11 月，孙中山在夏威夷的檀香山建立了革命组织兴中会。它的宗旨是“振兴中华，维持国体”，喊出了“振兴中华”这一意义深远的伟大口号。到 1904 年，内地的革命团体如雨后春笋般建立起来。1905 年 8 月 20 日，中国同盟会正式宣告成立。同盟会誓词确立了“驱除鞑虏，恢复中华，创立民国，平均地权”

① 转引自金冲及：《二十世纪中国史纲》第一卷，社会科学文献出版社 2009 年版，第 57 页。

②《辛亥革命前十年间时论选集》第一卷（下册），生活・读书・新知三联书店 1960 年版，第 651 页。

的十六字纲领。孙中山还在《民报》发刊词中第一次把他的革命主张概括为“民族、民权、民生”三民主义。不到一年，同盟会会员即发展至万余人。同盟会成立后，革命党人发动了一系列武装起义，包括安徽境内光复会领导的1907年安庆起义，岳王会领导的1908年安庆新军起义，和著名的广州黄花岗起义，徐锡麟、秋瑾、熊成基、林觉民等一批著名的革命志士在起义失败后英勇牺牲。然而，革命党人屡踣屡起，终于在1911年爆发了辛亥革命，1912年1月1日，中华民国临时政府在南京宣告成立，孙中山当选为第一任临时大总统。

辛亥革命爆发那一年，陈原道9岁。革命的消息迅速传遍了大江南北，也传到了陈原道的家乡。小小年纪的陈原道也受到了革命的洗礼，并做出了一件让大人们意想不到的事——剪掉了象征清朝子民的辫子，并在私塾中闹出了一起风波。当地党史研究者根据村里老人的回忆，作了这样一段叙述：

幼年的陈原道，有时也会做出一些让大人们觉得很“出格”的事。辛亥革命爆发那年的一天，陈泗湾村私塾里的塾师老先生突然发现他的学生们头上的辫子一夜之间都不见了。“发授之于身，身授之于父母”。剪辫子，这还了得！消息很快传遍全村。一个孩子的母亲闻讯后大怒，手持木棍赶来，照那孩子猛抽下去。此时那孩子正站在先生面前被罚背书，见此情形，下意识地一闪身，棍子不偏不倚正抽到了先生头上。老先生气急败坏，严加追查，逮住学生一个个拷问，最后终于弄清楚，这场剪辫子风波的始作俑者，就是陈原道。陈原道因此受到了先生的一顿重罚[①]。

这件事，多少年后，都一直在村子里传为佳话。不止于此，

① 欧玉文、王诗金：《雨花忠魂陈原道》，中共安徽省委党史研究室编：《陈原道百年诞辰纪念文集》，中共党史出版社2004年版，第96页。

辛亥革命仁人志士的家国情怀，后来也成为陈原道青少年时代的政治取向，激励自己奋然前行！在芜湖读书期间，他还专门抄录了一册辛亥革命时期仁人志士的诗文，以为鞭策。

第三件大事是北洋军阀时期的黑暗统治。

当革命党人还刚刚陶醉在孙中山当选为中华民国临时大总统，以为资产阶级共和政体就要在中国变为现实的时候，富有政治权谋和野心的北洋军阀头目袁世凯，在英国等列强的支持下，先率师南下攻陷汉口、汉阳，对南方施加压力，同时又以赞成共和、逼清帝退位为条件，展开南北议和。由于革命党人的天真和妥协，孙中山很快宣布让位，袁世凯当上了临时大总统。辛亥革命的成果，就这样落到了北洋军阀首领袁世凯的手中，辛亥革命失败了。正如从辛亥革命中走出来的董必武所说：辛亥革命“根本没有打碎封建军阀和官僚的国家机器。近代中国的半殖民地半封建的经济基础，更是原封未动。中国的反对帝国主义反对封建主义的革命任务并没有完成。就这个意义说，辛亥革命是失败了。”①

精于权术的袁世凯不但窃夺了辛亥革命的成果，而且还做起了皇帝梦。为了取得日本政府对他这个“皇帝梦”的支持，不惜接受了日本提出的被时人称为“亡国条约”的“二十一条”。结果，“皇帝梦”是做成了，只不过只做了83天便被迫撤销帝制，自己也很快在焦虑中一命呜呼。接下来，北洋军阀便分裂为以冯国璋为首的直系和以段祺瑞为首的皖系两大派系，还有同北洋派关系密切的张勋和张作霖两股重要力量。这些军阀势力的背后，又各有不同的帝国主义国家作为靠山，皖系得到日本的支持，直

---

①《董必武选集》，人民出版社1985年版，第493页。

系得到英、美的支持。帝国主义支持这些军阀的目的，则是为了更好地和这些军阀相互勾结，攫取在中国的种种特权。比如，为了得到日本的支持，段祺瑞就与日本签订中日《陆军共同防敌军事协定》等，允许日本在中国驻兵和战时直接指挥中国军队。这些不同的军阀之间，为了争夺和控制北京中央政府，或者为了保持自己的地盘，争斗不已，甚至大动干戈。如：1917 年以黎元洪和段祺瑞为首的“府院之争”和张勋复辟，1920 年的直皖战争，1922 年的直奉战争，1924 年的江浙战争和第二次直奉战争，等等。由此，中国进入了十年之久的北洋军阀统治时期。政治上，他们实行共和形式下的封建军阀专制；经济上，封建剥削进一步加重和进一步殖民地化。国家的情况在一天天地坏下去，“人民的痛苦和失望，真是达于极点，因此有的便走上了自杀的道路”①。

对北洋军阀统治时期这段令人眼花缭乱的军阀、政客政治，陈原道十分关注，也有一个认识的过程。在龙华高等小学时，他曾以“同邑晚陈元道”的身份写下《上段上将军芝泉书》，期望他“为公之计，收拾人心，招纳异己，精授兵法，广布腹心。效破釜沉舟之概，宏马革裹尸之风”，并表示“急难之时，亦敢效微躯”②。而当他一旦真正认识到这些军阀政治的反动本质时，便把军阀割据下的中国政治经济状况，作为考虑中国革命方针政策的一个基本出发点。这又是后话。

第四件大事是新文化运动的兴起和中国共产党的诞生。

地火在地下运行，奔突！终于，近代中国第一次伟大的思想解放运动在中国的大地上爆发。1915 年 9 月，辛亥革命时担

① 《吴玉章文集》下卷，重庆出版社 1985 年版，第 1052 页。

② 中共安徽省委党史研究室编：《陈原道百年诞辰纪念文集》，中共党史出版社 2004 年版，第 230 页。

任过安徽都督府秘书长的陈独秀，创办了《青年杂志》(后改名《新青年》)，首先喊出了民主与科学两大口号，又叫“德先生”和“赛先生”，揭起了新文化运动的大旗。聚集在这面大旗之下的，主要有李大钊、鲁迅、胡适、钱玄同、刘半农、高一涵、周作人、易白沙、吴虞等。他们以《新青年》为阵地，向封建的旧思想旧文化发起了猛烈的进攻。初期的新文化运动的主要内容是倡导民主和科学，这里的民主，既包括个性解放、人格独立、民主、自由等民主精神，也包括与封建君主专制制度对立的资产阶级民主政治制度。这里的科学，主要是指与封建迷信相对立的科学精神，也包括具体的科学知识。新文化运动还举起了“文学革命”的大旗，鼓吹以白话文代替文言文，以白话文学为中国文学之正宗。文学革命的意义，在于它有助于把文化从少数人占有下解放出来，能够为平民所理解和接受。新文化运动启发了一代青年，培养了他们敢于向旧传统挑战，勇于追求真理的革命精神。

就在新文化运动蓬勃兴起的时候，“十月革命一声炮响，给我们送来了马克思列宁主义！”新文化运动中的知识分子，很快被苏俄这样一个崭新的没有人剥削人的劳农政权及其指导思想马克思列宁主义所深深吸引。率先站出来宣传十月革命和马克思列宁主义的是李大钊。1918 年 11 月至 12 月，他发表了《庶民的胜利》《Bolshevism 的胜利》两篇重要文章，热情地欢呼：十月革命的胜利，是二十世纪世界革命的先声。“试看将来的环球，必是赤旗的世界！”[①]1919 年 5 月爆发的五四运动，又大大地促进了这种传播。以《新青年》为阵地，全国形成了两个传播中心，即北京和上海。在北京，1920 年 3 月，由李大钊主持，成立了北

① 李大钊：《Bolshevism 的胜利》，《新青年》第 5 卷第 5 号，1919 年 1 月。《李大钊全集》第二卷，人民出版社 2006 年版，第 263 页。

京大学马克思学说研究会，成员有邓中夏、高君宇、何孟雄、朱务善、罗章龙、张国焘等19人。在上海，陈独秀等于1920年5月发起成立了马克思主义研究会，成员有李达、陈望道、李汉俊、邵力子、沈玄庐等。此前，陈望道就翻译了《共产党宣言》，这是马克思主义基本著作在中国出版的第一个中文全译本。这两个中心，先后同湖北、湖南、浙江、山东、广东、天津和海外一些留学人员相联系，促进了马克思主义的广泛传播，使马克思主义的学习和宣传成为五四运动以后新文化运动的主流，毛泽东、蔡和森、邓中夏、恽代英、瞿秋白、周恩来等一批先进青年迅速成长为具有初步共产主义思想的知识分子。1921年7月23日，中国共产党第一次全国代表大会在上海法租界望志路106号开幕。最后一天的会议转移到浙江嘉兴南湖的游船上举行。大会通过了党的第一个纲领，规定党的主要任务是“革命军队必须与无产阶级一起推翻资本家阶级的政权”，“承认无产阶级专政，直到阶级斗争结束，即直到消灭社会的阶级区分；消灭资本家私有制，没收机器、土地、厂房和半成品等生产资料，归社会公有”[①]，以及“联合第三国际”。其主旨是为了全中国最广大的劳苦大众的翻身解放。这是中国共产党人的初心，也贯穿了后来陈原道的一生。

中国共产党的诞生，如毛泽东所说，这是中国历史上“开天辟地的大事变”！

从1915年新文化运动的兴起到1921年中国共产党的成立，这是对青少年时代陈原道的思想影响最根本、最深远的重大事件。不仅《新青年》《向导》这些期刊的思想、主张深深地影响

①《建党以来重要文献选编》第一册，中央文献出版社2011年版，第1页。

了他，而且新文化运动和马克思主义传播中的一些先进人物，如恽代英、高语罕，也成了他的革命引路人。

近代中国的历史，尤其是甲午战争以来的历史风云，伴随着陈原道的出生和成长。历史中重要的人物和重大的事件，都在他年轻的心灵深处引起了阵阵波澜，有的甚至成为他笔下的人物。其中，活跃在近代中国历史舞台上的皖籍人士，如人称“李合肥”的李鸿章、“段合肥”的段祺瑞，以至陈独秀、柏文蔚、胡适、高语罕，包括由北洋军阀将领最后走到人民阵营的冯玉祥等，都在他的思想深处留下深深的烙印。

历史，犹如陈泗湾前的那条河，流过了陈原道的家门口，也流进了陈原道的心田。古老的历史文化滋养着他，近代的历史风云又猛烈地拍打着他。他，就是在这样的历史风雨中，一步步地成长壮大！

二、从七年私塾到龙华学校

陈原道出生在一个比较贫寒的农民家庭。父亲陈中乾，勤劳忠厚，母亲杨氏，善良俭朴。只是原道 4 岁时，母亲便因病去世，父亲续娶陈氏，仍将他视同己出[①]。1926 年，陈原道在莫斯

① 王诗金：访问陈泗湾村两位 90 岁以上的村民和陈原道近亲属程士英、陈友标记录，2020 年 5 月 20 日。关于陈原道生母是杨氏还是陈氏，有不同的说法，这里依据的是王诗金的访问记录。

科中山大学的调查表中填写的家庭状况是：人口 8 人，包括父亲陈中乾，49 岁，母亲陈氏，48 岁（已故），弟弟、弟媳和两个分别为 15 岁和 7 岁的妹妹等；农田 18 亩，草房 12 间，每年收入约 150 元；已负债 200 元，处于“无产者”的经济地位[①]。

虽然家里生活困难，父母亲在陈原道 8 岁时还是把他送到村子里一位地主家请的私塾先生那里念书，自然是一心想望子成龙。1922 年底，陈原道在芜湖读书时写了一首自由体的白话诗——《新年杂感》，回忆了当初父母送他读书的情景：

光阴似箭一般地过去，
形骸逐着时间还增长，
我明日却是二十二岁了！
还能再长么？
“知识长了”，
人们都这样说。
我自问：一切依然如故，
甚至一年不如一年。

回忆十二年前底我，
祖父、祖母、爸爸、妈妈……
都兴高采烈地，
把我送到书房里，
他们把血汗换来的钱，
愿意充作我的学费。
他们的目的是：
希望我成龙成凤，

① 陈原道在莫斯科中山大学填写的调查表，王玉芳主编：《陈原道生平历史资料汇编》第二册。

做社会上一个完全底人格的人！
现在——祖父、祖母相继去世，
已三年、二年！
爸爸和妈妈，仍继续的
供给我底需要！①

这首诗，既叙述了父母亲当初送他读书时望子成龙、长大独立自强的心境，也述说了家庭十几年供他上学的艰难。

就在他入私塾一年后，辛亥革命爆发，他毅然剪掉辫子。只是辛亥革命后，农村的封建土地关系没有任何变动，家庭生活依然贫困。1912 年，他在念了两年私塾后不得不中止读书，辍学在家，10 岁的他在家帮助父母亲做些家务：养猪、养鸡、放牛，同时还跟着父母到地里种菜、拾棉花，“从事耕田”②。

★ 这是陈氏私塾学堂的遗址

然而，陈原道太想读书了。两年以后，父母亲又从亲戚跟前借了些钱，继续让陈原道读私塾。塾师还是原来的宋老先生，只

① 陈原道：《新年杂感》，《学生文艺丛刊》1925 年第 2 卷第 4 集。
② 陈原道在莫斯科中山大学填写的调查表，王玉芳主编：《陈原道生平历史资料汇编》第二册。

是读书的地点转到离村子几里地的陈氏宗祠内。陈原道天资聪慧，学习又特别用功，深得塾师的喜爱。很快，他的一手毛笔字便写得特别漂亮。陈原道的侄孙曾经回忆听他祖父也就是陈原道的弟弟讲的几件事：

大爷爷的字写得好，是爷爷时常夸奖的。爷爷说，大爷爷小时候在安徽家乡的私塾小学读书时，一手的好毛笔字已经是很多大人都没法比的了。大爷爷也特别乐于助人，村里一些年长的乡民要写些书信，都爱找大爷爷帮忙代笔。逢年过节的时候，家乡的乡邻都要找当时还是小学生的大爷爷，写上一副工整漂亮的毛笔字的对联贴在自家的门上。

为了能有强壮的身体，大爷爷很注意锻炼身体。在寒冬腊月，大爷爷还能一直坚持用冷水洗澡。当时，爷爷已经开始分担起家里的生活负担。为了能让爷爷劳动后多休息一会儿，大爷爷一到学校放假的时候，就回家找体力活做。可爷爷担心耽误大爷爷的学业，就更抢着干活。看着两兄弟常常为做事干活抢来抢去，村里的乡邻都说两人懂事①。

随着年龄的增长，帮父母亲下地干活是常有的事。尤其是农忙时节，下地割麦、割稻，许多农活都做。遇到夏季干旱，车水是一件很累的活。巢湖北岸地区使用的是一种 5 米长的龙骨车，需要四个人互相配合才能把水塘或河里的水车到稻田里。据村子里的老人回忆，陈原道常常帮助家人车水，手上常磨起了血泡，但他仍咬牙坚持，从不叫苦。农民这种手工劳动的艰辛，也是他日后写作《重农说》的实践基础。

这样，陈原道又念了五年私塾，前后共七年。1919 年夏，塾

① 陈宏军：《听爷爷讲的事》，中共安徽省委党史研究室编：《陈原道百年诞辰纪念文集》，中共党史出版社 2004 年版，第 32—33 页。

师到八里地外的龙华高等小学教书，又将陈原道带到了龙华高等小学。

★ 陈原道 17 岁时，随塾师到龙华高等小学学习。这是龙华小学原址

根据陈原道在莫斯科中山大学填写的调查表，陈原道在龙华高等小学读书的时间是 1919 年至 1921 年，也就是在他 17 岁至 19 岁这两年。

龙华高等小学的前身是龙华小学，创办于清末戊戌变法后的 1899 年。甲午战败后，鉴于民族危机日益严重，康有为等资产阶级改良派在以光绪帝为首的帝党的支持下，发起了一场变法运动。1898 年 6 月 11 日，光绪帝接受维新派的改革方案，毅然下"明定国是"诏，颁布维新法令，推行新政。其中文教方面的重要内容是：改革科举制度，废八股，改试策论；设立学堂，提倡西学，开办京师大学堂，下令各省、府、厅、州、县，将现有之大小书院，一律改为兼习中学、西学的学堂；设立译书局，翻译外国新书等。维新运动很快归于失败，但新政中某些并不根本危及清朝封建专制统治的措施却保留下来，如京师大学堂等。也就在戊戌变法的第二年，当地清末秀才刁叔屏，联络一班锐意革新的前辈同仁，在东黄山脚下的龙华寺，毁寺逐僧，办起了龙华小学堂，堂长刁叔屏。1901 年，慈禧太后在庚子事变避走西安回京后，迫于清政权已岌岌可危，被迫主动变法，实行清末新政。新政的内容多与戊戌变法近似，其中文教方面有：废科举，兴办新式学堂；派遣一大批年轻的读书人出国留学。虽然这种“新政”还只是一些“皮毛新政”（陈天华语），但毕竟在旧的铁屋里打开了一道缺口，透进一丝清新之风。到 1909 年，全国中学堂已有 460 所，中学生 40468 人；小学堂 51678 所，小学生 1522746 人[①]。龙华小学堂得风气之先，1905 年改为龙华小学校，1908 年改为合肥梁乡高等小学堂，1911 年改为合肥东北三镇区高等第一小学校，这一名称一直沿用到 1925 年，始改为合肥龙华完全小学。名称虽有变化，但课程大体未变，除读经史外，开设英语、算学、博物、化学等课程，一时有合肥东第一所“洋学堂”之称。据《合肥志》清光绪二十七年（1901 年）载：合肥为皖中首邑，人才荟萃之都，已设有图书馆，识字义塾，俨具新教育雏型。又云：“改淮南书院为庐州府中学。公立小学两所，一在城内，一在东黄山龙华寺，离合肥县城一百二十里。”[②]也就是说，当时合肥公立小学仅两所，龙华小学即是其中之一。虽然只是一所高等小学，在当时那种社会环境下，已是远近闻名的“高等学府”了，对外称龙华学校或肥东学校。

① 金冲及:《二十世纪中国史纲》第一卷，社会科学文献出版社 2009 年版，第 52 页。

② 见巢湖市黄山中学编:《杏风龙韵——纪念巢湖市黄山中学建校一百一十周年》。

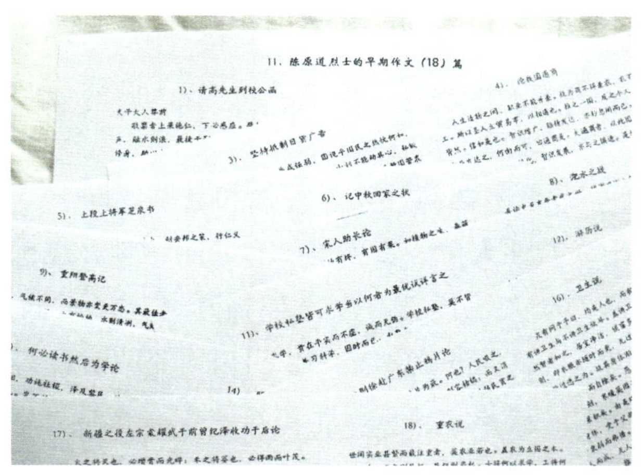

★ 陈原道在龙华学校时留下的 18 篇遗作

1919 年夏，当陈原道来到龙华高等小学时，这里已经浸润新文化运动和“五四”思潮的风雨了。龙华高等小学坐落在陈泗湾村南十华里的东黄山脚下。嘉庆《合肥县志》记载：东黄山在城北百二十里，连含山、巢二县界。其峰三百六十，周二百余里。山峦起伏，层峦叠嶂，树木葱茏。大山中间，各山衖俱有泉，四时不竭，泉甘土肥。山中曾经有庙庵寺院几十处，龙华高等小学就是由一所寺院改建而成。校园旁的山上有一眼清泉，俗称“龙屁眼”，春夏秋冬，泉水长流，甘甜可口；校园前有棵硕大的古银杏树，直径约一米；整个校园掩隐在一片绿树青山之中，美丽而又幽静。

然而，时代的风雨已经使这里不再只是学生读书修身之地，而是“风声，雨声，读书声，声声入耳；家事，国事，天下事，事事关心”了。在这里，陈原道一方面努力地学习科学文化知识，更多的是关心社会和国家大事，对许多问题有着自己的判断和认识，一种家国情怀油然而生，且思想和文笔都很犀利。两年期间，他留存下来的作文，目前发现的有 18 篇。其中有几篇装订成册的作文的封面标有“九年上学期作”。九年，即民国九年。其内容大体可分为三大类：

一类是记叙在学校生活的散文。作者借景抒情，抒发对家乡和祖国山川大地的热爱，表达对高洁品格的追求和远大的胸怀。这类文章主要有《重阳登高记》《摘桂花记》《记秋菊》《记中秋回家之状》《游历说》等。

《重阳登高记》是写他和老师、同学二十余人于重阳节登黄山，游仙人桥、古人庵、石龙角诸地，觅锦绣河山，其乐融融的情景。文笔优美，读之如临其境。还是摘录其中几段，以飨读者，尤其是熟悉烈士家乡山川河流的读者：

己未岁，予就学于肥东学校。重阳之日，天朗气清，风萧日晶，先生偕诸生等二十余人游山登高。盖效古人之幽优为落帽之快事，开拓胸襟，扩展眼界也。初行时整队排班，步武相连，吟歌互答。经历数村，约三里许，傍龙华山下，耸然独立者，石镜也。旋登山焉，高数丈，色黝光滑可照人面，谓石镜者以是。登其岭，松林挤立，村郭错落，历历然在目前焉。少顷乃下，经二里许，远望石立而有隙者，仙人桥也。上环观之，十八塔西北，他石之突怒偃蹇，负土而出，争为奇怪异状，笔不能尽记。久之，先生曰，此景此情，已洞察之，可再前行。众应曰，然。傍山侧小径，曲折而南，行未休息，抵龙臂方止。游目瞩之，烟水苍苍，隐约可辨者，巢湖也。孤峰灭没，若在雾中者，姥山也。烟云缭绕，鸡犬相答者，古人庵也。更有岩石犇赴，或凸凹，或俯仰，嵬嵬若相争者，石龙角也。遂摄衣而下。……锦绣河山来入目，重阳登高乐陶陶。旋以兴尽思返。一餐，复整队而行。历二衖三岭，山裹黄山庙校后石山等地而还。时午钟已敲三矣[①]。

在陈原道的笔下，家乡的山水是那么美不胜收，让人流连。老师给这篇作文的批语是："笔致极纵横之妙。"

《摘桂花记》，则是由对桂花超群之自然特性，联想到学士亦

① 陈原道:《重阳登高记》，王玉芳主编:《陈原道生平历史资料汇编》第六册。

应晚节弥坚。文章写道:“岁已未，余读书于龙华学校。其两旁有桂树焉。旧历闰七月间，其花盛放，其香甚浓。偶临其风前，不觉清芳扑鼻。采置案上，始知香味熏人，爽我读书之精神，驱除他种污浊。于是偕我同学，暮而赏，或饮酒其下，或吟咏其旁。盘桓久之，不思返校。”而唯恐其一旦凋谢，与腐草尘埃为伍，岂不可惜。“于是咸摘取之，贮之瓶中，留制香料，以供食品焉。”作者由此感叹，春夏百花齐放，唯桂花“秉超群之操，有耐寒之贞”，“夫人也亦然。学士心花怒放，晚节弥坚，芳名留于竹帛，功德永享馨香”[①]。

《记秋菊》也是一篇托物抒情的散文。文章写道，学校院内种植有菊花。“秋气肃烈，严霜下降，万卉凋零，众草枯萎，而独放嫩萼，舒清香者，菊花也。”作者十分喜爱菊花，“花未开时，天气偶旱，吾灌溉之、培壅之。未尝一日懈”。花开时，“黄白二种，映日色丽，浥露尤佳。临风自舞溢清香，孤芳自守，不与群争。予当课余暇时，徘徊左右，吟咏其旁，又未尝一刻忘也”。作者是一位酷爱大自然、富于诗心的少年学子。作者接着自问:为什么春日百花盛放、争红斗紫、各舒芬芳，自己钟情于菊花?“迨三秋时至，繁霜即下，菊独放萼舒香。询昔日佳卉，称盛一时，已成腐朽矣，何其怪也。盖具超群之梗概耳”。由此，作者感叹:“人亦当是菊可”[②]。在作者笔下，桂花、菊花的自然习性，都寄托了自己一种特立独行的情怀!

《记中秋回家之状》，则是一篇难得的抒发乡情、亲情的散文，记述的是中秋节学校放假，作者回乡途中及到家中的情景:途中泉水潺潺，牧童放牛的吆喝声，临近村前日渐升高的犬吠

① 陈原道:《摘桂花记》，王玉芳主编:《陈原道生平历史资料汇编》第六册。
② 陈原道:《记秋菊》，王玉芳主编:《陈原道生平历史资料汇编》第六册。

声，弟妹的喜悦相迎，与村里友人在月光下同饮桂花之酒，同诵赤壁之文，都写得栩栩如生。这是一篇乡趣、亲情融为一体的美文。文字不长，却写得情趣盎然。还是来欣赏一下作者的这篇佳作吧：

予方晨读书。先生命曰，此时中秋佳节，安思枉却。遂放假。予于是乃返。初出校外，举首仰视，天朗气清，金风萧瑟，木叶将脱，草色黄枯。惟白云无心出岫，青松傲节弥坚，山峰高耸云霄，泉水潺湲盈耳。及至旷野，村落星布，阡陌珠联。西畴叱犊之声嚇嚇，南亩播种之农盈盈。渐抵村前，犬吠声高，弟妹来迎矣。是时也，天色暝，日已沉，家内灯矣。倾焉月出东山之上，渐移星斗之间。与友人同玩月于庭畔，饮桂花之酒，诵赤壁之文。及抵中夜，而月明如洗，银河皎洁。予曰唐人诗云，月到中秋分外明。诚然斯言。友曰，景虽佳，焉能为吾辈久存，不若就寝。余送友去矣，适有鸿雁北来，整队飞行，若征师行伍井然，若唤起情人秋思。叹曰奇哉，诚雅人玩赏之时也。时夜已半，四顾寂寞，予亦肃然而恐不可久留，乃睡。犹闻四壁，虫声唧唧，如助予之玩兴。明日还校，濡笔志之，是岁民国八年也[①]。

这篇散文，陈原道自己标记为民国八年，也就是 1919 年的中秋佳节。

《游历说》可以看作是他对自己所作叙事散文的一个总结，论述了游历祖国山水对于人们陶冶情操、开阔胸襟的重大作用。他写道：“古者太史公周游中国以览名山大川，圣贤古迹，故其文汪洋疏荡，才气过人。柳子厚性喜山水，亦常跋涉，故其文雄直奇秀，竟与人殊”。自古迄今，“大凡学问广博，道德宏深，称于当时，传于后世者，讵不得力于游历者哉”。故吾人求学，固

① 陈原道：《记中秋回家之状》，王玉芳主编：《陈原道生平历史资料汇编》第六册。

应朝乾夕惕，不敢懈怠，“而有时游历，效法古人，亦不可少也。游历者，登临山水，可以激发志气，唤起性情；见草木花卉，可以增文章佳句，遇城市村落，可以知风俗人情”。由此，他认为那种认为游历只是徒耗金钱、时间，只应闭门读书是“井底之蛙”的“愚人之论”。“蛙不知井外之改革，空气之新鲜。亦如学者，不知世界之变迁，学说之良美矣！”陈原道大声疾呼：“近来改革变迁，为千百年前所未有也”，学生亦当趁此时机跳出井圈，游历世界名区大邑，领略“井外之空气，世界之学说”①。

第二类文章是议论文，是对近代中国历史和国家大事的关注，也包括对中国古代历史上战争和人物的评价，表达了作者以天下兴亡为己任的家国情怀。这些文章主要是：《清宣宗命林则徐赴广东禁止鸦片论》《新疆之役左宗棠耀武于前曾纪泽收功于后论》《上段上将军芝泉书》《坚持抵制日货广告》，以及《淝水之战》《顾亭林先生谓天下兴亡、匹夫与有责焉论》等。

1839 年，湖广总督林则徐虎门销烟，是清末有识之士的爱国壮举。但随之而来的清政府在英国侵略者发动的鸦片战争中却张皇失措，竟将林则徐革职，退让求和，和英国政府签订了近代中国历史上第一个不平等条约——《南京条约》，割让香港岛，赔款 2100 万银元，开放广州、福州、厦门、宁波、上海五处为通商口岸，关税却与英国共同商定。这是中国沦为半殖民地之始。对此，陈原道在文章中深为痛惜。他称赞林则徐“有忧国忧民之心，挽回大局之志”，为“国家栋梁”。批评清政府：当英人兵扰广东、攻金陵之时，“为清计者，当以悍卒锐兵，拒而战之，或可以胜。而宣宗惧，反斥林公。遣使议和，偿兵费及所炬烟款，

① 陈原道：《游历说》，王玉芳主编：《陈原道生平历史资料汇编》第六册。

并割香港以畀之。诚有始无终，灰大臣耿耿忠心。出乎尔反乎尔，使大臣进退两难，又何哉？”陈原道在文章最后写道：

呜呼！今世吸烟尤倍往昔，政府何不效林公之勇敢，而雪宣宗之耻辱乎？[①]

爱国雪耻之情跃然纸上！

清同治四年（1865 年），阿古柏入侵新疆，后建立“哲德沙尔汗国”，盘踞新疆大部。1875 年，左宗棠被清政府任命为钦差大臣，督办新疆军务，三年之内，取得了收复新疆之战的最终胜利。1881 年，曾纪泽作为外交使臣，成功与沙俄议定《伊犁条约》，次年清政府收回伊犁。对此，陈原道在作文中对左、曾二人大加赞赏：“吾读清史至穆宗新疆之役，左宗棠平内乱，曾纪泽收边城，不禁掩卷叹曰：何勇武之功如此，外交之才若彼也！”由此，作者提出：“国之将亡也，亦必赖赳赳武夫，勇敌于前；诩诩使臣，挽回于后。然后内乱得平，外患得息也。”[②]

在以肥东学生联合会名义起草的《坚持抵制日货广告》中，陈原道更是坚定地表示：“身可杀，而爱国热血不可消；头可断，而救国苦衷不可灭。则此坚持一念，国自富，兵自强，何来外患之蹂躏疆场哉？”由此，他在广告中号告国人，要坚决抵制日货，“万众一心，再接再厉，同仇敌忾，百折不回”[③]。明末清初著名的思想家顾炎武又称亭林先生，其提出的“天下兴亡，匹夫有责”的口号，历来为爱国志士所推崇。在《顾亭林先生谓天下

① 陈原道：《清宣宗命林则徐赴广东禁止鸦片论》，王玉芳主编：《陈原道生平历史资料汇编》第六册。

② 陈原道：《新疆之役左宗棠耀武于前曾纪泽收功于后论》，王玉芳主编：《陈原道生平历史资料汇编》第六册。

③ 陈原道：《坚持抵制日货广告》，王玉芳主编：《陈原道生平历史资料汇编》第六册。

兴亡、匹夫与有责焉论》一文中，陈原道盛赞先生的这一格言，谓："民为国本，国为民防。未有国亡而民能自保，民散而国能振兴者。是国与民，有唇齿之重；民与国，有连带之形。""先生诚洞民情，识时务之伟人耳。不特当时之格言，亦今日之模范也。"今我国处竞争激烈之世，鹰瞵虎视之秋，"吾四万万同胞能不三复先生之言，以振兴吾国乎？"①

陈原道的一腔爱国热血，表现得酣畅淋漓！

当然，处于那样一个政局动荡、国势瞬息万变的时代，身在龙华学校的陈原道不可能对当下的人物作出准确的判断。合肥西乡人（原肥西县城西桥大陶岗村，现属合肥市高新区）段祺瑞（字芝泉），祖父、叔父均为李鸿章的淮军将领，本人毕业于天津武备学堂，善于网络同乡、同党，1910 年任江北提督。南北议和时，他奉袁世凯意旨领衔北洋将领 46 人通电，迫清帝退位，因而有"共和第一人"的美誉。袁任总统后，充陆军总长。其后，袁世凯称帝，张勋复辟，他都起而反对，以"三造共和"自居。他五次出任北京政府的总理和总统，成为一代乱世枭雄。名为"共和"，实则仍是封建专制统治，并且以日本作为靠山。陈原道当时还不可能认识到段的本质，看到的是他在动乱之际的叱咤风云，认为他真的是在"推清专

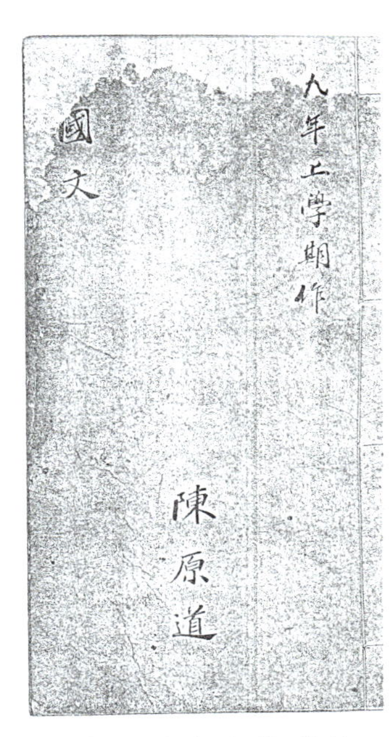

★ 陈原道在龙华学校的作文本封面

① 陈原道：《顾亭林先生谓天下兴亡、匹夫与有责焉论》，王玉芳主编：《陈原道生平历史资料汇编》第六册。

制，首创共和”，“一身系国家安危，数次而共和再造”，把他看作“我国楮栋，我邑望人”，期望他“再施先机之哲，图谋国事，大挽狂澜”。这自然只是一厢情愿而已。但是，透过这封《上段上将军芝泉书》，也能读到陈原道的一些有识之见和理想社会蓝图。他在上书中劈头写道：

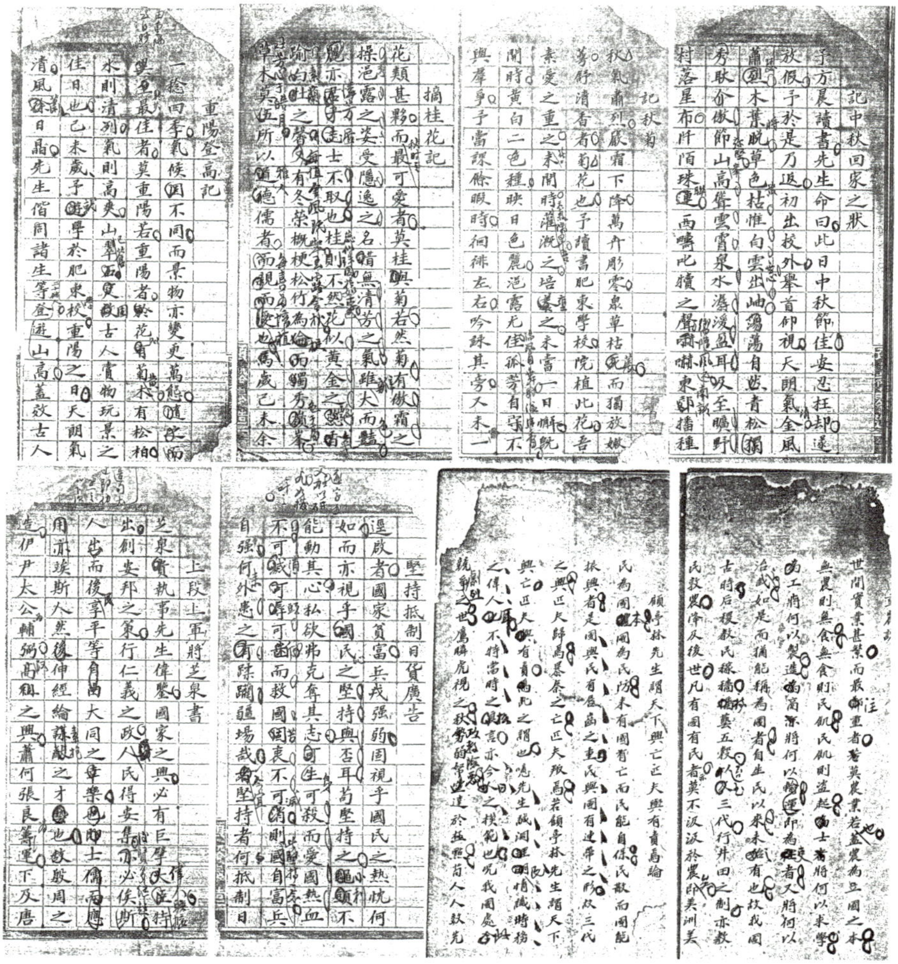

★ 陈原道在龙华学校的作文

国家之兴，必有巨擘伟人，联接特出。创安邦之策，行仁义之政。人民得安集，后贤多继起。而后民享平等自由大同之乐，士伸经纶素抱之才也。殷周之造，伊尹太公为辅弼；汉高之兴，萧何张良为筹运；下及唐之太宗，魏征是佐；明之洪武，刘基内助。而当时海内元元，若赤子之归慈母，享光天化日之乐恩，亦扬眉吐气矣[①]。

这段议论透露出陈原道当时思想上的几大信息，一是国家兴盛，必须要有伟大人物出现，兴仁义之政，使人民得以安居乐业；二是期望平等自由的大同之世；三是对中国历史确实了然于心。

从这些作文可以看出，这时的陈原道，已经显露出他的才华和思想锋芒了。老师对他作文的批语常常是赞赏有加："以咄咄逼人之笔锋，为戛戛独造之文字"；"胸中瞭然于史册，故能直抒所见，杰作也"；"文字均属自造之精神，深入之意尤为可嘉"[②]。

第三类文章是对除政治之外的社会发展问题的思考。重要的有《重农说》《论我国通商》《卫生说》等。其中又以《重农说》最为令人称道。

陈原道生在农村，少年时即跟随长辈做过农活，自然对农业的重要性和农村的状况十分了解。在《重农说》一文中，陈原道一开始便写道："世间实业甚繁，而最注重者，莫农业若也。盖农为立国之本。无农则无食，无食则民饥，民饥则盗起。士将何以求学，工将何以制造，商将何以运输。即为吏者，又将何以治哉？如是，而犹能称为国者，自生民以来，未之有也。"接着，陈原道又以历史和国外的事实说明农业于民生的重要性："故我

---

① 陈原道:《上段上将军芝泉书》，王玉芳主编:《陈原道生平历史资料汇编》第六册。
② 见王玉芳主编:《陈原道生平历史资料汇编》第六册。

国古时，后稷教民稼穑，播艺五谷；迨至三代，行井田之制，亦教民敦农；降及后世，凡有国民者，亦莫不汲汲于民矣。即美洲美利坚，其富甲于全球，亦罔弗以农为本也。”同时，陈原道在文章中又提出一个问题：为什么我们自古以来即以农立国，而至今农业甚不发达，贫弱如故？答案是：“惟农夫农妇口传旧法而已。今虽设立学校，亦有名无实，纸上空谈，不克实行之耳。”[①]也就是说，我国农业的发达，将有赖技术的进步和在实践中的推行。显然，陈原道的“重农说”思想受到了中国农耕文化，包括巢湖地区千百年来流传的大禹治水、疏浚九州、泽被良田事迹的影响，反映了他志在为中国农村广大劳苦大众谋温饱、求发展的情怀。

今日，在举国进行新农村建设，包括进行厕所革命之时，再认真读一下陈原道的《卫生说》，也很有意义。中国农村的卫生习惯，从厨房到厕所，实让人有些难堪，何况在旧中国农村积贫积弱、农民不得温饱的状况之下。故而陈原道在《卫生说》一文中起始便写道：“或有问于予曰，均是人也，而有强弱之分，何哉。余应之曰：有讲卫生与不讲卫生故耳。盖讲卫生者，强身体，御疾病之基也。”讲卫生与否不但涉及个人身体之强弱，而且事关国家之大事：“人苟不讲卫生，弗惜身体，一区如是，一邑如是，推之一省一国，莫不如是。是人皆委靡之人，国成委靡之国……国有其名，终之未有不隶属他邦，而为犬马者也。”所以，他在文章末尾呼吁：“今吾辈青年正国家有赖之人也，对于卫生之道，能不分外注意乎？”[②]联系陈原道少年时即坚持洗冷水浴，强身健体，恰和毛泽东年轻时在长沙师范和一班青年学子洗冷水浴、在大雨中疾走、登山，“野蛮”其体魄的情形如出一辙，反

① 陈原道：《重农说》，王玉芳主编：《陈原道生平历史资料汇编》第六册。

② 陈原道：《卫生说》，王玉芳主编：《陈原道生平历史资料汇编》第六册。

映了那一代青年强身报国的情怀。

当然，在陈原道那个时代，人民面临的主要任务是社会问题的"根本解决"，也就是要通过阶级革命，推翻反动的旧政权，完成反帝反封建的两大任务，才能建立独立、民主、自由、富强的新中国，才能真正使最广大的人民大众获得翻身解放，也才能进一步谋社会的全面发展和进步。陈原道很快在实践中觉悟和认识到了这一点，从而转向了马克思主义，走上了阶级革命的道路。而他在青少年时代所培养起来的家国情怀和理想抱负，正为他的这种转变，打下了坚实的基础。

也就在他到龙华学校读书的第二年，即1920年（民国九年）的上学期，他将自己的名字由陈元道改为陈原道。之所以在时间上做这样的判断，是因为他1919年（民国八年）的作文本上署名仍是陈元道，而1920年（民国九年）上学期作文本上的署名则是陈原道。为什么做这样的改动？尚未见到他自己的说明，但寄托他的一种理想抱负则无疑。根据他在龙华学校时已熟读中国历史的情况，可以大致做些推测：刘勰《文心雕龙》解释，"原"是本源的意思，"原"为"源"，水流的发源地。这是要探讨世界的本源和社会真理。韩愈有《原道》篇，谓："博爱之谓仁，行而宜之之谓义，由是而之焉之谓道，足乎已而无待于外之谓德。"意思是：博爱叫作"仁"，恰当地去实现"仁"就是"义"，沿着"仁义"之路前行便是"道"，依靠自己完备的修养就是"德"。韩愈还认为，这里的"原"作动词，是探究本源、根源的意思。这就是说，人在本源上应有一颗"仁义"之心。太平天国时期，洪秀全创立拜上帝会时，著有《原道觉世训》《原道救世歌》《原道醒世训》，借"上帝"之名，宣传"普天之下皆兄弟"，"天下多男人，尽是兄弟之辈，天下多女子，尽是姊妹之群"，进而号召天下兄弟姊妹，努力奋斗，以求实现"天下一家，共享太平”的理想社会。其后颁发的《天朝田亩制度》，更是提出了废除一切土地私有制，实行“凡天下田，天下人同耕”的原则，以实现“有田同耕，有饭同食，有衣同穿，有钱同使，无处不均匀，无人不饱暖”[①]的理想社会。洪秀全这里的“原道”，可视作理想国里的“天道”，追求的是一种大同之世。至于洪秀全后来由农民起义领袖蜕变为封建帝王，则另当别论。从陈原道的作文来看，他对这些历史都十分熟悉，何况太平军曾在他的家乡与淮军有过交战。陈原道借用洪秀全的“原道”之义也不是没有可能。而据比陈原道小十岁，青少年时代深受陈原道思想影响的堂侄陈有仁回忆，陈原道改为此名是受大文学家韩愈的影响。此说值得重视。无论哪一种情况，都说明此时陈原道由“元道”改名为“原道”，表示他在追求一种新的理想境界，是有积极意义的。当然，这种推测和回忆是否正确，还需要历史资料的进一步挖掘和考订。

① 参见苑书义等编:《中国近代史新编》上册，人民出版社 1981 年版，第 325 页。

‖ 第二章 ‖

开始信仰马克思主义

一、求学芜湖“二农”

1921 年夏，陈原道考入芜湖第二甲种农业学校（简称芜湖“二农”）。

关于陈原道到芜湖“二农”读书的时间，诸多关于陈原道生平的文章均说是 1919 年，包括本书作者原来的文章。实际上，此说不确，系以讹传讹。1926 年陈原道在莫斯科中山大学几次填写的调查表中，入芜湖“二农”的时间均是 1921 年，至 1925 年；其中学习三年，担任学校农场职员——技士半年。这个记载符合当时芜湖“二农”学制三年的规定。据《李慰农传》记载，先陈原道入学芜湖“二农”的李慰农是“学制三年”[①]，后担任学校农场管理员一年，随后赴法勤工俭学。据《王明传》中王明妻子孟庆树的回忆：1920 年考入设在六安县城的安徽省立第三甲种农业学校读书的陈绍禹（王明），先上了一年预科，1924 年毕业，也是学制三年。如果陈原道 1919 年即考入芜湖“二农”，至 1925 年赴莫斯科中山大学，则在芜湖“二农”的时间是六年，除去半年的农场职员，也是五年多，与学制不合。陈原道的调查表

①《李慰农传》，《李慰农烈士专集》，青岛出版社 1992 年版，第 6 页。

系离开芜湖“二农”一年后填写，记忆应是准确的。

陈原道到芜湖“二农”读书，自己和家庭可是费了一番艰辛和周折。从龙华高等小学毕业后，陈原道仍然一心想读书，于是报考芜湖“二农”。据他的弟弟陈原寿后来回忆，为了准备考试，他累得吐了一次血，终于被录取。可是考取以后，家里一下子又拿不出学费，此时祖母又病倒在床上。家长本来想放弃这次入学机会，见陈原道十分着急，一心向学，堂叔知道后，遂对陈原道继母说：孩子既已考取学校，就应让他去读，钱我可供给。遂借30元给陈原道作学费[①]。病床上的祖母也坚决支持孙儿继续上学。这一情景及其家庭经济的窘境，陈原道在前引《新年杂感》一诗中也有记述：

回忆去年从高小毕业，
刚出外考学校的时候，
病魔也把我祖母，
囚在床褥上十余日子！
我爸爸说：
“妈呀！原道儿要出去
考学校了，
你老人家这样儿，
他能去吗？”
她呻吟地说：
“不要紧啊！
我还有几天缠呵
让我的心肝赶紧去吧，
不要耽误了他的事业……”

① 罗庆新、郭必强：《访问陈原寿的谈话记录》，1983年10月30日，王玉芳主编：《陈原道生平历史资料汇编》第五册。

我现在出外年半，
她老人家的话，
尚在我心里，
不时地翻来覆去！

今春来芜的前天晚上，
爸爸从人家借来三十块，
万能的龙洋；
托在手里向我说：
儿呀！
家里的事，你也知道罢！
七八口人，老弱残兵的，
耕着十几亩田地，
这借来的钱，
几时还得掉？
但你决意要念书去，
为书之道，也不过如此！
儿呀！到芜要勤俭！

火热似的夏日，
无情地晒着将死的嫩草，
和新插的水涸底秧苗，
这是我回家去的时候的状况！
我爸妈说："天这样干，
饭都弄不到吃了，
儿想念书，想是难了！
儿呀，这也怪不得我做田底父亲！"
我来芜的时候，

仅朋友们给我十余块龙洋！
那算个什么呢！
千幸万幸！
发生了慈悲，
才完了这学期地苦愿[1]。

★ 这是芜湖“二农”学校旧址，位于芜湖市镜湖区康复路 117 号

陈原道求学芜湖“二农”之艰辛，于此可见一斑。

芜湖“二农”的前身是安徽公学。1904 年，师从著名教育家吴汝纶的安徽人李光炯，将在湖南创办的安徽旅湘公学迁至芜湖，更名为安徽公学。学校聘请陈独秀、刘师培、苏曼殊、柏文蔚、陶成章等一大批先进知识分子任教。辛亥革命后，安徽公学改名为甲种实业学堂，后又改为安徽省立第二甲种农业学校。学校设有农、商两部，共有农、蚕、商三科。其设置与六安的“三

① 陈原道:《新年杂感》,《学生文艺丛刊》1925 年第 2 卷第 4 集。

农”大体相同。孟庆树在《陈绍禹——王明传记与回忆》中写道:“六安三农是办的比较好的中学。功课很多,除了要学普通中学的功课(中文、英文、算术、物理、化学、地理、本国历史、世界地理)外,还要学八种农业知识,即地质土壤、气象、作物、肥料、病虫害、园艺、畜牧,还要实习作物。”[①]

★ 这是芜湖“二农”学校的大礼堂

陈原道学的是农科。

辛亥革命后兴办实业学校,是孙中山实业救国思想的体现。而陈原道之所以报考农业学校,显然与他对农业重要性的认识有关。如本书第一章所述,还在龙华高等小学读书时,陈原道就写下了《重农说》一文,认为“农为立国之本”,而至今国家贫弱如故,“惟农夫农妇口授旧法而已”,意谓缺少先进的技术。他要选学农业科学,正是基于这种认识。

① 见郭德宏等著:《王明传》(增订本),人民出版社 2014 年版,第 11 页。

然而，此时的中国社会，已经经过了新文化运动和五四爱国运动的洗礼，各种新思想喷涌而出。“五四”以前，鼓吹新思想的主要是《新青年》《新潮》《每周评论》等几个刊物。“五四”以后，新出版的刊物如雨后春笋，骤然增至百余种之多，大都把“谋人类解放”“求社会之改造”之类思想作为宗旨。正如“五四”时期著名社团少年中国学会发起人之一王光祈在1920年时指出的：“自从欧战停后，世界潮流排山倒海直向东方而来，中国青年受此深刻刺激，顿成一种不安之象，对于旧社会、旧家庭、旧信仰、旧组织以及一切旧制度，处处皆在怀疑，时时皆思改造，异口同声的要求一个新生活。”[①] 久蛰的水闸一旦打开，新思潮便形成了一股不可阻挡之势！有意思的是，王光祈此时又发起成立的工读互助团的成员俞秀松、何孟雄，后来或成为陈原道的同学，或成为其战友。

★ 陈原道之子刘纪原在芜湖学生联合会旧址、萃文中学竞成楼旧址前留影（2012年）。位于芜湖市镜湖区赭山街道安徽师大凤凰山

在这种新思潮的冲击下，陈原道报考芜湖“二农”的目标就不仅仅是学习农业的先进技术了，何况他在龙华高等小学读书

① 王光祈：《工读互助团》，《少年中国》一卷七期，1920年1月15日。《五四时期的社团》（二），生活·读书·新知三联书店1979年版，第369页。

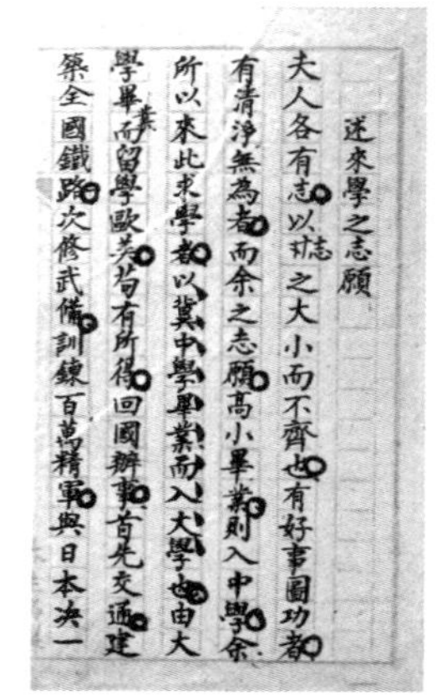

述來學之志願

夫人各有志。以志之大小而不齊也。有好事圖功者。有清淨無為者。而余之志願。高小畢業則入中學。余所以來此求學者。以冀中學畢業而入大學也。由大學畢業而留學歐美。苟有所得。回國辦事。首先交通。建築全國鐵路。次修武備。訓練百萬精兵與日本決一

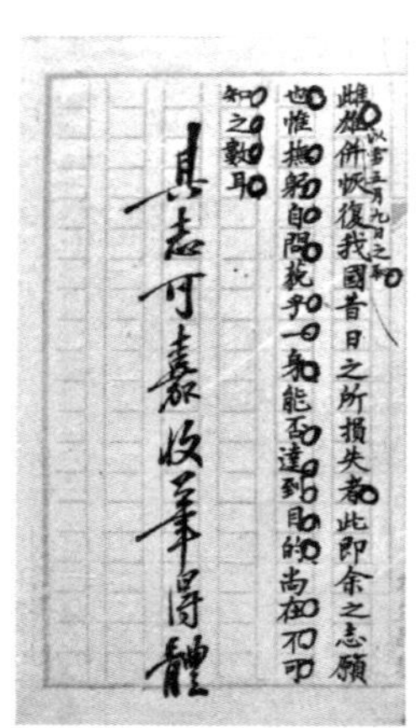

雌雄。以雪五月七之恥。並恢復我國昔日之所損失者。此即余之志願也。惟撫躬自問。藐乎一身。能否達到目的。尚在不可知之數耳。

其志可嘉

★ 陈原道作文《述来学之志愿》

时就有一种报国的志向。他在作文《述来学之志愿》中写道：

夫人各有志，以志之大小而不齐也。有好事图功者，有清净无为者，而余之志愿，高小毕业则入中学。余所以来此求学者，以冀中学毕业而入大学也。以大学毕业而留学欧美；苟有所得，回国办事，首先是交通，建筑全国铁路；次修武备，训练百万精军，与日本决一雌雄，以雪五月七日之耻，并恢复我国昔日所损失者。此即余之志愿也。惟抚躬自问，藐乎一身，能否达到目的，尚在不可知之耳[①]。

陈原道的志愿不可谓不宏大！他不但要上中学，而且要上大学，要留学欧美；学成回国，要修全国铁路，要训练百万精军，与日本决一胜负！在这里，陈原道目光远大，志存高远，五四爱国主义的精神已经融入他的血液之中。读陈原道这样的作文，不禁让人想到毛泽东当年在《明耻篇》上的题词："五月七日，民国奇耻。何以报仇？在我学子！"[②]5 月 7 日，是 1915 年日本政府签订"二十一条"时最后通牒的日子，5 月 9 日是袁世凯政府接受"二十一条"的日子，在广大学子和国人的心中，都是"国耻日"。同时，陈原道也深知：自己"藐乎一身"，未来的路正长。正是"路漫漫其修远兮，吾将上下而求索"。

---

① 陈原道：《述来学之志愿》（影印件）。南京报业传媒集团编：《陈原道烈士史料图集》。

②《毛泽东年谱（1893—1949）》上卷，中央文献出版社 2013 年版，第 17 页。

事实上，位于长江岸边的芜湖，是安徽辛亥革命的策源地。1904 年，新文化运动的领军人物、“五四运动的总司令”（毛泽东语）陈独秀在创办《青年杂志》之前，就在芜湖创办了《安徽俗话报》，猛烈地揭露、抨击满清政府腐败、卖国的罪行，反对帝国主义瓜分中国，否定君权，提倡民权，反对封建迷信思想，以唤起民众。他和在安徽公学（芜湖“二农”前身）任教的李光炯、刘师培、柏文蔚、陶成章等，“把课堂当作鼓吹革命的场所，畅谈民族民主革命，省内外进步的知识青年，咸慕名而来”①。1905 年 2 月，陈独秀又同安徽公学教员柏文蔚、常恒芳、宋少侠等人在安徽公学成立秘密革命组织岳王会。因仰慕岳飞精忠报国精神，故名“岳王会”。他们集会于芜湖关帝庙，借烧香宣读誓约，订立章程，以反清为宗旨。秋冬间，在南京、安庆设立分会，陈独秀任总会长，接受同盟会领导。故有近代史学者认为，芜湖是“中江革命的策源地”②。中江，指长江会合北江（汉水）、南江（赣江）以下的河流。安徽公学改建为芜湖“二农”后，校长、教员大多受到辛亥革命时期孙中山革命思想的深刻影响。和陈原道同学的周范文后来回忆：“1922 年秋季我由安徽省城第六农业学校转学至芜湖第二农业学校，当时该校校长卢仲农是一个比较开明的教育家，主张学术自由，不阻止青年进步。”③后来的校长沈子修，则是由六安“三农”校长调任。1919 年，沈在“三农”时，就和进步教员朱蕴山、钱杏邨（阿英）等人一起宣传新文化新思想。“1920 年初，三农进步师生成立‘中国革命小组’，是安徽最早学习马克思主义的组织。”④

① 王树棣等编：《陈独秀评论选编》上册，河南人民出版社 1982 年版，第 66 页。
② 王树棣等编：《陈独秀评论选编》上册，河南人民出版社 1982 年版，第 66 页。
③《周范文自传》（1951 年），王玉芳主编：《陈原道生平历史资料汇编》第二册。
④ 郭德宏等著：《王明传》（增订本），人民出版社 2014 年版，第 11 页。

来到这样一座城市和一所学校，陈原道是很兴奋的。他原来就读的龙华高等小学，虽然也算是方圆几十里的一个“学府”，但毕竟地处比较偏远的巢湖东黄山脚下。还在小学的作文中，他就认为学生求学，不应做井底之蛙，而应离开乡里，游历世界，接受“世界之学说”。如今，来到这样一个充满新思想的地方，他对这里的一切感到是那么的新奇。他有着一种获取新知识、新思想的渴望！

他仍然刻苦地学习学校规定的各门课程，而且关于农业科学方面的书籍涉猎还比较广泛。他还加入了中华农学会，成为会员。然而，在他的内心深处，更多的是关心国事民瘼，是对新思想新文化如饥似渴地学习，是对近代以来革命志士的崇敬！是对打破旧秩序、旧世界的一种向往！并且开始接触到马克思主义。

陈原道在1925年赴莫斯科留学之前，曾把他在芜湖读书期间所读之书送回家乡，托家人保存。几十年后，他的侄儿陈有仁还清晰地记起叔父陈原道留在家中的这些书籍：

> 由于家境贫寒，原道叔父一向生活简朴，不乱花钱，但他却舍得花钱买书。他去苏联留学后，家中藏有许多中外书籍。除古书外，还有白话新书如《共产党宣言》《共产党ABC》，上海弥洒出版社的《唯物史观研究》，布哈林著的《历史唯物论》，《政治经济学》《独秀文存》《胡适文存》，恽代英主办的《中国青年》，陈独秀主办的《新青年》杂志（有一期上面有一篇翻译列宁所写的：落后的欧美，先进的亚洲），还有《东方杂志》《小说月报》，鲁迅所写的《热风》，郭沫若、田汉、宗白华三人的通信《三叶集》，俞平伯的白话诗《草》，郭沫若的白话诗《星》，童话有《天鹅》《稻草人》《安徒生童话集》，另外还有达尔文的《进化

论》，等等[①]。

这里所忆的书名未必准确，但大体如此。他的侄儿也是一个喜欢读书之人，直到80多岁，记忆力仍然相当好。从这里可以看出，陈原道此时大量阅读的是“五四”时期各种进步书报，包括马克思主义的著作，同时也涉猎到文学和其他社会科学。正如他后来在莫斯科中山大学填写的调查表中所说，他一开始是“喜文学”的。

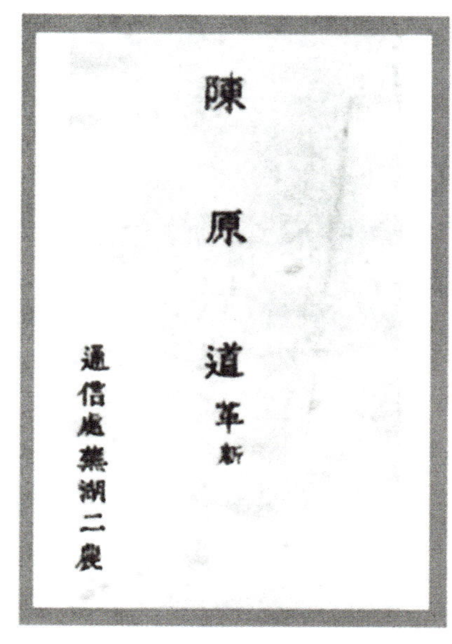

★ 这是陈原道1921—1925年在芜湖“二农”读书时自制的名片

还有一事，也能说明陈原道此时对封建旧思想、旧秩序的憎恶，对新思想、新文化的渴望。在芜湖“二农”，他曾自制了一张名片，中间竖排“陈原道”名字之下，又有“革新”二字，可视为他的笔名或别名，左边为“通信处芜湖二农”。同时作为笔名使用的还有“割心”“元盗”，表明他立志除旧布新，迎接新思想的思想倾向。“元盗”，则谓他要学古希腊神话中的普罗米修斯，盗火给人间，向人们传授新知识、新思想。直到1925年，他还以“革新”为笔名在刊物上发表诗歌。

陈原道还把他的新思想付诸实践。他一面在芜湖读书，同

① 陈有仁:《生的伟大，死的光荣——纪念叔父陈原道烈士英勇就义七十周年》，中共安徽省委党史研究室编:《陈原道百年诞辰纪念文集》，中共党史出版社2004年版，第92页。

★ 芜湖“二农”通信信封

时嘱托他的堂弟陈原泉和村人陈有胜在陈泗湾村附近的潘家庵办了一所初级小学，取名公允小学，意在追求公平。并附设了一个成人班。陈原道由芜湖买来平民课本，免费发给入学成人，一时在乡间引起很大反响。后因家乡连年遭受水旱灾害，经费无着，于 1928 年停办。

陈原道在芜湖“二农”初期所做的另外一件事，也很能说明此时他的内心情怀和社会价值取向，这就是他专门抄录了一册辛亥革命时期革命者的诗文和歌颂革命烈士的诗文。一般来说，读书人遇到自己喜欢的诗文，反复阅读，甚而吟诵，乃为常事。但若把它抄录下来，那一定是诗文中的人或事或情感，深深地触动了抄者内心深处的琴弦，引起了深深的共鸣。正所谓借他人之酒杯，浇心中之块垒。

陈原道抄录的这些诗文主要来自资产阶级革命党人 1914 年 4 月创办于上海的大型文学杂志《民权素》。《民权素》的前身为革命党人中激进分子的言论阵地《民权报》，因其激烈的反袁言论，被迫于 1913 年底停刊。《民权报》停刊后，其同人又另办文学杂志《民权素》，作者群主要还是《民权报》的作者。其中，革命党人的诗文和歌颂辛亥革命烈士的诗文占有很大比重，一些小说、诗歌等文学作品也是表达一种对革命的留恋、感伤和批判现实的思想情绪。据初步统计，陈原道抄录的文章有十多篇，诗若干首，重要的有柏文蔚《追悼四烈士文》、胡瑛《别鲁父老书》、姚雨平《华侨炸弹营将士南归序》、徐枕亚《菊山说》、蒋箸超《题牡丹戏猫图》、天章《妓女送议员序》等。这里选择两篇做些介绍，以了解陈原道当时的志趣和政治取向。

一篇是柏文蔚的《追悼四烈士文》。陈原道在笔记上标明的题目是《柏文蔚追悼四烈士文》。

前已述及，柏文蔚曾任安徽公学教员，和陈独秀一起办《安徽俗话报》，成立岳王会。系近代资产阶级革命者。安徽寿县人，字烈武。1900 年与赵声等在南京组织强学会，以反清、抗外侮为宗旨，事泄走安庆，入武备学堂。1905 年和陈独秀一起创办岳王会，同年入江苏新军任第三十三标二营管带，并加入同盟会。1906 年因参与谋刺两江总督端方，事败走东北。辛亥武昌起义爆发后，南下任革命军第一军军长，兼北伐联军总指挥。次年任安徽都督兼民政长。后参加讨袁战争，失败后逃往日本，后赴南洋。

柏文蔚的《追悼四烈士文》写于 1912 年安徽都督任上。四烈士为赵伯先、熊成基、倪映典、吴樾，均为辛亥革命志士。赵伯先，江苏镇江人，同盟会会员。1911 年 4 月 27 日，参与组织著名的黄花岗起义。起义失败后，赵伯先悲愤成疾，于 5 月 18 日病逝于香港。熊成基、倪映典均与柏文蔚一起参加了 1908 年安庆马炮营起义，这次起义是新军起义的开端。起义的全军指挥是熊成基，江苏甘泉（今江都）人，岳王会成员。起义失败后流亡日本，在东京加入同盟会。不久，化名潜回东三省活动。1910 年 1 月，熊成基在哈尔滨谋刺清贝勒载洵，因被人告发，逮捕遇害。他在狱中曾对人说：“吾愿以一腔热血，灌自由之花。我乃为民倡义不遂而死之首领也。今生已矣，我愿继我而起者，大有人也。”[1] 临刑前，仍高声宣传革命宗旨，表现了视死如归的崇高气节。倪映典在马炮营起义失败后避走广东，继续与朱执信、赵声等谋划新军起义。胡汉民称倪“长于煽动，又精力殊绝”。许多新军士兵在他的宣传鼓动之下，加入同盟会，奉倪为“革命大师”。1910 年 2 月，广东新军起义爆发，倪被推为司令，集义军三千人，分三路进攻广州城。战斗中，“倪误中诡计，遭到杀害”。临刑时，“大骂不屈”[2]。起义终至失败。倪为安徽合肥人。吴樾，安徽桐城人，系 1905 年 9 月 24 日在北京怀揣炸弹，欲炸死清政府出洋考察的五大臣而壮烈牺牲的革命志士。

在了解了柏文蔚和赵、熊、倪、吴四烈士的革命经历后，对陈原道抄录《追悼四烈士文》的情怀，便可领悟了。革命胜利之日，壮士已矣！柏文蔚在悼文中含悲抒情，荡气回肠！文字不长，兹按陈原道的抄录照录如下：

鸣呼，四烈士死矣，四烈士胡为死？为革命死也。使四烈士死而遂无继四烈士以革命者，四烈士为徒死矣。使四烈士死而尚有继四烈士以革命者，四烈士为不死矣。使四烈士死，继四烈士而革命者未能奏革命之效，四烈士仍徒死矣。使四烈士死，继四烈士而革命者卒能竟革命之功，四烈士终不死矣。今日者满清逊位之诏既下，南北联合之议既成，于是我中国四千余年专制之毒一蹴而径达共和矣！我汉族四百兆人束缚之苦一跃而同享自由矣！此非我革命大功告成之一日乎？然而四烈士死矣。死于革命者，不及见今日之革命矣。然非四烈士之死于革命，彼后四烈士而奔赴革命者，或未必如斯之愤激而迅疾也。则虽谓今日革命之成实四烈士之死有以成之可也 。此而旌伐孰如四烈士？此而策

① 见章开源、林增平主编:《辛亥革命史》中册，人民出版社 1980 年版，第 282 页。
② 见章开源、林增平主编:《辛亥革命史》中册，人民出版社 1980 年版，第 284 页。

勋孰如四烈士？我思四烈士，我歌四烈士，我泣四烈士，我将以范蠡之金铸四烈士，我将以平原之丝绣四烈士，我将以铿锵鞺鞳之军乐侑四烈士，我将以芬芳馥郁之香花荐四烈士。四烈士死而不死也，其将来享来格，以巩我共和民国于亿万斯年。四烈士者，镇江赵君伯先也，扬州熊君成基也，安徽倪君映典也，吴君樾也。诔之者寿春柏文蔚也。

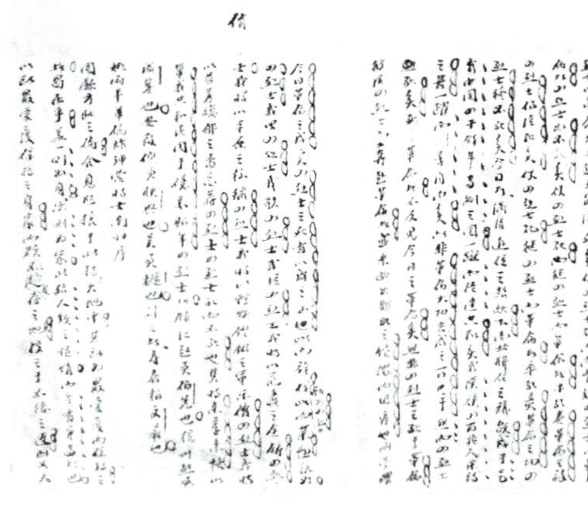

★ 陈原道抄录的《追悼四烈士文》

对四烈士思之，歌之，泣之，身为都督的柏文蔚，还要以扶助越国勾践复国的春秋政治家、军事家“范蠡之金铸四烈士”，以中华大地“平原之丝绣四烈士”，以铿锵如波涛之声的军乐为四烈士之壮行助威，以芳香四溢之鲜花献四烈士。如此情怀，今人读之，仍不免感慨唏嘘！身处内乱不已、外强环伺，立志今后要“训练百万精军，与日本决一雌雄”的陈原道，定然是诵之，记之，热血沸腾！近代革命志士的精神，深深地融入了他的血液之中。柏文蔚的这篇《追悼四烈士文》，起初刊于1912年4月2日《民立报》，后又刊于《民权素》第1集。

陈原道抄录的另一篇文章，篇名为《胡瑛别鲁父老书》。

胡瑛，字经武，生于1883年，原籍浙江绍兴，因其祖父任职湖南桃源，遂落籍桃源。戊戌变法前夕，胡瑛去省城读书，目睹国家主权横遭外强践踏，产生了救亡图存的思想。1904年在长沙加入黄兴领导的华兴会。次年与湖北籍王汉一起刺杀满清干将良弼未遂，王汉被捕杀，胡瑛募金收其遗骨殓葬后，潜赴日本东京求学。1905年，他与宋教仁、覃振加入同盟会，世称“桃源三杰”。胡瑛诗书画均有造诣，同盟会机关报《民报》创刊后，他常为之撰稿，并与秋瑾、陈天华一起从事革命运动。1906年12月，胡瑛奉命回国，拟在长江中下游流域酝酿起事，策应萍浏醴起义。时湖广总督张之洞在武汉大捕革命党人，胡瑛被捕下狱。在狱中，胡瑛作“绝命诗”，可谓慷慨激昂：“昆仑紫气郁苍苍，种祸无端竟白黄；仗剑十年悲祖国，横刀一笑即仙乡。河山寂寂人何在，岁月悠悠恨更长；我自乘风归去也，众生前途苦茫茫。”[①]1911年1月，蒋翊武、詹大悲等在武昌组织革命团体文学社，狱中的胡瑛仍加入该组织，为领导人之一。10月10日武昌首义，胡瑛出狱，担任军政府外交部长。

1912年初，山东革命形势危急。山东巡抚孙宝琦一度宣布取消独立，孙中山遂委任胡瑛为山东都督，率兵三千赴烟台，临时军政府驻在烟台。胡瑛时年28岁，踌躇满志，自信不让前贤周公瑾（周瑜）。然而，此时袁世凯已先任命张广建为山东代理巡抚，驻节济南。这样，山东就形成了两个省政府，两位都督。2月，南北议和成功，袁世凯接管孙中山成为临时大总统。3月，袁世凯即免去胡瑛都督职。5月，应袁世凯之诏进京，被袁任命为新疆青海屯垦使，意在羁縻。7月，胡瑛再度回到烟台，处理山东都督府的遣散问题，胡瑛山东都督的命运如昙花一现，彻底终结。临别，胡瑛写下一封告别信：《别鲁父老书》。

胡瑛长于诗文，故这封告别信虽然文字较长，但通篇激情四射，文采斐然。陈原道为什么要手抄这样一篇长文？在了解了胡

① 见范体仁：《桃源胡瑛生平》，《湖南文史资料选辑》第十五辑，1982年。

瑛的革命经历后，这里再节录其中几段，即可窥见陈原道当时的心境。

《别鲁父老书》主要内容为两部分。前半部分主要是写自己于“国命倾颓，如航败舟于惊风骇浪之中”，“追随天下豪杰，停辛伫苦，蹈险投艰，以求复我中夏，拯我同胞”的革命历程：武昌失败，“拘囚六年。虽屡濒于死，而运动之力，未敢稍衰，集同志于囹圄而决大计，藏利器于枕席以供军需。”“差幸义旗首举，武汉即下，瑛亲率义军，作战防御，寝食于枪林炮雨中者，几及二旬。兼以外交乏人，忝长部务。……”

《别鲁父老书》的第二部分是写自己任职山东的心路历程：“复奉前大总统孙公任命，督师东鲁，暂驻芝罘，故旧重逢，山河异色，乐也何如。”“东鲁为文产故都，诸父老昆季大义炳然，孔孟之遗风未绝，朱家之豪侠犹存，人才既盛，同志复多，且时势危迫，义不容辞”。“慨夫军兴至今，阅时虽暂，而鼙鼓烽烟，兆民离散，繁都大市，鞠为丘墟，丈夫暴骨于原野，妇孺转徙于沟渠。茫茫大地，滔滔众生，疮痍未复，讬足何区。故此心恻然，常悬一毁卵覆巢之象。”

这里，既有对孔孟故乡的礼赞，又有对齐鲁茫茫大地、滔滔众生悲悯之情怀。文字朗朗上口，一唱三叹，读者不免为之潸然。

胡瑛在《别鲁父老书》的最后写道：如今，“大局甫定，战事方终”，“惟是南北统一之后，全鲁主治，仍在省会，烟埠机关早应裁并，徒以四方义旅，麇集一隅，不筹善后之方，或贻地方之累。”“兹幸部派贤员，接绾军符，瑛之责任，于以告终，特即取消督府，解职南归，期三月之政，愧无成功，久安长治之方，属诸来哲。”他这是要为大局计，而解职南归了。

胡瑛的这篇《别鲁父老书》曾刊于《民权素》第一集中。与柏文蔚的《追悼四烈士文》刊于同一集。胡瑛后来参加孙中山发动的“二次革命”，又奉黄兴之命从日本回国营救蔡锷，故而参加筹安会，与袁世凯虚与委蛇，引起昔日同志的误解。这是后话。

柏文蔚和胡瑛的这两篇文章，贯穿的都是中国知识分子的一种优良传统——以天下为己任的家国情怀。在龙华高等小学时，陈原道在《顾亭林先生谓天下兴亡、匹夫与有责焉论》一文中，即呼吁我四万万同胞，要“三复先生之言，以振兴吾国”。现在，他从抄录的这些彪炳史册的革命先贤的辉煌业绩中，对顾炎武倡导的家国情怀，又有了更深刻的感悟和具体的把握。虽然陈原道这里只是抄录，但却反映了他的政治追求和他的内心世界。对于研究陈原道此时的政治倾向，不可或缺。这些思想，也对他尔后的革命生涯发生了深刻的影响。

初到芜湖“二农”，还有一个人对陈原道有着重要影响。这就是先他入学的同乡李慰农。

李慰农，1895 年出生，早陈原道出生 7 年，巢县油坊郑村人（今属巢湖市庙岗乡），两家相距约 40 里。李慰农少时好学，曾就读县立高等小学，县立初级中学，1915 年考入芜湖“二农”。李慰农原名李尔珍，到芜湖“二农”后改名李慰农，立志要振兴农业，和陈原道在《重农说》中表达的思想不谋而合。在学校读书时，李慰农思想活跃，擅诗文，曾写下一些脍炙人口的诗篇，在同学中传诵一时。五四运动中，已留校担任农场管理员的李慰农，和一批爱国学生、老师一起，参加了反日、爱国的示威游行。暑假期间，天津学生联合会副会长、学界领袖马骏和韩致祥来到芜湖，建议由芜湖学联发起组织芜湖各界联合会，李慰农立即四处通知假期返乡的学生积极分子迅速返校，成立了芜湖各界联合会。1919 年秋，李慰农以全省第二名的成绩，被华法教育会录取，赴法勤工俭学。

★ 青年李慰农

两年以后入学的陈原道，对李慰农这样一位杰出的校友、同乡自然是十分欣赏和钦佩。虽未晤面，但李慰农的一腔爱国热忱，他的宽广的世界眼光和志向，都与陈原道在思想上息息相通。陈原道尤其喜爱李慰农的一首诗《游采石矶乘轮出发》。1916 年春，入学第二年的李慰农与同学一起去离芜湖不远的马鞍山采石矶春游，登高远眺，面对着滚滚长江中的一叶叶行舟，李慰农吟诗一首：

浩浩长江天际流，
风吹乐奏送行舟；
问谁敢击中流楫？
舍却吾侪孰与俦。

短短几句，表现了李慰农到中流击水、舍我其谁的豪迈气概！也与陈原道立志修全国铁路、练百万精兵的思想高度契合。为勉励自己，陈原道将李慰农的这首诗抄录于床头，时时吟诵，引为同道。

当陈原道在吟诵着这首诗作的时候，李慰农已于 1922 年 6 月和赵世炎、周恩来、李维汉、王若飞、陈延年、陈乔年、刘伯坚等人一起，在法国巴黎创建了旅欧中国少年共产党。后又赴莫斯科东方大学学习。1925 年初回国后，作为中央特派员赴山东工作，并担任中共青岛地委书记。7 月，在领导青岛日本纱厂工人大罢工中，被反动军阀张宗昌杀害，比陈原道牺牲的时间早了八年。1937 年 7 月 1 日，周恩来在中共中央召开的党的活动分子会上所作的报告中，列举了建党以来牺牲的许多著名人物，其中李慰农、陈原道均列名其中。他们二人，也成为今天巢湖地区最为杰出的两位革命烈士。李慰农的《游采石矶乘轮出发》，1982 年收入萧三主编的《革命烈士诗抄续编》中，由中国青年出版社出版。2016 年，又收入中共中央宣传部教育局编写的《重读先烈诗章》，且作为首篇，由中华书局出版。

二、投身革命大潮

五四运动前后社会思潮流派纷呈，新村主义、工读互助主义、基尔特社会主义、无政府共产主义（安那其主义），乃至实业救国、教育救国等等，在广大进步青年中都颇有影响。正如瞿秋白在《饿乡纪程》中所说，如同“隔着纱窗看晓雾”，模模糊糊。然而，随着马克思主义的广泛传播，和中国共产党的成立这一开天辟地的大事变，越来越多的先进青年选择了马克思主义，聚集在共产党高高举起的阶级革命的大旗之下。

陈原道正是经历了这样一个思想转变的过程。

马克思主义在芜湖早期传播的过程中，有两个人影响最大。这两个人也对陈原道的思想和尔后的革命历程产生了重大的影响。这就是高语罕、恽代英。

高语罕，1888 年生，安徽寿县人。早年赴日本早稻田大学读书，1907 年毕业回国后，到安庆从事秘密反清活动，参加了熊成基领导的马炮营起义。1911 年辛亥革命后，任安徽青年军秘书长，与陈独秀结识。在陈独秀创办《青年杂志》(后改为《新青年》)后，积极为《新青年》撰稿。1916 年，受同盟会会员、著名教育家刘希平推荐，到芜湖省立五中任学监兼授英语。刘希平是新文化运动中陈独秀在安徽的代表人物。高语罕和刘希平一起，在芜湖积极倡导新文化运动，引导学生阅读《新青年》《每周评论》等进步书刊，还邀请胡适到省立五中讲学。五四运动爆发后，他们又积极组织芜湖各界掀起声援北京的学生运动。7 月，高语罕被解职，转任芜湖"二农"教员，在芜湖积极推动学生赴法勤工俭学。其中以芜湖"二农"为多，如李慰农、尹宽等。1919 年冬，高语罕辞职赴上海，后又转赴北京，参加北京大学马克思学说研究会。是时，上海、北京正在发起成立共产党早期组织，高语罕经李大钊、张申府介绍，加入北京共产党早期组织。1920 年冬重返芜湖五中任教，并将日本人河上肇翻译的《共产党宣言》《马克思资本论入门》和英国人克卡朴编著的《社会主义史》《各国社会主义思潮》以及《共产党月刊》等带入芜湖。1921 年初，高语罕编辑《白话书信》五编，由上海亚东图书馆出版发行。《白话书信》以白话文的形式，对马克思主义的阶级斗争、剩余价值学说予以介绍："马克思底社会主义，又分做三项说明——(1)唯物史观；(2)剩余价值；(3)阶级斗争……人类的文明史，不是由人类精神造成的，乃是由物质境遇造成的。所以他的思想生活都是随着物质境遇变迁的”[①]。这些思想观点，正是马克思主义精髓所在。《白话书信》1921年初由上海亚东图书馆出版发行后，在社会上影响很大，与陈独秀的《独秀文存》、胡适的《尝试集》为当时最畅销的三部书，印刷了十万册之多，有力地推动了芜湖、安徽乃至全国马克思主义的传播。所以有论者说：“从1906年至1921年，高语罕主要活动在芜湖。近六年的时间里，他团结、培养了芜湖乃至整个安徽的一代青年知识分子，为马克思主义在芜湖乃至安徽早期传播架起了桥梁。”[②]由中共芜湖市委党史研究室编写的《中共芜湖党史大事记》也持基本相同的观点。

★ 青年恽代英

恽代英是中国共产党早期著名的理论家、中国革命运动的杰出领袖。1895年生于湖北武昌。1918年8月大学毕业后留校任中华大学附中部主任（校长）。1920年2月和林育南等人在武汉创办利群书社，成为“五四”时期宣传马克思主义和新文化的著名社团。1921年1月翻译出版了考茨基的著作《阶级争斗》一书，同年底加入中国共产党。1923年8月在中国社会主义青年团第二次全国代表大会上当选为中央委员，是团中央局的成员。1923年10月创办了团中央机关刊物《中国

① 王军：《高语罕传》，中央党史出版社2001年版，第50页。

② 张传恩：《马克思主义在安徽芜湖早期传播述略》，《大庆师范学院学报》2015年第2期。

青年》，任主编，先后在这个刊物上发表了160多篇文章和通信。郭沫若曾回忆说："代英会做文章，尤其会演讲。他的演讲最为生动而有条理，不矜不持，而煽动力很强。"[①]同时，恽代英人品高尚，平日里一袭布衣，粗茶淡饭，极重情义。他的战友萧楚女曾称他是当代墨子，"摩顶放踵，以利天下"。中共早期领导人董必武称他是"抓住青年进取心，手书口说万人钦"。周恩来称他是"中国青年的楷模"[②]。可以说，恽代英影响了"五四"至大革命时期的一代中国先进青年。"五四"前后至大革命时期，恽代英应聘到宣城第四师范担任教务主任，积极推动新文化运动。1921年1月，恽代英受刘希平、高语罕之邀，利用寒假之机，到芜湖给学生作了一次"打倒日本帝国主义，废除二十一条"的演讲。在演说中，恽代英号召广大青年学生要树立"读书救国""革命救国"的信念，"到社会上去，到民间去"[③]。回到武昌以后，4月29日，他还和在芜湖五中任教的沈泽民、高语罕通信，讨论教育和社会改造问题。他在信中称赞沈泽民"教育问题，正如一切问题一样，非把全部社会问题改造好了，是不得会解决的"意见，是"目光如炬"[④]。这篇通信刊登在1921年5月15日出版的《芜湖》第1号上。1925年4月24日上午，恽代英又出席芜湖各界追悼孙中山先生大会，并发表演说。下午，又到芜湖五中、芜湖"二农"演讲。而在芜湖"二农"演讲，正是陈原道作的记录，二人并作长谈。

① 郭沫若:《纪念人民英雄恽代英》,《回忆恽代英》，人民出版社2015年版，第180页。

② 见《回忆恽代英》，人民出版社2015年版。

③ 参见《中共芜湖党史大事记》，安徽人民出版社2002年版;《恽代英年谱》，华中师范大学出版社2008年版。

④ 李良明、钟德涛主编:《恽代英年谱》，华中师范大学出版社2008年版，第187页。

高语罕和恽代英对马克思主义的宣传活动，对陈原道产生了深刻的影响。1926 年，陈原道在莫斯科中山大学一份调查表中关于“读过何种对于社会科学的书籍”一栏填写的是：中国青年社的《马克思主义浅说》《唯物史观》，施存统译的《资本制度浅说》，瞿秋白的《社会科学概论》，恽代英译的《阶级争斗》。在“常学的书报和杂志”栏填写的是:《中国青年》《向导》《小说月报》《学生杂志》。在另外一份调查表中，读过的重要著作填写的还有《马克思学说概要》《马克思主义与达尔文主义》《社会主义与进化论》《新社会观》等。从这个书单可以看出，陈原道已在入芜湖“二农”初期所读的众多关于新文化的书籍中，选择了马克思主义。

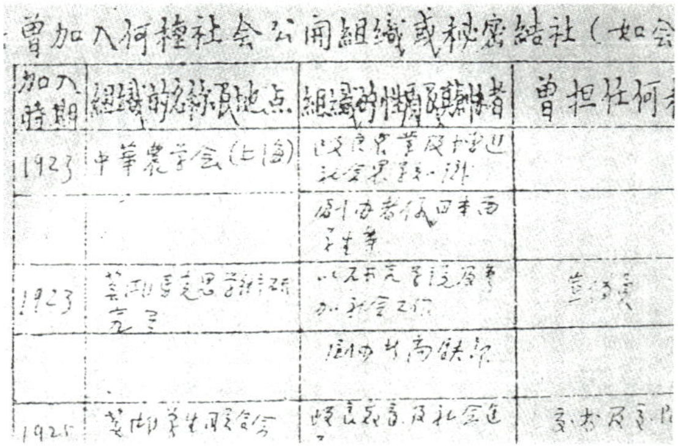
曾加入何種社会公開組織或秘密結社（如会

加入時期	組織的名稱及地点	組織的性質及其負責者	曾担任何
1923	中華農学会（上海）	[illegible]	
		[illegible]	
1923	芜湖马克思学术研究会	[illegible]	[illegible]
		[illegible]	
1925	[illegible]	[illegible]	[illegible]

★ 1923 年加入芜湖马克思学术研究会

1923 年 3 月，芜湖团地委委员王坦甫、余天觉等人发起组织马克思学术研究会。陈原道为会员，并担任宣传员①。

这是陈原道转向马克思主义的一个标志。

陈原道受高语罕、恽代英的影响，一开始主要是通过阅读他们的大量文章，包括恽代英翻译的考茨基的《阶级争斗》等。随

① 见陈原道在莫斯科中山大学填写的调查表，王玉芳主编:《陈原道生平历史资料汇编》第二册。

着实践的发展，陈原道和他们有了直接的接触，更是得到了他们直接的帮助和指导。1925 年秋，陈原道离开芜湖“二农”赴莫斯科中山大学学习，正是高语罕推荐的。在中山大学的调查表“何人介绍入孙大”一栏，陈原道填写的即是高语罕。而恽代英则是陈原道的入党介绍人。

陈原道在总结他自己的思想转变过程时曾说道，自己也有一个“从谋个人生活，反对社会运动”的“个人主义”到参加社会革命的转变过程。正是通过对马克思主义著作的大量阅读，也由于反动当局对教育和人民的摧残，使他“决心参加社会运动”。在莫斯科中山大学调查表关于过去参加的“社会运动和示威运动”栏，他填写的是：“五一罢工运动，五卅事件，纺织工人罢工，反基（督教）同盟会，反对关税会议”，“反对贿选”等。参加的社会团体有：“芜湖马克思学术研究会、芜湖学生联合会、芜湖外交后援会。”①

1921 年 8 月，领导中国工人运动的第一个公开机构中国劳动组合书记部在上海成立，张国焘担任书记部主任，毛泽东担任湖南分部主任，罗章龙担任北方分部主任，中国劳动组合书记部领导了以香港海员大罢工为起点的第一次工人运动高潮。1922 年 7 月，中共在上海召开了第二次全国代表大会。二大的一个重大意义，是明确提出中国革命要分两步走。指出现阶段中国革命的性质是民主主义革命；革命的动力是工人、农民和小资产阶级，民族资产阶级也是革命的力量之一；革命的前途是向社会主义革命转变。这是中共对国情认识的一次深化。党的二大以后，全党仍然十分重视工人运动，同时把这种斗争与反帝反封建、反军阀的

① 见陈原道在莫斯科中山大学填写的调查表，王玉芳主编：《陈原道生平历史资料汇编》第二册。

斗争紧密结合起来。1921 年夏进入芜湖“二农”的陈原道，其思想嬗变也正是在这种社会背景下完成的。

据《中共芜湖党史大事记》和《中国共产党芜湖历史》记载，作为“长江巨埠”“皖之中坚”的芜湖，由于工人比较集中，建党以后，党领导的工人斗争此起彼伏，接连不断。1922 年 3 月 21 日，芜湖人力车工人举行罢工。虽然陈原道自己在调查表中没有说到这次罢工，但中共芜湖市委党史办公室编写的有关著作明确记载陈原道和芜湖“二农”的进步学生薛卓汉一起积极参加和组织了这次斗争。由于芜湖商业发达，有着巨大的米业市场，大小商铺林立，由此产生的店员工人、人力车工人成为当时芜湖工人阶层的主要部分。1922 年 3 月，芜湖警察厅决定增加黄包车牌照税，黄包车车主以所收车价不敷开支为由，加收工人车租。人力车工人不堪重负，要求警察厅撤销准许车行加租的决定。警察厅不但不允，还加派警力，严阵以待，随时准备镇压人力车工人的斗争。芜湖“二农”学生薛卓汉得到这一消息后，立即向芜湖学联报告。芜湖学联决定支援芜湖人力车夫的斗争。在芜湖学联的帮助和策划下，3 月 21 日上午，芜湖人力车工人全体举行罢工。由中共芜湖市委党史办公室编写的《中共名人在芜湖》一书记载了陈原道参加这次斗争的情况：

3 月 21 日，芜湖发生了黄包车工人为反对芜湖警察厅，增加牌照捐和车主增加车租而举行的罢工。这次罢工立即得到了芜湖学联的支持。学联号召在教师、学生中募集现金，援助车夫。陈原道带头响应，拿出了自己全部零用钱，学联用同学们的捐款定购了几十箩馒头和面包，支援罢工工人。

22 日，陈原道和化装成车夫的学生薛卓汉连同车夫代表共百余人到警察厅请愿，提出批准假歌舞台召开“劳动大会”、取消增收黄包车牌照税及车行加税、命令车行退回已收的新加车租、车行按照原租减少一成等四点要求。大规模的示威游行和请愿活动，迫使警方答应了经济要求。为巩固斗争的胜利，29日下午，几千名黄包车工人和学生齐集于东门外铁路埂上，他们打着“劳工神圣”的横幅，整队向歌舞台前进，召开劳动大会。……这次罢工斗争的胜利在芜湖工人运动史上谱写了崭新的一页[①]。

1923年10月10日，芜湖各界爆发反曹锟贿选的斗争。1923年6月，直系军阀曹锟在北京发动政变，唆使军警逼走总统黎元洪，旋以五千元一票贿国会议员，当选总统，并准备10月10日正式就职，安徽芜湖议员彭昌福、吕祖翼也接受了曹锟5000元的贿赂。消息传出后，中共中央于7月发表对时局的主张，号召全国各界团结起来，反对曹锟贿选。全国各界立即纷纷响应。10月10日，市学联集合学生数千人，人人手持小旗，举着白布横幅，上书“不承认曹锟做大总统”等字样，乐队奏着哀乐，举行示威游行。陈原道参加了这次游行。游行队伍由芜湖市东门外的铁路埂进东门后，分成两路，一路往官沟沿抄众议员彭昌福的家，另一路赴鱼市街抄众议员吕祖翼的家。学生们手拿童子军棍，将吕、彭两宅的家具、门窗打得稀烂。1926年陈原道在莫斯科中山大学调查表中关于“在运动中曾担任何种工作”一栏中，在“反对贿选”斗争中填写的是“打议员家室者”[②]。可见陈原道是冲在这次斗争前列的。

这一时期，陈原道参加的社会运动还有五一罢工、纺织工人罢工、反对关税会议等。

---

① 中共芜湖市委党史办公室编:《中共名人在芜湖》，见王玉芳主编:《陈原道生平历史资料汇编》第五册。

② 陈原道在莫斯科中山大学填写的调查表，王玉芳主编:《陈原道生平历史资料汇编》第二册。

1923 年，是陈原道革命生涯中具有标志性意义的一年。就在这一年，他加入了中国社会主义青年团。

关于陈原道加入团组织的时间，有不同的记载和回忆，需要加以辨识。据《中国共产党芜湖历史》介绍，芜湖团组织的建立最早可追溯到 1922 年 9 月，卢春山、薛卓汉等四人在芜湖“二农”创办了第一个团小组，但未得到团中央的正式承认和批准。同年底，他们又成立了四个团小组。在这个基础上，经团中央批准，1923 年 1 月 5 日，中国社会主义青年团芜湖地方执行委员会正式宣告成立，王坦甫、余天觉、卢春山担任委员。“1924 年 6 月，根据团中央的决定，芜湖地方团组织改属中国社会主义青年团江浙皖区兼上海地方执行委员会领导。”① 和陈原道同时从芜湖赴莫斯科中山大学学习的廖麟回忆：“我是 1923 年秋加入团组织的，王坦甫担任职业学校金科（机械科）主任。我们先研究了当时最流行的各种主义，以后才转为对社会主义信仰，我参加的一个小组成员有陈原道、周范文、汪菊农、贾斯干、于天明，周范文负责。”“团证是一张白纸，开始是 S · Y，以后改为 C · Y。”② S · Y 是中国社会主义青年团的缩写，C · Y 是中国共产主义青年团的缩写。1924 年 11 月 2 日团江浙皖区执行委员会秘书彭振纲的报告称：“该地共有团员二十六人，已于 10 月 5 日开过一次大会，举出五个正式委员，亦分五部（会计、文书、组织、宣传、调查），陈原道、沈永滨、王本培、贾斯干、周范文为正式委员，魏寄天，张福海为候补委员。”③ 陈原道自己在莫斯科中山大学填

① 中共芜湖市委党史研究室编：《中国共产党芜湖历史》第一卷，安徽人民出版社 2008 年版，第 79—80 页。

② 访问廖麟记录，1984 年 12 月 30 日，王玉芳主编：《陈原道生平历史汇编》第二册。

③ 中共安徽省党史工作委员会：《安徽现代革命史资料长编》，安徽人民出版社 1986 年版，第 312 页。

写的调查表中，加入共产主义青年团或“入 C·Y”的时间是“1925 年 4 月”。

笔者认为，陈原道加入团组织的时间应该是 1923 年，这就是当事人廖麟回忆的时间。芜湖团组织改属于江浙皖区执行委员会领导是 1924 年 6 月，其秘书潘振刚 11 月的报告说到陈原道、周范文等五人是团芜湖地方的领导人，而不是说他们是当年加入团组织的团员；同时，这个报告也说明陈原道不可能是 1925 年加入的团组织。中国社会主义青年团的名称有一个变化的过程，起初叫中国社会主义青年团，1925 年 1 月，在团的第三次全国代表大会上决定改名，称中国共产主义青年团。陈原道在莫斯科中山大学填写的入团时间，应是中国社会主义青年团改称中国共产主义青年团的时间，因为陈原道明确写的是加入“中国共产主义青年团”或“入 C·Y”。

陈原道在芜湖团组织中曾担任“组长，二月”，“芜湖地方书记及组织”，其中“地方书记三月”。这是陈原道在 1926 年调查表中所填。在 1928 年的调查表中填写的是“青年团特支书记”[①]。曾经担任过团芜湖地委书记的周范文回忆：“1924 年（应为 1925 年——作者），团改名为 C·Y（共产主义青年团），由于组织上的发展，团的支部已扩展为地委，这一年，曹国云同志（原团支部书记——引者）因失业及政治环境问题，乃离芜湖他去，由陈原道同志和我先后担任地委书记。”[②] 团芜湖地委一度更名为团芜湖特别支部。所以陈原道填写的调查表中既有“地方书记”一说，又有“特支书记”一说。关于陈原道在芜湖早期团组织中担

① 陈原道在莫斯科中山大学填写的调查表，王玉芳主编：《陈原道生平历史资料汇编》第二册。

②《周范文自传》（1951 年），王玉芳主编：《陈原道生平历史资料汇编》第二册。

任的这一重要职务，目前出版的《中国共产党芜湖历史》一书缺乏记载。

1923 年加入马克思学术研究会和中国社会主义青年团，标志着陈原道已由“实业救国”思想转向了马克思主义。

翌年 7 月，陈原道还加入了国民党芜湖区党部，先后任“芜湖第一区一分部执行委员”“市党部委员、组织部主任”[①]。这是因为，1923 年 6 月召开的中共三大，根据共产国际的指示，决定采取共产党员以个人身份加入国民党的方式实现国共合作。根据团中央的指示，芜湖的青年团员先后加入国民党，并开始在芜湖筹组国民党组织。1924 年上半年，芜湖在全省率先成立国民党区分部组织；1925 年 3 月，成立国民党芜湖临时市党部。在莫斯科中山大学填写的调查表中有一份是“旅莫中国国民党支部党员调查表”，其中有“与党中何人有关系”一栏，陈原道填写的是恽代英。恽代英曾参加国民党改组工作，在 1924 年国民党上海执行部第一次执委会议上，他和毛泽东分别担任宣传部秘书和组织部秘书，后担任国民党中央委员。

这一史实，也佐证了陈原道在 1924 年已经加入了青年团组织。

三、出席全国学联第七次代表大会，加入中国共产党

进入 1925 年，陈原道虽然已经从芜湖“二农”毕业，并担

① 陈原道在莫斯科中山大学填写的调查表，王玉芳主编:《陈原道生平历史资料汇编》第二册。

任芜湖“二农”农场技士，每月有 20 元的薪水，但他却全身心地投入大革命的浪潮之中。

1925 年 3 月 12 日，中国革命的先行者孙中山先生在北京病逝，全国为之悲痛。在芜湖学联组织下，各校纷纷集会，沉痛悼念孙中山先生。4 月 23 日，应芜湖各界人士邀请，恽代英以国民党上海执行部代表、上海治丧所成员的身份来到芜湖，参加芜湖各界的悼念活动。4 月 24 日上午，恽代英出席芜湖各界 1000 多人的追悼大会，并发表了 3 个小时演讲。演讲的主要内容是揭露自鸦片战争以来帝国主义侵华的罪恶历史，帝国主义经济、文化侵略的种种事实，号召大家团结起来，打倒帝国主义。参加大会的学生和群众，深深地被恽代英的演讲所打动，会场上不时传出抽泣声。下午，恽代英又先后到芜湖五中、芜湖“二农”演讲，陈原道聆听了恽代英的演讲，并作了记录。以下是陈原道记录的部分内容：

今天因为追悼孙中山先生方便，上海执行部委托故来此一游，但行期甚促，所以今天在这个地方来同诸君谈话。刚才校长称赞，实不敢当。我的宣传不是同基督教徒传教为上帝，我们的传教为国家。

我们要改良教育。社会没有饭吃，便怎么办呢？只有“抢”……抢饭碗不见得抢得到，就是抢到了也弄不到薪费，教育费被军阀占去了。

我说现在谋事简直是抢狗骨头……一切都是空挂招片，兵太多了，常常打仗还有匪祸。

最近段祺瑞承认金佛郎案，金佛郎纸换金，法国人金佛郎跌

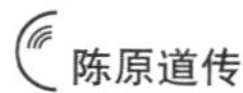

了价，……这样，都加在我们的身上。

现在总税务司安格联是中国皇帝，北京政府要巴结他，所以大权都在安格联手中，安格联手上钱都是中国钱，要革命，要革外国人的命[①]。

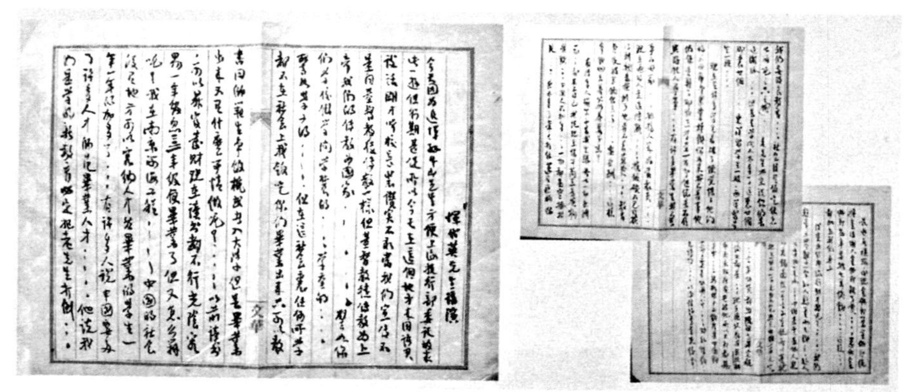

★ 陈原道听恽代英讲课时的笔记

恽代英这里所说的“金佛郎案”是北洋政府时期的重要金融事件。1901 年《辛丑条约》的赔款金额是 4.5 亿两白银，分 39 年还清，年息 4 厘，本息总计 9.8 亿多两。赔款以海关税、常关税和盐税作抵押。1909 年，美国为了减少刺激中国人民的反帝情绪，决议“减免”其所得赔款的大部，改充中国留美学生的教育费用。随后，英、日、法等国也相继仿效。1922 年 7 月，中法订立协定，法方允将其所得之庚子赔款未付部分退还中国，用于办理教育事业及清偿中国所欠中法实业银行的股金及款项。当时中法实业银行因资金不足、经营不善，于 1921 年倒闭。法国人希望用“庚子赔款”未支付部分充实进去，使之复活。同时，法方提出，协定所列各项数额应以金佛郎（法国货币单位法郎当时

① 陈原道:《恽代英先生讲演》，王玉芳主编:《陈原道生平历史资料汇编》第二册。

的译法）计算，而当时法郎纸币的实际价值因为通货膨胀其含金量只有原来的三分之一，如按法方提议，中方损失将高达6000多万元。因此，中方据理拒绝了法方的提议。但是，法方毫不放松，中国关税处置权掌握在总税务司英国人安格联手里，安以要扣留其代管的至1920年已停付给法国的盐税、关税相威胁，要中方接受其要求。曹锟当上总统后，竟接受法方的要求，动用存留在总税务司的巨款，但遭到全国舆论的反对。曹锟下台后，段祺瑞担任临时执政，“1925年4月《中法协定》告成，规定法国退还庚款时以美元汇率折合中国货币计算，但是法国先以金佛郎折合为美元，中国实际上还是承认了法国早先提出的要求，损失颇巨”[①]。“金佛郎案”公布后，舆论大哗。5月7日，中国国民党中央执行委员会通电反对，北京学生在天安门广场举行国耻纪念集会，遇到大批军警阻止。会后，200余名学生到司法总长兼教育总长章士钊住处，章不在家，学生捣毁章宅，军警逮捕师生18人，打伤40余人。

恽代英的演讲，正是在段祺瑞和法国签订《中法协定》之后。恽代英敏锐地抓住这一问题，指出帝国主义控制北洋政权的实质，喊出了“革外国人命”的口号，有力地宣传了中国共产党反帝反封建的政治主张。

陈原道的这份记录是用竖格毛边纸毛笔所记，字迹遒劲有力，清晰流畅，只是不可能全部记下。原件存南京雨花台纪念馆，权威性著作《恽代英年谱》节录了其中的部分内容。

当天晚上，恽代英还与陈原道等芜湖地方团组织骨干分子一起，研究如何通过悼唁孙中山先生的活动，扩大反帝爱国的

① 汪朝光：《中国近代通史》第六卷，江苏人民出版社2007年版，第465页。

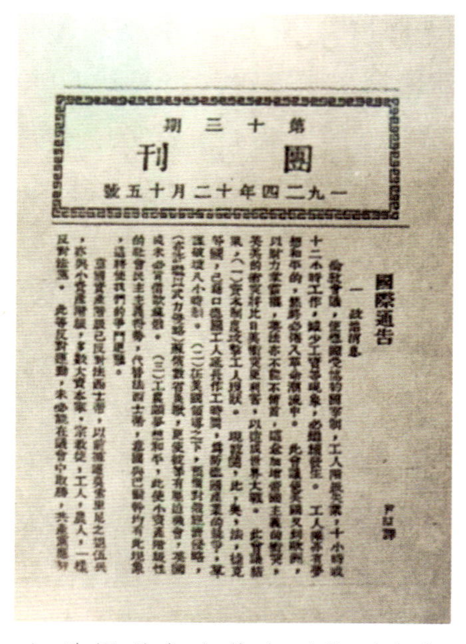
第十三期
團刊
一九二四年十二月十五號
國際通告

★ 陈原道主办革命刊物《团刊》

宣传和斗争。恽代英鼓励大家，敌人有鬼鬼祟祟的阴谋，我们有堂堂正正的斗争。我们要用堂堂正正的气魄压倒鬼鬼祟祟的反动派，使敌人没有回旋的余地。

就在这时，芜湖的教会学校圣雅阁中学却发生阻止学生参加追悼孙中山先生大会的事件。1876 年中英《烟台条约》将芜湖辟为通商口岸以后，西方的天主教、基督教传教士先后来到芜湖传教。到 20 世纪 20 年代初，芜湖各教会组织先后开办中小学十余所，其中以圣雅阁中学和萃文中学规模最大。这些学校都在教会的严格掌控之下，校长由外国人担任，以圣经为必修课，禁止学生参加任何政治活动，推行奴化教育。圣雅阁中学校方阻止学生参加悼唁孙中山的事件，立即引起了广大学生的反抗，终于在教会学校激起一场反奴化教育的斗争。5 月 18 日，圣雅阁中学高中部举行罢课。芜湖地方团组织及社会团体给予了极大的支持。原芜湖“二农”学生，时为中共安庆党组织负责人薛卓汉也以安徽省非基督教大同盟代表的身份来到芜湖，参与斗争。团中央还派陶准前来指导和帮助。陈原道积极参加了这场斗争，并且参加反基督教同盟。他在莫斯科中山大学时的同学王稼祥，则是圣雅阁中学最早站出来反对奴化教育的代表性人物。

芜湖反奴化教育的斗争尚未结束，上海又发生了震惊全国的五卅惨案。5 月 30 日，上海各大、中学校学生 2000 多人分散到公共租界繁华的马路，进行演讲和示威游行，又有 100 多人先后被捕。数千名愤怒的群众奔赴捕房前，要求释放被捕学生，遭到租界英国巡捕开枪镇压，打死 13 人，伤数十人。6 月 5 日，中共中央发表《中国共产党为反抗帝国主义野蛮残暴的大屠杀告全国民众》书，决定在全国掀起一场反帝爱国运动的风暴。在中共中央的领导下，陈原道和时任芜湖学联主席、团组织负责人周范文一起，于 6 月 5 日召开芜湖各界社会团体联合会议和由共青团员、国民党左派人士起骨干作用的国民党芜湖市党部会议，决定成立芜湖国民外交后援会，举行各界联合大游行。陈原道为国民外交后援会成员。6 月 6 日，有一万人参加的大游行从东门进发进入市区。参加游行的群众手执小旗，高呼："惩办凶手""收回租界""打倒英日帝国主义"等口号，一呼百应，声势浩大。6 月 7 日，芜湖国民外交后援会召开成立大会。6 月 10 日，是芜湖为上海同胞志哀日。这一天，芜湖全埠各商家、工厂和学校实行停市、停工和停课，发动了芜湖历史上第一次"三罢"斗争。6 月 30 日，由外交后援会组织，芜湖举行了大规模的公祭沪粤汉被杀烈士的活动。在芜湖国民外交后援会的主持下，全埠开展了大规模的募捐活动，以接济上海的罢工工人。

芜湖这一次声援上海五卅运动的斗争，实际上和 4 月开始的反奴化斗争紧密相连，成为一场持续的反帝爱国斗争。陈原道后来回顾，他参加这场斗争实际上前后有五个月之久。陈原道整日战斗在斗争的第一线，上街演讲，组织示威游行，还带头捐款。有一次他的弟弟陈原仓由乡下来看他，见他整日忙着演讲、游行示威、检查日货、英货，便担心地问道："哥哥，你们这样同外国鬼子、官府、财主斗，性命不危险吗？"陈原道回答说："生命是宝贵的，但怕死，不斗争是可耻的，为了革命纵然牺牲了，也是光荣的。”他还给弟弟讲鸦片战争以来帝国主义侵略中国的种种罪行。一席话，说得弟弟点头称是。连声说：“哥哥，你做得对！”①

★ 1925 年 5 月五卅惨案

就在五卅运动不断向前深入发展的时候，为了更好地领导全国的青年学生投入反帝爱国运动之中，中国共产主义青年团中央于 1925 年六七月间在上海召开了中华全国学生联合会第七次全国代表大会。中国共产主义青年团中央执委会委员、宣传部主任恽代英担任大会党团书记，团中央局代理总书记任弼时到会指导。来自全国 30 多个地区的学联代表 60 余人出席了大会。陈原道和周范文为安徽芜湖地区的代表。每位出席会议的代表都发有出席证。陈原道的出席证号为“第 12 号”。林彪为湖北代表，李硕勋为四川彭县代表。陈原道能出席这次大会，显然是因为他在

① 见中共芜湖市委党史办公室编：《中共名人在芜湖》，王玉芳主编：《陈原道生平历史资料汇编》第五册。

芜湖反帝爱国运动中的突出表现。

为了更好地开好这次大会，大会推定北京代表杨善南为大会主席，上海代表姚尔觉为副主席。又决定：文书：周范文、刘威凤，刘国璋；庶务：蔡鸿干、胡云翼；编辑：高尔松、张新锦、王致芳、陈原道[①]。

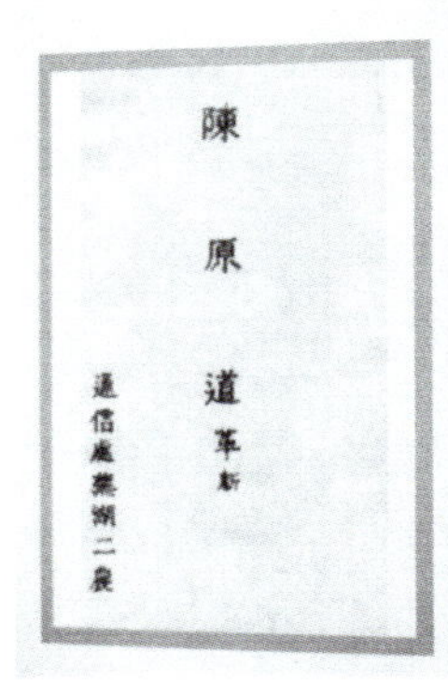
陳原道 革新
通信處蕪湖二農

中華民國學生聯合總會代表大會
第七屆
出席證
代表陳原道執據
第12號
民國十四年六月二十八日發給

★ 1925 年 6 月，陈原道出席在上海召开的中华全国学生联合会第七次全国代表大会。这是陈原道的出席证

陈原道以他优秀的思想水平和文字能力进入了大会的工作机构。

6 月 25 日，恽代英在预备会上作了《“五卅”后政治形势》的报告。他高度赞扬了“五卅”反帝爱国运动的意义，指出：“这个运动不仅在全国掀起了革命浪潮，而且对世界革命运动也有重要意义。中国共产党对这次运动有最正当、最彻底的主张，这就是废除一切不平等条约，收回租界，收回领事裁判权，永远撤退驻沪海陆军，中国人民应享有绝对之言论、结社、出版之自由。我们的口号是：全国一切民众团结起来，打倒帝国主义！”[②]

6 月 26 日下午，恽代英又在大会上作演讲：“当以‘打倒帝国主义’之口号普及于全国民众，同时并打倒帝国主义之走狗。”

---

① 翟作君等：《中华全国学生联合会历次代表大会介绍》（四），王玉芳主编：《陈原道生平历史资料汇编》第二册。

② 李良明、钟德涛主编：《恽代英年谱》，华中师范大学出版社 2005 年版，第 277 页。

他还向大会提出了两个重大的带有方向性的议题："一个是在学校里建立学生军议案；一个是知识青年到工农中去，援助工农，向工农学习的议案。"①

恽代英的这两次演讲，实际上是这次大会的主题报告，也成了大会各项决议的指导思想。陈原道听了这些演讲，倍受鼓舞，也使他对中国共产党在二大上提出的反帝反封建的民主革命纲领有了比较深刻的了解。会议期间，他每天都和代表们一起向任弼时、恽代英汇报学生运动的情况，研究下一步的斗争方法和方案。

会议7月6日结束，全体会议共开了18次。大会经过讨论，通过了大会"宣言"和八个决议案：《改进学生本身利益问题决议案》《学生组织问题决议案》《反对帝国主义运动决议案（附学生军组织问题决议案）》《反基督教运动决议案》《援助工人农民运动决议案》《平民教育实施问题决议案》《妇女问题决议案》，以及《中华民国学生会总会章程》。最后，发了十个电文，主要是：《致广州革命政府电》《至全国各界电》《至全世界人民电》《致英国国会转全英人民电》等。

这次会议是陈原道走上革命征途后第一次参加的全国性会议，这使他收获很大。不仅对当时的斗争形势、任务、方针、方法有了更深刻的了解，也对中国共产党的上层领导工作方式有了切身的体验。这一些，都为他后来的政治活动打下了良好的基础。

就在这次大会期间，恽代英介绍陈原道加入共产党。

1928年秋，陈原道从莫斯科中山大学毕业，和张闻天等人

① 李良明、钟德涛主编：《恽代英年谱》，华中师范大学出版社2005年版，第277页。

一起留校进入教员培训班。在登记表“入党经过”一栏，陈原道写道：“1925 年五卅惨案事件发生时，我以学联名义到上海，代英同志即说及在芜湖组织党地方，那时即愿入党，因时间少未果。后来 9 月到上海，才入党。”[①] 在入党介绍人一栏，陈原道填写的是恽代英。

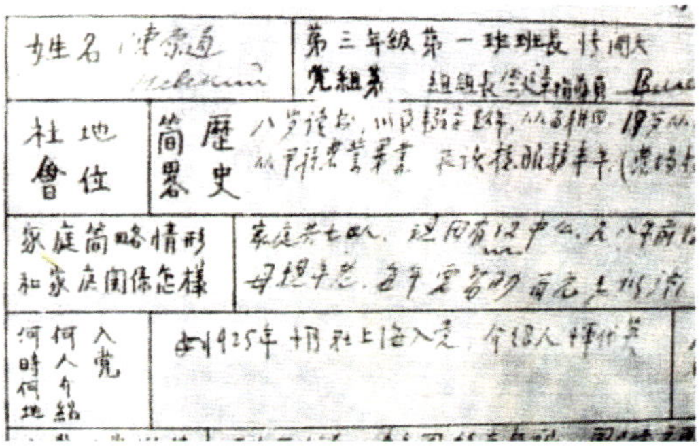
姓名　陳原道
第三年級第一班班長
党組第　組組長
社會地位
簡略歷史
家庭簡略情形和家庭関係怎樣
何時何地何人介紹入党

★ 1925 年 10 月在上海入党，介绍人恽代英

这里所说的“代英同志即说及在芜湖组织党地方”，是因为当时芜湖只有团组织，尚无党组织。恽代英不但要介绍陈原道加入共产党，而且还要求陈原道回芜湖后组织中共芜湖地方组织。

大会后，陈原道和周范文回到了芜湖，向芜湖团组织和学联传达了大会的精神。只是恽代英交给的在芜湖“组织党地方”的任务尚未来得及实施，陈原道又有了新的使命，这就是赴莫斯科中山大学学习。

① 见王玉芳编:《陈原道生平历史资料汇编》第二册。

‖ 第三章 ‖

留学莫斯科中山大学

一、到莫斯科去

1925年8月，陈原道被中共党组织选送到莫斯科中山大学学习。

莫斯科中山大学是苏联和共产国际为中国革命培养干部于1925年创办的。早在1921年，苏联就创办了莫斯科东方劳动者共产主义大学，简称东方大学。东方大学设国内部和国际部。国内部招收苏联境内东方各少数民族的学生，有乌兹别克班、哈萨克班、格鲁吉亚班等；国际班招收苏联境外东方各民族的学生，有中国班、日本班、印尼班、印度班、土耳其班；等等。刘少奇、任弼时、罗亦农、萧劲光、汪寿华、彭述之、廖划平等为第一批中国学生。萧劲光后来回忆："这是一所政治性的学校，来学习的大部分是苏联远东各少数民族，也有一部分是远东各国来的学生，有中国、日本、朝鲜等"，"我们在中国班学习"[①]。到1922年，学校中共有中国学生42名[②]。东方大学的创办体现了苏联共产党对远东各国革命的关心。

---

① 萧劲光：《赴苏学习前后》，《革命史资料》第3辑。

② 参见孙耀文：《风雨五载——莫斯科中山大学始末》，中央编译出版社1996年版，第4页。

1924年国共合作实现以后，中国革命的形势迅速发展。显然，东方大学培养的中国学生的数量已远不能适应革命形势迅速发展的需要。为了加强对中国革命的支援，苏联和共产国际于1925年决定在莫斯科创办一个全新的培养中国革命干部的大学。1925年3月12日，孙中山逝世。这所大学就以孙中山命名，全称为中国劳动者孙逸仙大学，中国学生习惯称它为莫斯科中山大学。苏联为建立中山大学进行了充分的筹备。校董事会由著名外交家、曾任苏俄驻华代表的越飞任董事会主席，成员有即将出任校长的拉狄克，联共（布）中央政治局委员、《真理报》主编布哈林，苏联教育人民委员部副委员、列宁夫人克鲁普斯卡娅，工会中央理事会主席托姆斯基等著名人物[①]。苏联的倡议得到国共两党中央的赞成和支持。

莫斯科中山大学宣布成立后，中国各地开始选拔第一批留学生前往苏联。经过考核，选拔了300多名学生。由于广州是当时全国的革命中心，是国民政府所在地，所以在广州公开考选180名，由国民党政治委员会选拔；黄埔军校10人，湖南和云南的军校10人；而在上海及其附近各省和北京及其附近各省各秘密选派50名。由于是国共合作时期，这些工作实际上由中共省委（或区委）的负责人或担任国民党省党部负责人的中共党员来主持的。另有苏联顾问鲍罗廷推荐50人。这样，广州的学生百分之五十是国民党员，上海和京津地区选拔的学生，则多数是共产党员，而鲍罗廷推荐的大多数是国民党要人的子弟[②]。

① 参见孙耀文：《风雨五载——莫斯科中山大学始末》，中央编译出版社1996年版，第5页。

② 参见黄修荣、黄黎：《共产国际和中国共产党关系探源》上卷，人民出版社2014年版，第370页。

在这种情况下，中共中央决定：安徽安庆、芜湖两地各派五名青年入中山大学学习。这次安庆选送的五名青年因故未能成行，芜湖选送陈原道、汪菊农、程维祺（省立第二甲种农业学校）、贾斯干（省立甲种商业学校）、廖麒（芜湖公立职业学校）五人赴苏学习。陈原道在莫斯科中山大学填写的调查表中写道：安徽负责此事的是高语罕。实际上，中共中央原拟由陈独秀主其事，因陈党务繁忙，无暇顾及，遂委托高语罕代理执行。

1925 年农历八月底，陈原道一行由芜湖启程。轮船经南京下关时，正值直系军阀孙传芳率军追击奉系军阀杨宇霆，两军隔江对峙，炮声隆隆，险遭不测。抵达上海后，在亚东图书馆稍事休息，即往上海大学，一切手续均由时在上海大学任教的高语罕代为办理。在上海，陈原道再次见到了恽代英。按照陈原道在莫斯科填写的调查表中的说法，他入党的确切时间是这次在上海由恽代英再次介绍或确认。

在上海，陈原道和来自北京、东北、湖南、湖北、河南、江西、陕西、山东等地的共产党员、共青团员集合到一起，共有 100 多人。这些人中，有相当多一些人后来成为中国革命中的重要人物。如：参加上海共产党早期组织的俞秀松，1924 年在国民党上海执行部任国民运动执行委员会委员的董亦湘，回族青年马骏，蒙古族青年乌兰夫，还有张闻天、王稼祥、伍修权，以及后来给中国革命造成重大损失、以“王明”之名闻名的陈绍禹。到上海集合的还有几名女青年。她们中有张琴秋、李培之和张锡瑗、张锡瑞姐妹。李培之是河北人，曾在保定女子师范上学，同张锡瑗等是同学。她在同王若飞结婚不到一个月，就毅然告别亲人，赴苏学习。

在由上海前往莫斯科的过程中，负责人是谁？当事人回忆不尽相同。据俄罗斯现代文献保管与研究中心提供的档案，中共中央总书记陈独秀曾给中共莫斯科区委一信，指定俞秀松、胡彦彬、刘铭勋、朱务善、张琴秋五人为领导人，俞秀松为临时委员会书记。长期侨居俄国，曾于 1920 年陪同俄共（布）干部维经斯基来华，参与中国共产党建党活动的杨明斋同行。乌兰夫回忆：在等候出发的日子里，俞秀松给我们讲了出国途中应注意的事项；从内蒙古地区来的五名青年，因名单发生差错，乌兰夫又几次向俞秀松说明缘由。这些都说明，俞秀松确是这批赴苏学生的中共负责人。

在上海稍作停留，启程的日子就到了。

1925 年 10 月 28 日晚[①]，陈原道提着简单的行李和汪菊农、程维祺等安徽同学一道，悄悄地来到外滩海关码头，登上一艘 3000 吨位的苏联运煤船。这艘运煤船正要返回海参崴，顺便将这批留学生偷运到苏联去。

据伍修权回忆，同船的中国学生"共有一百多人，是从上海、江苏、安徽、江西、湖南、湖北、河南、山西、陕西和北平、天津等地选调来的。他们中有张闻天、王稼祥、乌兰夫、吴亮平、孙冶方、潘自力、杨放之、刘少文、沈泽民、张琴秋、李培之、马骏……等同志"[②]。船的第一站是到日本的海口门司。同行的汪菊农回忆了旅途的情形：

我记得在上海停留四五日，苏联的海轮就到达吴淞了。我们各自手提小件行李，前往大马路外滩码头，虽是熟悉之人，各不

① 关于出发的时间，有关著作说法不一。这里采用的是程中原著《张闻天传》的说法。参见《张闻天传》（修订本），当代中国出版社 2006 年版，第 69 页。

② 伍修权：《回忆与怀念》，中共中央党校出版社 1991 年版，第 44 页。关于 1925 年中国学生赴苏的情况，有的著作认为是分两批前往。这里采用的是伍修权的回忆。

招呼，以避暗探耳目。由小轮驰往吴淞口，换登苏联海轮，此时警悸之情始释。从吴淞口出发，经过三日三夜的航程，即抵日本海口门司。门司与马关口，遥遥相对，是日本货物输出港之一。门司的夜景，灯火辉煌，足为壮观。谁知翌日早晨，但见烟雾茫茫，不见天日，工厂林立，足见日本工业之发达。当日上午，日本海关人员来检查旅客身体。我们排列在海轮甲板上，先是张口伸舌，翻翻眼皮，后来又按按脉息，如此手续就结束了。我很奇怪，哪有那样轻率行事？后来中国海员告诉我，一则我们是路经日本，并不登岸，落得马虎。二则日本对中国客人检查从宽。若遇到欧美旅客，非严格不可。因为日本人到美洲去，受到那些苛刻的检查，心中不服气，以报复他。由上海到日本这段海程，平平稳稳，无大风大浪，等于在我国长江中旅行，无晕船之苦。

从门司到海参崴的途程，则要辛苦多了。汪菊农回忆：

由日本门司启程到海参崴，情况就不同了。航程要经过黑水洋，海风大作，海浪翻天，船身前仰后挫，左倾右耸。铺位上的同学，滚来滚去，呕吐不已，臭味难闻。尤其是女同学，呻吟痛苦，不堪言状。我们带来的饼干、面包，简直不能进口，仅能吃点香蕉、橘子而已。有时甚至水果都不能吃，只顾呕吐，腹内食物都吐尽了，还是要呕吐[①]……

人们吃不下，睡不着，一个个病倒了。这时候，作为这次赴苏学习的中共主要负责人俞秀松站了出来，组织大家同海浪搏斗：

他走上船头，站在甲板上，大声疾呼：“同志们，坚强些，我们是革命者，革命者就要乘风破浪。我们的生命时刻准备献给革命了，海浪再大，是吓不倒我们的。大家眼望前方，我们将要去

① 汪菊农：《我青年读书时代的回忆》，王玉芳主编：《陈原道生平历史资料汇编》第二册。

的是世界革命的中心。我们的心胸要像大海一样辽阔，一切困难都不在话下。咆哮的巨浪，会被我们战胜的……”在俞秀松的鼓动下，同志们一个个手扶船梯，走上甲板[①]。

陈原道是第一次走出国门，第一次在大海中航行，虽然他也呕吐不止，极其不适，但是一想到将要到自己向往的十月革命的故乡，将要去一个完全崭新的劳动人民当家作主的国家，他的心中就充满着无限的憧憬和自豪。还在龙华高等小学堂读书的时候，他在作文《游历说》中就极力主张学生应离开乡里，游历世界，接受“世界之学说”。如今，他作为中国共产党的一分子，将要来到世界革命的中心，他的心中怎能不充满无限的喜悦？

也许，同船的蒙古族青年，后来成为国家副主席的乌兰夫的一首诗，正代表了他的心声：

山河悲破碎，
水火痛黎元。
赤帜镰刀举，
为民解倒悬。

胸怀救国志，
肩负民族托。
鲲鹏徙北海，
取火向赤俄。

远渡求真理，
归来报祖国。
愿洒长弘血，

①《俞秀松烈士永生》，《青运史资料与研究》第三集。转引自郭德宏编：《王明年谱》，社会科学文献出版社 2014 年版，第 30 页。

赤遍我中华[1]。

在海上航行十天后，适逢俄国十月革命八周年纪念日，苏联船长主持了纪念会。俞秀松代表中国同学发言，赞扬了十月革命的伟大胜利和对中国革命的影响，并代表中国学生表示要努力完成学习任务。一位朝鲜女士，不仅作了发言，还翩翩起舞。气氛十分热烈。

这一切，都深深感染着陈原道，未到莫斯科，已如沐春风。

大约在 11 月 10 日，轮船到达海参崴。这时的西伯利亚，已是隆冬时节，到处是白雪皑皑，冰天雪地。在海参崴逗留了三四天，学生们又改乘火车沿西伯利亚铁路，向莫斯科进发。此时的苏联，正在医治战争留下的创伤，煤炭奇缺，火车靠烧木柴开动，每走几站就要停车，搬运新的木柴上车。火车速度缓慢，如同蜗牛一般爬行。陈原道和同学们一起，又经历了十几个昼夜、7400 多公里的旅行。汪菊农回忆了这一路的情景：

我们在西伯利亚铁路长途中，每逢小站，则由杨同志（指杨明斋——引者注）购来面包、玫瑰酱（桑椹制成的）、香肠等食品，按人分配。每逢大站，早由杨同志电话通知前站，备妥客饭，我们可以下车进食。不过食时从速，不可掉队。

当年苏联革命成功不久，建设尚未恢复。尤其西伯利亚一带，景象荒凉，大城市不多。火车终日在桦树林中，穿来穿去。只有火车沿绕贝加尔湖那一天，山光水色，风景优美。贝加尔湖是世界上最深的内陆湖，冬季亦不结冰。汉时苏武牧羊北海边，就是指这个地方。

火车绕过贝加尔湖之后，即抵伊尔库茨克，是个大城市。我们在此要换车，停留一日。人地生疏，我们不敢远离，只能在附

---

①《乌兰夫回忆录》，中共党史资料出版社 1989 年版，第 78—79 页。

近漫步漫步。西伯利亚冬季的气候，非常酷冷，大都在摄氏零下三十度左右。我们在车站水房打开水，洒在大衣上，即刻结冰。

火车超越乌拉山脉之后，即入苏联欧洲地境。前后经过十四天旅程，抵达莫斯科。我在海轮上，曾看见蔡和森和李立三。蔡和森曾为我们作了一次报告，概述国内政治形势如何如何[①]。

经过近一个月的漫长旅程，带着一路艰辛，一路憧憬，11 月 23 日，陈原道和同学们一起，到达了革命圣地莫斯科。

火车一进站，中山大学教务处的负责人就走上车厢，迎接这些来自东方的学生。随后，大汽车把他们送进了新的学校。

二、系统学习马克思列宁主义理论

莫斯科中山大学的校址在莫斯科市中心沃尔洪卡大街十六号，位于莫斯科河畔，克里姆林宫右侧，面对著名的莫斯科大教堂。

就在陈原道和俞秀松、张闻天、王稼祥这一批 100 多人从上海到达莫斯科中山大学以后，又有几批人先后到达。由国民党中央选送的从广州出发的学生，是分批启程，同样是先去海参崴，再转乘火车前往莫斯科。这些学生以国民党员居多，其中包括一部分国民党要人的子弟，如蒋介石的儿子蒋经国，李宗仁的弟弟李宗侗，于右任的女儿于秀芝、女婿屈武，冯玉祥的儿子冯洪

① 汪菊农:《我青年读书时代的回忆》，王玉芳主编:《陈原道生平历史资料汇编》第二册。

国、女儿冯弗能，邵力子的儿子邵志刚等。同时，也有一些共产党员，如左权、朱瑞等。从广州出发的时候，国民党中央在广东省党部举行了欢送会，汪精卫和苏联顾问鲍罗廷出席并讲话。时任国民党中央宣传部代部长的毛泽东，则在另一个茶话式欢送会上发表热情洋溢的讲话，鼓励赴苏学习的革命青年学好理论，为革命打好基础。很快，国外也有一些中国青年分别前往莫斯科，进入中山大学。从法国来的有 20 人，最知名的当推邓小平、傅钟、李卓然。他们是 1926 年初离法赴苏，在东方大学待了一个月，后由共产国际将他们转入中山大学，因为共产国际认为，到中山大学的人员多是学生出身，而邓小平这些人都是从工厂来的，于是将他们充实到中山大学。从德国转到莫斯科中山大学的有徐冰以及谷正纲、谷正鼎兄弟。

中山大学的主楼是一座四层的楼房。楼内有一百多个房间，餐厅在一楼，教室、图书馆、办公室、教研室分别在楼上。图书馆有近万册藏书。大楼正面挂着用俄文书写的校牌。楼前是树木成荫的校园，左边是排球场，后边是篮球场，冬天可改为溜冰场。“中山大学师资力量雄厚，到 1928 年，中大共有一百六十名教师，其中有不少是苏联的中国问题专家、汉学家、历史学家、经济学家和哲学家。”[①] 中山大学隶属苏共中央执行委员会和国民党中央执行委员会。实际上，教学、财政、校务等一切工作均由苏方负责。中山大学同时接受共产国际领导。邵力子于 1926 年夏来到莫斯科，成为中山大学理事会成员之一，代表国民党负责中大有关事宜。

---

① 彭军荣编著:《红场记忆：中共早期留苏档案解密》，中国文史出版社 2015 年版，第 16 页。

★ 莫斯科中山大学旧址（莫斯科沃尔洪卡大街16号）。1925—1929年春，陈原道在这里学习

中山大学的行政机构并不复杂，校长拉狄克，副校长米夫。拉狄克当时已是共产国际著名活动家。他学识渊博，是位国际问题专家，又平易近人，没有高级官员的架子，中国学生都很尊敬他。但在联共（布）党内斗争中却站在托洛茨基反对派一边，两年后失去了校长的职位。米夫是十月革命后成长起来的新一代人物。十月革命前的1916年，这个15岁的中学生便参加了俄国社会民主工党的秘密马克思主义小组活动。1918年他志愿参加红军，赴察里津前线，不久患伤寒痊愈后，奉调回赫尔松，任省青年工人联合会主席。1920年5月，再次志愿参加红军，最初在波兰战线，后到西南战线作战。同年底，进入斯维尔德洛夫共产主义大学学习。1921年至1922年，米夫在斯维尔德洛夫大学任研究员，同时兼任东方大学研究员。两年间，“他研读了马克思主义经典著作关于民族和殖民地革命的理论”。1925年底，开始任东方大学副校长，很快调任中山大学副校长，时年24岁。“中

★ 米夫

山大学设有中国研究室，负责研究有关中国的学术性问题和涉及中国革命的现实性问题。米夫任该研究室刊物《中国问题资料》的主编。至1929年此研究室发展成为中国研究社，米夫任社长，同时兼任《中国问题》主编。”[①]1927年拉狄克被免职后，不久由米夫接任校长。米夫革命热情很高，但经验不足。就是这个米夫，与中共的一段重要历史进程紧密相连，也和陈原道的历史有所交集。

中国学生到校后，校方立即热情接待，按顺序办理入学手续。伍修权回忆说：“我们进学校后的第一件事，就是由学校工作人员和教员同我们每一个人谈话，问各自的姓名、籍贯、家庭成分、文化程度、学历和经历，曾读过什么书，参加过什么革命活动等等，同时又请了裁缝专为我们每个人做西装、大衣和皮鞋等等。然后开始编班，发学生证。记得李培之同志的学生证是第一号，我是第七十三号。”他还风趣地说：“我一生有两个号码记得最清楚，一个是这个七十三号，还有一个是‘文化大革命’中关‘牛棚’时的四十二号。”[②]编号是按个头大小排队编号。李培之个头最小，排在最前头，编为第一号。陈原道中等个头，戴着一副眼镜，编为一百五十二号。陈原道牺牲前留下了一张他在莫斯科中山大学的照片：穿着西服，打着领带，戴一副眼镜，一副书生

① 中国现代革命史资料丛刊：《米夫关于中国革命言论》，人民出版社1986年版，第572页。

② 伍修权：《回忆与怀念》，中共中央党校出版社1991年版，第47页。

模样，文静而又沉稳。这是他一生留下的唯一一张照片。

除了学号，每个学生在入学时又都起了一个外国名字。张闻天的俄文名为伊斯美洛夫，回国后在党内常被称为“洛甫”。陈原道的俄文名为涅夫斯基。这样做，是为了俄国教职员工作方便，中国同学间大都仍然互称中国姓名。

20 世纪 20 年代的苏联人民生活仍然是很艰苦的，但是联共（布）中央和苏联政府出于对中国革命的关心，对中国学生的生活安排是十分周到的。

学生们的伙食相当好。“最早来的学生起初每天五餐，他们既不习惯一日五餐，也觉得这样太浪费，便请求学校取消了下午的点心和夜餐。即使改成了一日三餐，但每餐的质量和数量还是很高。每天早餐必有鸡蛋、面包、黄油、牛奶、香肠、红茶，偶然还有鱼子酱。为了让中国学生吃得习惯，学校特意雇来了中国厨师，于是学生可以随意挑选吃俄国饭菜或吃中餐。校方还曾专门派人到苏联远东采购海参、香菇等名贵食品，为学生们改善伙食。”①

中国学生的穿着也不错。除了每人一套西装、一件外套、一双皮鞋外，还有毛巾、浴衣、手帕、衬衫、梳子、鞋油、肥皂、牙膏以及其他日用必需品。“莫斯科的冬天寒冷异常，但每个学生都配有很厚的大衣、暖帽，学校还发给雪靴、雨鞋。而在夏天，学生们又都穿上学校发的凉鞋。不仅如此，学校每月还发给学生一些津贴费，让他们用来买点书籍和水果、零食。”学生们“住集体宿舍，每间数人，房间里摆满了床铺、小柜和书架，暖

① 孙耀文:《风雨五载——莫斯科中山大学始末》，中央编译出版社 1996 年版，第 58 页。

气和卫生设备齐全”[①]。学校还设有门诊部，有两名全天值班的医生、护士和女工。每个学生入学后都要受全面的体格检查，有病可及时得到免费治疗和服务。

面对这样一个全新的生活和学习环境，陈原道的心情是很激动的、不平静的。他在思考着如何度过这不平凡的岁月。

1925 年 12 月 1 日和 25 日，他分别填写了两份调查表。一份是《旅莫中国国民党支部党员调查表》，此前的 1924 年，他曾在芜湖加入了国民党；另一份是《旅莫中国共产党支部和中国共产主义青年团党员团员调查表》。在“来俄的志愿”一栏，他写道：“研究革命的学理及俄国之状况。”[②]

是的，为了中国劳苦大众的解放和民族的独立，研究、寻找革命的真理，研究眼前这个崭新的苏俄政权，成为陈原道时刻萦绕于怀的中心问题。

大约在 1926 年 1 月，在几批中国学生到达后，中山大学的开学典礼在莫斯科工会大厦举行。联共（布）中央政治局委员托洛茨基主持了这个典礼。会议大厅布置一新，列宁和孙中山的像分别挂在大厅两侧墙上。联共（布）中央和共产国际执委会的代表等许多来宾来到了会场。托洛茨基在演说中指出了中国革命的意义后，要求他的俄国同胞要友好地对待中国学生。他说：“从现在起，任何一个俄国人，不论他是一个同志或者一位农民，他如果用轻蔑的态度来对待中国学生，见面时双肩一耸，那他就不配当俄国共产党人或者苏维埃公民。”“托洛茨基的演说赢得了学生

---

① 孙耀文：《风雨五载——莫斯科中山大学始末》，中央编译出版社 1996 年版，第 59 页。

② 陈原道在莫斯科中山大学填写的调查表，王玉芳主编：《陈原道生平历史资料汇编》第二册。

的赞赏。”[①]

中山大学为学生开设的课程，内容是相当丰富的。主要有六门课程：

马克思主义基本理论方面有三门，即：马克思主义哲学、政治经济学和列宁主义。马克思主义哲学主要讲的是辩证唯物主义和历史唯物主义，这是一种崭新的世界观和方法论。对大多数中国学生来说，对传统的中国哲学只有很少的了解，对西方资产阶级哲学更是知之甚少，现在“立即被新鲜的辩证唯物主义给迷住了”。“辩证唯物主义的新奇，加上在我们班教这门课的又是一位年轻漂亮的女教员，使这个课确实很吸引人。”[②]第二期学员盛忠亮这样回忆。政治经济学基本上就是学习马克思的《资本论》。由于《资本论》原著是专业性很强也很难懂的著作，学校就以卡尔·考茨基的《卡尔·马克思的经济学说》作为辅助教材，教员也由俄国或德国第一流的著名经济学家来担任。政治经济学课程中还有经济地理，研究各国经济情况，这是适应当时苏联正在开展的经济建设的需要。列宁主义是马克思主义在帝国主义和无产阶级革命时代的新发展。1924 年，斯大林在斯维尔德洛夫大学的讲演《论列宁主义基础》，被作为这门课的教材。这门课的教员是苏联有名的共产党理论家，米夫也是讲授这门课的教员之一。“在中山大学的各门课程中，这门课的教授给人的印象最深。”[③]

历史也是中山大学开设的一门重要课程。这门课包括社会发展史、中国革命运动史、俄国革命史、东方革命运动史和西方革命运动史。社会发展史讲述社会发展的一般规律及其不同发展阶

① 盛岳:《莫斯科中山大学和中国革命》，东方出版社 2004 年版，第 33 页。
② 盛岳:《莫斯科中山大学和中国革命》，东方出版社 2004 年版，第 66 页。
③ 盛岳:《莫斯科中山大学和中国革命》，东方出版社 2004 年版，第 67 页。

段。“这门课是中大最丰富多彩和饶有兴趣的课程之一。”[①]中国革命运动史则由校长拉狄克亲自讲授。它既包括对中国历史的一般叙述，重点是太平天国以来的近代革命运动史。拉狄克能讲俄语、德语和法语，口才极好，雄辩而又风趣。他的课给中国学生留下了深刻的印象。盛岳回忆：

他是个大演说家，侃侃而谈，语句流畅。讲到最起劲的时候，他总是把两个大拇指插在背心的口袋里，用其它的几个手指像蝴蝶的两个翅膀一样扑打他的胸部，在台上左右来回走着。可是他一刻也没有失去听众对他的注意力。

拉狄克教过一门《中国革命运动史》，这是中山大学很叫座的一门课，只有这一门课能把不同班级的学生吸引到同一个教室里来。

他每周讲两三次，每次讲三个小时。他讲的课总是座无虚席。东方劳动者共产主义大学的学生和教员以及研究中国问题的专家们都来听他的课。……他是一个天才，有良好的记忆力。每当讲到某一个问题，他都能知道要翻哪本参考书来论证他的想法[②]。

中山大学的另外两门重要课程是语言和军事学。俄语是第一学期最重要的必修课，是衡量一个学生成绩是否及格的最重要的因素；第二外语是选修课：英语、法语或德语。军事学则是根据中国革命斗争的实际需要而设立的。斯大林对此十分重视。1926年，他在共产国际执委会中国委员会会议上演说时曾指出：“在中国，是武装的革命反对武装的反革命。这是中国革命的特点之一

① 盛岳:《莫斯科中山大学和中国革命》，东方出版社2004年版，第65页。
② 盛岳:《莫斯科中山大学和中国革命》，东方出版社2004年版，第37页。

和优点之一。中国革命军队的特殊意义正在这里。”[①] 他的这一表述后来成为毛泽东和中国共产党人经常引用的语录。学校设有军事教研室。教研室里陈列着各种训练用的武器，如：步枪、手榴弹、机关枪、大炮、坦克，还有各种地形沙盘。军事学的主任教官是一名师长，还有几名上校级军官。负责野战训练的军训教官部分来自黄埔军校。一位黄埔军校教官后来说：这里所受的军事训练堪与黄埔军校一、二、三期受到的训练相媲美。

这样一个丰富多彩的教学内容和学习环境，对陈原道来说，无疑有着极大的吸引力。他全身心地投入新的学习之中。

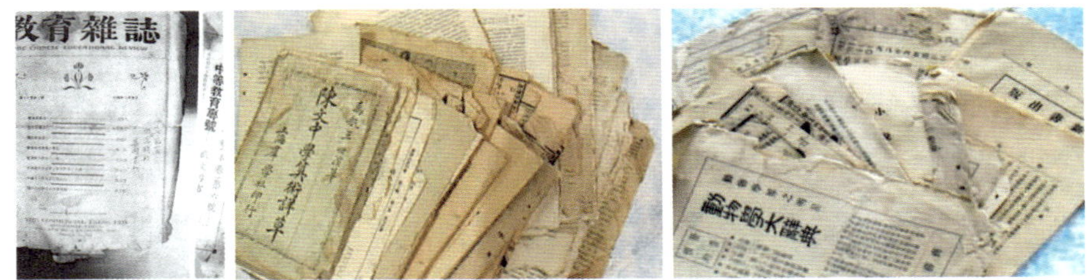

★ 陈原道读过的部分中、俄文书籍

他首先以极大的毅力攻克俄语关。

俄语对于中国学生来说，是一门难度很大的课。陈原道此前并未接触过俄语，一切从头学起。对于新学俄语的人来说，语言是一大难关。陈原道毫不畏难，对俄文 33 个字母的每一个读音都不厌其烦地反复练习。为了发好俄语特有的卷舌音，他常在口中含着一口水，反复练习。同时，他注意抓语法和单词的学习，把俄语中的那些名词、代词、形容词的变格和动词的变化规律等，都熟背下来。对单词，更是熟记熟背，背熟一批又换一批，很快单词量直线上升。在课堂上，教员采取让大家读报、读

①《斯大林选集》上卷，人民出版社 1979 年版，第 487 页。

文章、开口说话的“快速学习法”，陈原道也是一丝不苟，大胆实践。很快，他的俄语水平有了很大的提高。他的同学屠庆祺回忆：

> 因为学习比较好，所以1926年暑期后开办俄文班时，陈原道就被编入该班。该班学生有俞秀松、董亦湘、李沛泽、陈绍禹、刘国章（即刘少文）、屠庆祺（即杜畏之）等人。
>
> 由于学习成绩好，在1927年毕业后，陈原道又被选入翻译班。参加翻译班的有十余人：俞秀松、董亦湘、李沛泽、张闻天、沈泽民、王稼祥、陈原道、屠庆祺、曾弘毅、陈绍禹、杨芳芝、潘文育、竺建廷、吴良赋、傅胜蓝、邵志刚、沈联春[①]。

屠庆祺，后来改名杜畏之，也是当时莫斯科中山大学学习比较突出的一名学生。他1925年初加入中国共产主义青年团，同年底作为国内第一批学生和陈原道一起入莫斯科中山大学。1928年秋回国后在共青团河南省委宣传部、上海市委宣传部工作，因批评“立三路线”被开除出党。后随陈独秀参加中国托派。1932年被国民党逮捕，释放后脱离托派组织，在安徽大学等校任教，翻译马列著作多部。1987年1月，被聘为上海市文史研究馆馆员。他在莫斯科中山大学期间和陈原道接触较多，也留下一些回忆文字。这个回忆是可信的，其他同学也有内容大致相同的回忆。1926年陈原道参加的俄文班，亦称俄文速成班[②]，学员都是俄语学得较好的同学。这些人后来被苏联方面称为是“俄语通”。

1927年，陈原道在一份调查表中对自己俄语学习的自我评价

① 杜畏之：《关于陈原道同志历史的几点事实》，中共安徽省委党史研究室编：《陈原道百年诞辰纪念文集》，中共党史出版社2004年版，第75页。

② 参见郭德宏等著：《王明传》，人民出版社2014年版，第31页。

是:“懂俄文，能读，能说，能写。”[①] 他还担任了第二期第九班的俄文翻译；学校的“翻译委员会委员、出版部主席”[②]。后来和陈原道一起成为国民党北平草岚子监狱中难友的孔祥桢，是 1926 年进入莫斯科中山大学学习的第二期中国学生。他回忆:“陈原道同志担任我们第九班的俄文翻译工作。他对翻译工作认真负责，对人非常客气、谦虚、谨慎，翻译时耐心自信。他经常深入到学生中去征求对翻译工作的意见，对不易懂的词，他就多次进行翻译，直到大家明白为止。”[③]

对马克思主义基本理论的学习，陈原道更是孜孜不倦。

他如饥似渴地反复阅读《资本论》《国家与革命》《论列宁主义问题》等著作。课余时间，一些同学休息了，他还在那里读书、思考问题。他平时言语不多，而当开会讨论问题时，却踊跃发言，思路清晰。与他同时赴苏的同学杨放之这样回忆说:“陈原道在学校上学时特别喜欢读书，不爱玩，经常看他在看书。他平时不爱说话，但开会发言很积极，而且有条理、有内容，是我们同学中学得比较好的同学。”[④]

除了学校安排的课程，陈原道还特别喜欢研究列宁主义和中共党史。两年后，他在一份调查表关于“进校后学习情形怎样”一栏是这样填写的:“一般的：按照教科上课，未曾缺课，并努力；特殊的：除教科外，专门研究列宁主义与党史。”[⑤]

---

① 见王玉芳主编:《陈原道生平历史资料汇编》第二册。

② 陈原道填写的调查表，王玉芳主编:《陈原道生平历史资料汇编》第二册。

③ 孔祥桢:《关于陈原道同志在莫斯科中山大学和草岚子监狱的回忆》，王玉芳主编:《陈原道生平历史资料汇编》第四册（上）。

④《杨放之同志谈陈原道烈士》，王玉芳主编:《陈原道生平历史资料汇编》第二册。

⑤ 陈原道填写的调查表，1927 年，王玉芳主编:《陈原道生平历史资料汇编》第二册。

陈原道为什么要特别重视列宁主义的研究？从他后来的革命斗争实践来看，他把列宁主义看成是无产阶级革命时代的马克思主义，是直接指导共产党人革命斗争实践的革命理论。所以，他对斯大林《论列宁主义问题》一书的内容烂熟于心。1931 年陈原道被捕关入国民党草岚子监狱后，他在狱中组织狱友们学习革命理论，没有书，就依靠记忆，给大家一章一章地讲斯大林的《论列宁主义问题》。

陈原道之所以特别注意中共党史的学习研究，是因为他特别关注中国革命实际情形的研究。陈原道绝不只是死读书本的书呆子，而是十分重视如何把马克思主义和中国革命实际相结合起来。为此，他对课程中的中国革命运动史、东方革命运动史等课程特别感兴趣，并担任学生组织“中国问题书记三月，东方史书记三个月”①。他对中共党史的熟悉程度也得到了校方的高度认可。同学屠庆祺回忆说：“在翻译班中，陈原道参加党史研究组，学校准备培养他做党史教员。由于陈原道学习很好，理论水平大大提高。所以在 1928 年暑假之后，学校就派他在第三期第六班直接讲授党史。所以第三期同学中有许多人是听过他的课的。”②陈原道在三年级填写的一张调查表中，在“现在担负什么工作”一栏，共填写了四项：“1. 党史教员；2. 翻译；3. 第一年级党组副指导员；4. 党组织部委员。”③

两年的学习，使陈原道对马克思主义基本原理有了系统的了解和掌握。他在调查表中“进校以来学习的总结”一栏中写道：

---

① 陈原道填写的调查表，1926 年 12 月 20 日，王玉芳主编：《陈原道生平历史资料汇编》第二册。

② 杜艮之：《关于陈原道同志历史的几点事实》。中共安徽省委党史研究室编：《陈原道百年诞辰纪念文集》，中共党史出版社 2004 年版，第 75 页。

③ 陈原道填写的调查表，王玉芳主编：《陈原道生平历史资料汇编》第二册。

“对各科有相当的理解”;“对列宁主义与党史有较深刻的研究”[①]。

这是陈原道的一个自我评价，也是一个较高的评价。这个评价与前引他的同学的评价是一致的，也与现今有关的党史著作是一致的。专门研究莫斯科中山大学的著作《风雨五载——莫斯科中山大学始末》一书指出：在王明“教条宗派的形成过程中，陈绍禹等人竭力拉拢一些在同学中很有影响的人物，如曾经被认为属于‘党务派’的沈泽民，学习成绩优秀的张闻天、王稼祥，以及殷鉴、陈原道等。他们（特别是张闻天）在苏联特别受到党组织的器重、校方的重视，也得到广大留学生的尊敬。陈绍禹想方设法接近和吹捧他们，就是企图把他们当作金字招牌和旗帜”[②]。这里，王明的用心另当别论，它透露出一个重要信息：陈原道是中山大学学生中很有影响和受到广大留学生尊敬的人。

★ 莫斯科红场列宁墓

除了课堂教学，中山大学还组织学生参加一系列实践活动，以开阔大家的视野。陈原道和第一期学生到达时，1925 年 12 月就参观了莫斯科的革命博物馆。其后，他们又参观了克里姆林宫、列宁纪念馆、红军博物馆、《真理报》报社，参观了冬宫、斯莫尔尼宫和关押过革命者的地牢。同学汪菊农回忆：“上苏维埃建设课，

① 陈原道填写的调查表，王玉芳主编:《陈原道生平历史资料汇编》第二册。
② 孙耀文:《风雨五载——莫斯科中山大学始末》，中央编译出版社 1996 年版，第 244 页。

是由教师带领，在莫斯科各处参观，制铁厂、炼钢厂、制药厂、纺织厂、制糖厂、面包厂、肉类冷藏库、十月革命博物馆、列宁博物馆、民族宫、托尔斯泰博物馆、红墙之内的第三国际以及列宁墓等等，我们都参观遍了。沙皇宫内，有教堂，有图书馆，有沙皇宫殿等等，面积有五华里广阔。只有斯大林办事处，禁止参观。”①

但是，学员们有时也能见到斯大林。同期的伍修权回忆：“我们后来住的地方离克里姆林宫不远，有时在路上还可以碰到正在步行上班去的斯大林。他总是穿着一身红军的呢大衣，不见身边有警卫人员。当然，也可能警卫人员化了装，隐蔽没看出来。他曾经到我们学校讲过话，所以大家都认识他。他来中大时，也是穿着红军大衣，很朴素，老是抽着那个成为他的特征之一的大烟斗。由于他是格鲁吉亚人，俄语发音不那么地道，所以讲话比较慢，但用词很准确，有一股深沉坚定的力量。”②伍修权对斯大林1927年5月13日答复中山大学学生十个问题的讲话，记忆尤其深刻。汪菊农回忆，斯大林曾到中山大学讲授太平天国的历史，“他来校时，全身武装，黄呢军装，长筒军靴，红色领章和袖章，威风凛凛。我们在下课时问他：‘你的军职，在我们中国，是什么地位？’他低头思索一会，回答我们：‘督军，督军。’我们很风趣地哈哈一笑”③。

陈原道和中山大学的同学还一起参加了纪念十月革命十周年的游行。1927年11月7日，苏联在莫斯科举行了隆重的庆祝十

---

① 汪菊农：《我青年读书时代的回忆》，王玉芳主编：《陈原道生平历史资料汇编》第二册。

② 伍修权：《回忆与怀念》，中共中央党校出版社1991年版，第51页。

③ 汪菊农：《我青年读书时代的回忆》，王玉芳主编：《陈原道生平历史资料汇编》第二册。

月革命胜利十周年的游行。中山大学的学生也列队参加了游行。“当中国学生走到列宁墓时，斯大林等苏联领导人高喊：‘革命的青年万岁！’‘中国革命胜利万岁！’中国学生激动地高喊‘乌拉’，但有极个别的学生喊出了拥护托洛茨基（斯大林的反对派）的口号。斯大林指示中大校长米夫对此事进行了彻底调查，并尽快将调查结果报告联共（布）中央。”经过几个月的调查，查出了骨干分子十多人，并将他们遣送回国。“对过错较轻的学生，或送工厂劳动，或给以留党察看处分。”[①]

这样的实践活动，大大增强了陈原道对苏俄这个世界上第一个社会主义国家的了解，增强了他对马克思主义尤其是他所偏爱的列宁主义的理解，也加深了他对革命复杂性的认识。

三、探索中国共产党人正确的思想方法

陈原道刻苦地读书，努力全面地掌握马克思列宁主义的基本原理，但他决不止步于此。他不是死背教条的书生，而是始终关注着中国的国情、党情。联共（布）党内关于中国革命问题的分歧，也促使陈原道思考如何学习马克思列宁主义的问题。校长拉狄克是中国问题的专家，他的讲课也曾受到学生们的欢迎，但是他在联共（布）党内的争论中，却站到了托洛茨基一边，成为斯大林的反对派，被解除了校长职务。这一切都促使陈原道努力寻找中国共产党人正确的思想方法。

① 郭德宏等著：《王明传》，人民出版社 2014 年版，第 4 页。

据《张闻天传》记载，1927 年秋季开学后，一部分 1925 年入学的学员毕业留校组成“教员班”（称“三年级第一班”），共 20 人，张闻天任班长。教员班的主要任务是培养教员，在苏联或到中国任教。这个班开设四门基础课：政治经济学（列昂节夫授课）、理论和实践（弗拉索瓦授课）、历史唯物主义和西方史。同时分政治经济学、列宁主义、西方史、中国革命运动史四个研讨组（也称教研组），从事教学与研究。张闻天参加的是列宁主义研讨组，同组的有潘问友、曾洪易、陈原道、陈绍禹，指导教师为弗拉索瓦[①]。

《张闻天传》的这一记述，在陈原道 1927 年填写的一份教员班成员调查表中得到证实。陈原道在这份调查表中写道：他所在的班级为“第三年级第一班”，“班长张闻天”，“党组组长竺廷章”。

就在这份调查表的最后“学习意见怎样”一栏中，陈原道写道：

1. 研究列宁主义（更进一步）；

2. 马克思主要著作预备作一番研究（尤其是历史著作）；

3. 以马克思列宁主义为原则，来研究中国问题（历史的与个别的）[②]。

在这里，陈原道不仅要更多地研读马克思的主要著作，更进一步地研究列宁主义，而且以马克思列宁主义为原则，来研究中国问题（历史的与个别的）。也就是说，要坚持马克思主义与中国革命实际相结合。

① 程中原：《张闻天传》（修订版），当代中国出版社 2002 年版，第 75—76 页。

② 陈原道填写的调查表，1927 年，王玉芳主编：《陈原道生平历史资料汇编》第二册。

АНКЕТА.

B ⁷/g 2042

學校　科

16

姓名	陳原道 Невский	第三年級第一班班長 特別大 党組第　組組長	年齡	二十五	性別	男	籍貫	安徽合肥

社會地位	簡歷畧史	八岁读书……	教育程度	中学学校毕业，中山大学毕业

家庭簡略情形和家庭関係怎樣	家庭共七口……

何時何地何人介紹入党	1925年……在上海入党……	入党經過	1925年五卅……

入党以前做过什么工作	……

入党以後	在党内做過什么工作	入党以后……	一般工作情形怎樣，有什么困难，有什么缺点	
	在党外做過什么工作			

現在担負什么工作	1. 党支部…… 2. …… 3. 第一年级…… 4. 党组……	工作情形怎樣，有什么缺点	……

何時何地党部係系	1925年……	係系經過	……

進校後学習怎樣	一般的	……	有學習过程，感覺到有什困难，學習过程中，感到有什麽	
及学習情形	特别的	……		
	特殊的	……		

進校以来学習的总結	1. …… 2. …… 3. …… 4. ……

今後学習的意見怎樣	1. …… 2. …… 3. ……

对学校教務有什么意見	1. …… 2. ……

对学校党務有什么意見	1. …… 2. ……

对党組小組会有什麼意見	……

有什么特長技術，特長情形怎樣	

假定回国去做什么工作，為什么要做这工作	組織工作……

在国内参加过軍事作戰沒有，軍事知識基礎怎樣	没有

懂何種文字：能讀，能説，能寫？	……

其他事項	……

同志们：請你们站在党的立場上，須简要的具体的忠实的填上，每个同志填一張，兼團或团員同志，請在末項註明，至要！

А. У. Т. К. А923. т. 1000 экз. 1928г.

90

★ 陈原道1927年在莫斯科中山大学填写的登记表

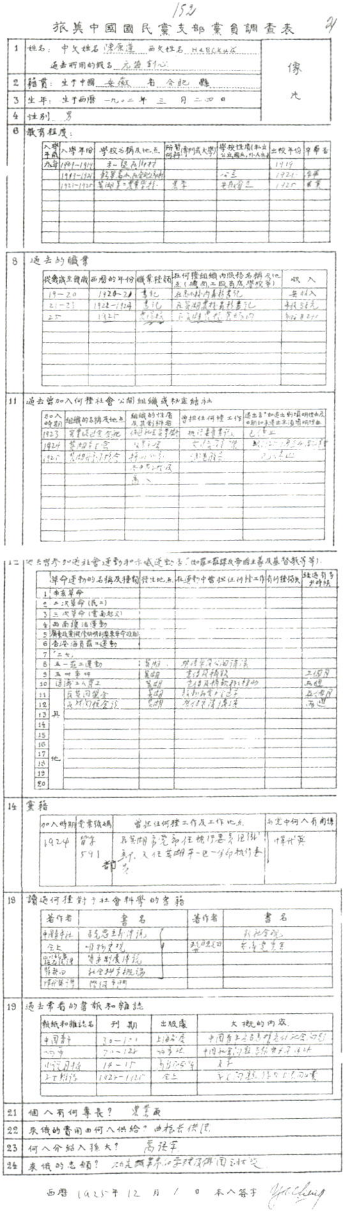

旅莫中國國民黨支部黨員調查表

1 姓名：中文姓名 陳原道 西文姓名
過去所用的別名
2 籍貫：生于中國 安徽 省 合肥 縣
3 生年：生于西曆 一九〇二 年 三 月 二〇 日
4 性別 男
6 教育程度：
8 過去的職業
11 過去曾加入何種社會公開組織或秘密結社
14 黨籍
18 讀過何種對于社會科學的書籍
19 過去常看的書報和雜誌
21 個人有何專長？
22 來俄的費用由何人供給？
23 何人介紹入孫大？
24 來俄的志願？
西曆 1925 年 12 月 1 日 本人簽字

★ 陈原道 1925 年在莫斯科中山大学填写的调查表

陈原道提出的这一思想方法，与毛泽东在长期革命斗争中形成的并在其后的延安整风中为全党所接受的正确的思想路线是完全相通的。

陈原道这里所说的“历史”，实际上是中国革命实际的一部分。历史是昨天的现实，现实是明天的历史。毛泽东在延安整风时强调要研究中国革命的实际，其中很重要的一个方面，就是要研究中国历史。1941 年 5 月 19 日，毛泽东在延安高级干部会议上作《改造我们的学习》的报告。他认为党内存在着三个方面的“极坏的作风”：不注重研究现状，不注重研究历史，不注重马克思列宁主义的应用。在说到研究历史时，他说：“不论是近百年的和古代的中国史，在许多党员的心目中还是漆黑一团。许多马克思列宁主义的学者也是言必称希腊，对于自己的祖宗，则对不住，忘记了。”他还进一步批评说：“对于自己的历史一点不懂，或懂得甚少，不以为耻，反以为荣。特别重要的是中国共产党的历史和鸦片战争以来的中国近百年史，真正懂得的很少。近百年的经济史，近百年的政治史，近百年的军事史，近百年的文化史，简直还没有人认真动手去研究。”这种“割断历史”的态度，就是抽象地无目的地去研究马克思列宁主义的理论。“这种作风，拿了律己，则害了自己；拿了教人，则害了别人；拿了指导革命，则害了革命。”[1]为此毛泽东还提出：“对于近百年的中国史，应聚集人材，分工合作地去做，克服无组织的状态。”[2]毛泽东之所以在延安不厌其烦地严厉地批判这种不研究历史、割断历史的主观主义的学风，是因为这种和莫斯科中山大学一部分学生带来的教条主义紧密相连的学风，曾经给中国革命造成了巨大的损失。

十分难能可贵的是，陈原道在1927年即提出要以马克思列宁主义为指导来研究中国问题，这里的中国问题就包括中国的历史。实际上，如前所述，他在龙华学校读书时就十分喜爱历史，到中山大学学习后，十分注意对中国革命史、中国共产党历史的学习和研究，为此，还担任了党史教员。同时，陈原道还表示，在研究马克思主义著作的时候，尤其要着重其历史著作。这就说明，陈原道不仅把历史作为革命实际的一部分，而且要研究马克思是如何研读历史，马克思主义是如何在这种历史研究中向前发展的。这一思想是很深刻的。从认识论上说，一切科学的基础是历史。正如马克思在《德意志意识形态》一书中所说：“一切科学都是历史科学。”陈原道能认识到这一点，说明他思考问题的深度。

陈原道在这一思想方法中的所说的“个别”，是一个哲学概念，是相对于“一般”而言，是指的矛盾的特殊性。要坚持把马克思主义与中国革命实际相结合，就必须要研究矛盾的特殊性，研究中国的特点，这是毛泽东在阐述党的思想路线时所着力

①《毛泽东选集》第三卷，人民出版社1991年版，第797—800页。
②《毛泽东选集》第三卷，人民出版社1991年版，第802页。

强调的。1937 年，毛泽东在著名的《矛盾论》一书中就强调：矛盾各有其特殊性。“任何运动形式，其内部都包含着本身特殊的矛盾。这种特殊的矛盾，就构成一事物区别于他事物的特殊的本质。”“每一种社会形式和思想形式，都有它的特殊的矛盾和特殊的本质。”他强调：“我们的研究工作必须着重这一点，而且必须从这一点开始。”[①]他还认为：这一共性个性的道理，是关于事物矛盾问题的精髓，不懂得它，就等于抛弃了辩证法。在 1939 年的《中国革命和中国共产党》一文中，毛泽东更是运用矛盾特殊性的原理，具体分析中国的国情。他强调：认识和了解“中国的国情，乃是认清一切革命问题的基本的根据”。“中国革命的对象、中国革命的任务、中国革命的动力，这些都是由于中国社会的特殊性质，由于中国的特殊国情而发生的关于现阶段中国革命的基本问题。”[②]毛泽东 1940 年 1 月在陕甘宁边区文化协会第一次代表大会上题为《新民主主义的政治与新民主主义的文化》（同年 2 月在延安《解放》第九十八、九十九期合刊登载时，题目改为《新民主主义论》）的讲演，更是基于对“中国的历史特点”的系统阐发。

众所周知，坚持把马克思主义和中国革命实际相结合，或曰以马克思主义为指导，研究中国的实际问题，坚持马克思主义中国化，这条正确的思想路线，是中国共产党在长期的革命斗争实践中，尤其是在同王明“左”倾教条主义的斗争中逐渐形成的。就全党来说，这条正确的思想路线，是经过 1941 年延安整风之后才确定的。这条思想路线的创立者主要是毛泽东，它也成为毛泽东思想活的灵魂的三个方面内容之一。毛泽东早在大革命时期就注意对中国实际情况的调查，写下了《湖南农民运动考察报

①《毛泽东选集》第一卷，人民出版社 1991 年版，第 308—310 页。

②《毛泽东选集》第一卷，人民出版社 1991 年版，第 646 页。

告》等。从理论上说，毛泽东在1930年5月写下的《调查工作》（收入《毛泽东选集》时改为《反对本本主义》）一文，明确提出："马克思主义的'本本'是要学习的，但是必须同我国的实际情况相结合"，共产党要注意调查研究，要确定"从斗争中创造新局面的思想路线"[①]，现在中共党史界一般认为，这是中国共产党初步确定实事求是的思想路线的基本标志[②]。毛泽东思想是全党集体智慧的结晶。从这个意义上说，陈原道为党的实事求是思想路线的确立，贡献了自己的思想成果。他是党的实事求是思想路线的倡导者之一。而且其语言表述的准确性，即使在今天的语境下也能直接引用。这是十分难能可贵的。

陈原道提出的要以马克思列宁主义为指导来研究中国革命实际问题的思想方法，也深刻地说明他与王明教条主义的思想方法完全是南辕北辙。王明的"左"倾教条主义错误对中国革命危害极大，其源头始于莫斯科中山大学。王明和陈原道同时进入莫斯科中山大学，同为校方所重视，同为学校的教员班列宁主义研讨组的成员，但据当年中大的同学回忆，王明的学风的显著特点是：死背教条，且夸夸其谈。在莫斯科中山大学学习的同学曾这样描述他："对马列主义的书本是啃得多一些，一讲起话来就引经据典，张口就是马克思列宁在哪年哪本书第几页上怎么说的，不用翻书，滔滔不绝，出口成章。仗着能说会道搬教条，骗取第三国际领导的信任"[③]。国内研究王明的权威性著作《王明传》也这样叙述王明的学习方法："王明对列宁主义基础课，是认真揣摩、

① 《毛泽东选集》第一卷，人民出版社1991年版，第111、116页。

② 参见《毛泽东年谱（1893—1949）》上卷，中共文献出版社1993年版，第306页。

③ 毛齐华：《我所知道的莫斯科中山大学——中国共产主义劳动大学内部斗争的情况》，转引自孙耀文：《风雨五载——莫斯科中山大学始末》，中央编译出版社1996年版，第244页。

死记硬背的。由于王明熟悉列宁主义课的名词术语，讲起来头头是道，俄语又学得快，可以和米夫直接对话，自然就引起了米夫的注意，成了米夫的重点培养对象。”[①]很显然，就思想方法这一层面而言，陈原道和王明不是一路人。王明只是死背教条，而陈原道则是要运用马克思列宁主义原理去研究中国的实际问题，研究中国革命的特殊性，二者的差别是显而易见的。

陈原道在莫斯科中山大学的学习态度和确立的思想方法，说明他是很有思想深度和思想锋芒的，在莫斯科中山大学学生及早期共产党人中，都是很杰出的。同样是经历过莫斯科中山大学学习的前国家主席杨尚昆后来总结说：中山大学办了五年，学员先后有 1200 多人。他们在学校中学习马克思列宁主义的基础理论，接触到社会主义社会的实际生活。学校为中国革命培养了一批重要骨干，很多人回国后成为献身中国人民解放事业的革命家。但在学校的教学方针上，确实存在许多严重的问题。其中重要一点就是“脱离中国革命的实际。讲马列主义，而不强调应用，不联系中国的国情；课程的设置，同中国革命的实际需要明显脱节；讲革命经验，言必称苏俄，就是以城市暴动为中心的模式”[②]。查目前所能见到的公开出版的中山大学学生档案，以及一些重要领导人的著作、传记，尚未见到同一时期像陈原道这样深刻地准确地提出一个正确的思想方法的历史资料。倒是杨尚昆在 1927 年填写的一份调查表中提出了要注意研究实际问题的思想。他在“今后学习的意见怎样”一栏中写了六点意见，其中之两点是：

① 郭德宏等著:《王明传》，人民出版社 2014 年版，第 32 页。
②《杨尚昆回忆录》，中央文献出版社 2001 年版，第 42 页。

“极力注意实际问题的研究”；“加紧从实际中学习列宁主义”[①]。其思想方法和陈原道比较接近，只是还不及陈原道的思想清晰和深刻。就毛泽东来说，如前所述，初步提出一条正确的思想路线是1930年的《调查工作》一文。

需要强调的是，陈原道对他所倡导的这一正确的思想方法，不是停留在口头上，而是一直贯彻到实践中。他不但在莫斯科中山大学期间就注意研究中共党史，担任过党史教员，而且很快在他1929年回国后的革命斗争实践中，得到了具体的应用。

四、“对政治问题能独立的分析”

在莫斯科中山大学学习期间，陈原道面对的另一重大问题，就是学校内部复杂的思想斗争。这种斗争，又深受联共（布）党内政治斗争的影响。

中山大学内部思想斗争的复杂性，来源于学员成分的复杂性。陈原道等第一期到达中山大学的三百多人，国民党派出的国民党员居多。1926年下半年，中山大学又招收了第二期学员，其中既有共产党员和革命青年，也有国民党员和国民党要人的子弟。如后来成为共产党著名人物的博古（秦邦宪）、杨尚昆、刘亚雄、李伯钊等，以及曾在党内担任重要职务后叛变革命的李竹声、盛忠亮（后改名盛岳）。国民党人有吴稼钰、何汉文等人。

① 见彭军荣编著：《红场记忆：中共早期留苏档案解密》附录一，中国文史出版社2015年版。

据杨尚昆回忆，那三年是国共两党（包括共青团）选派的学员各占一半。就国民党学生的成分来说，他们之中既有国民党军政要人的子弟或亲信，又有一些是蒋介石等人保送的右派人物。如当年的一位国民党人回忆所说：这样一些人，“是在国共合作、国内革命形势高涨之下，来投革命之机的；其余来自各部队、机关、党部的工作人员以及来自学校的青年学生，也都怀有各种不同的目的”①。来自黄埔军校的国民党右派组织孙文主义学会的骨干分子郑介民、邓文仪、康泽等人，同来自法国的谷正纲、谷正鼎等人，就聚拢成一股势力，首先在中山大学结成派系，以作为今后回国利用的政治资本。就共产党人内部来说，绝大多数共产党员和共青团员都是怀抱着追求革命真理、寻找革命方法的满腔热血来苏联求学的。但是，由于党还处于幼年时期，党内还存在种种非无产阶级的思想作风，还存在少数革命投机者，他们拉拉扯扯，把一些封建主义的东西带到了共产党内，从而使革命队伍内也出现了许多并不纯洁的现象，出现了种种矛盾和斗争。伍修权在回忆这种情况时说：“学生内部也存在着复杂的斗争：一种是对少数国民党分子的斗争；一种是对共

★ 1926—1928 年莫斯科中山大学时期的刘亚雄

① 转引自孙耀文：《风雨五载——莫斯科中山大学始末》，中央编译出版社 1996 年版，第 87 页。

产党员内部动摇派的斗争。大家都思想活跃、态度明朗。”[①]就联共（布）党来说，1925 年到 1929 年，在共产国际和联共（布）党内，以斯大林为首的党中央多数派同托洛茨基反对派进行了尖锐的斗争。托洛茨基是俄国早期著名的革命家，十月革命的重要领导人之一，十月革命后任最高军事委员会主席。在革命斗争问题上，托洛茨基最著名的观点是“不断革命论”，即民主革命过渡到社会主义革命的不断性、社会主义革命的不断性、国际革命的不断性，认为俄国的民主革命必须要由工人阶级来领导，以无产阶级专政来完成，并由此发展成社会主义革命。他的这一理论被称作“托洛茨基主义”。由此，在中国革命问题上，托洛茨基认为商业资本在中国已占统治地位，封建残余在中国已是微不足道，反对国共合作，主张成立工农兵苏维埃，开展社会主义革命等。显然，这是不符合中国实际的。莫斯科中山大学第一期学生开学典礼时，托洛茨基出席并讲话，校长拉狄克支持托洛茨基的观点。杨尚昆对此回忆说：

列宁去世后，斯大林和托洛茨基之间的意见分歧由来已久，这时，托洛茨基利用这一重大事件，和季诺维也夫联名上书联共（布）中央，批评斯大林在指导中国革命上推行了一条错误路线。他相当厉害，不但出版刊物，还在工会大厦公开演讲，卖票让人去听。我还听过他一次演讲，那时我的俄文程度很低，还听不懂他的演讲内容，只是慕名而去，想看看托洛茨基是怎样一个人。见到他披头散发，很有点“浪漫派”的色彩。他的演讲很有煽动性。中大许多同学本来性情就很浮躁，听了讲演，又不了解联共内部的斗争情况，以为托洛茨基有道理。中大的第一任校长拉狄克，是仅次于李卜克内西和卢森堡的德国工人运动领袖，他是中

① 伍修权：《回忆与怀念》，中共中央党校出版社 1991 年版，第 53 页。

国问题专家，在校内讲授《中国革命运动史》，口才很好，上课时座无虚席，但是，他支持托洛茨基。斯大林在向中大学生讲话时，十个问题中有两个是指名批评拉狄克的，所以斯大林讲话后不久，拉狄克被撤销了校长职务[①]。

杨尚昆所叙述的这种情况，也正是陈原道所经历的。联共（布）党内的这种矛盾斗争，又影响到了中国学生。1927 年初夏，拉狄克下台后，支持斯大林观点的副校长米夫担任校长。米夫掌权后，又极力扶持他所欣赏的陈绍禹（王明）。1927 年 2 月至 6 月，还在担任副校长的米夫受命率联共（布）中央宣传工作者代表团来华，先后到广州、武汉、上海等地，向中国共产党介绍苏联党务工作经验，实地考察中国革命情况，并且出席了中共五大。米夫还特地安排陈绍禹为代表团的翻译，并在五大期间向中共中央总书记陈独秀推荐陈绍禹。而陈绍禹在莫斯科中山大学是个带有投机心理、死背教条，喜欢在同学中拉拉扯扯的人。这就增加了中山大学共产党人内部思想斗争的复杂性。

面对中山大学内部这种复杂的纠纷，陈原道怎么办？他基本上遵循两条：一、坚持正确的组织路线，“对党务与组织路线有正确的认识”；二、对政治问题坚持“独立的分析”[②]。他后来总结说。这里的组织路线，就是列宁主义的建党原则。其主要内容是：共产党是无产阶级政党；必须坚持民主集中制和严格的纪律；必须坚持国际主义，反对社会沙文主义和民族利己主义；党的最终目标是共产主义。同时，这里的党务和组织路线，还包括中共和共产国际的关系。中共是共产国际的一个支部。共产国

①《杨尚昆回忆录》，中央文献出版社 2001 年版，第 25—26 页。

② 陈原道在莫斯科中山大学填写的调查表，1927 年，王玉芳主编:《陈原道生平历史资料汇编》第二册。

际实行的是高度集中的领导体制。共产国际二大通过的由列宁起草的《加入共产国际的条件》规定："共产国际代表大会及其执行委员会的一切决定，所有加入共产国际的党都必须执行。"[①] 共产国际三大通过的《共产党组织建设、工作方法和工作内容（提纲）》，强调每个党都要接受共产国际的领导和实行高度集中制。

关于陈原道在这方面实践中的具体情况，目前见到的档案回忆材料很少，主要表现在这样两个问题上。

一是关于中共旅莫支部的工作方针和工作作风。

中共旅莫支部是按照中共旅法支部、旅欧支部的方式建立起来的。1925 年大批中共党员来到中山大学的时候，已经脱离了国内的中共组织，同时尚未取得联共（布）党籍，联共（布）组织也并不承认这些中共党员的组织关系。在这种情况下，为了进行正常的组织生活，中大的共产党员自行组织了中共旅莫支部。孙冶方回忆："旅莫支部先在东大成立。1925 年中大开办后也成立了旅莫支部。这是从西欧勤工俭学学生中的旅法支部和旅欧支部学来的。旅莫支部对第三国际和联共没有正式联系，甚至可以就是不公开的，但不是不知道，而是采取睁一只眼，闭一只眼的举措。因为学校中的苏联领导人并不懂中国话，中国党员的党籍联共也不承认，认为中国学生自己组织起来，自己管理自己也无不可。"孙冶方还回忆："旅莫支部的领导组织是一个三人小组。其中一人就是任卓宣，即后来成了叛徒的叶青。他负责领导中大旅莫支部。"[②] 中大学员吴亮平回忆："1925 年 12 月，中共党的旅莫支部成立，任卓宣（从法国来的）参加支部领导，俞秀松也是支

①《列宁选集》第四卷，人民出版社 1995 年版，第 254 页。
② 孙冶方：《关于中共旅莫支部》，《中共党史资料》1982 年第一辑。

委。”[①]《中共党史人物传》第二十五卷所载《俞秀松》一文，也说俞秀松是支委。

任卓宣，四川南充人。1920年赴法勤工俭学，并在那里加入中国共产党，还曾担任中共旅法支部负责人。1925年因参加声援国内五卅运动大会被法国当局驱逐出境，来到莫斯科东方大学，几个月后转入中山大学。中共旅莫支部也做了一些工作，但在工作方针上存在一些突出的问题：轻视理论和俄语的学习；提倡同志之间“相互监督”，相互打小报告，以致同学之间关系十分紧张，甚至搞家长制。旅莫支部制定的一份《1926年训练工作指导纲要》，对此作了具体的规定。比如：

我们应该消灭家庭、地域或国家的观念——无产阶级没有家庭、地域或国家的界限。

消灭在感情基础上的团结——感情上的团结是小资产阶级的团结——我们的团结要在党的利益上的团结。

我们必须致力于消灭知识分子的恶习——大学生和一切小资产阶级的恶习。

我们必须用心避免学院式的学习——学院式的学习否认理论来源于实际。

我们必须具有彻底信任组织的心理——不信任组织就是反革命行为。

我们的生活和意志一定不能建立在个人信念和个人意志的基础上。根本没有个人生活个人自由意志那样的东西。

我们必须严格批评同志的错误和虚心接受自己同志的批评……每个共产党员无论何时何地都要按照相互监督的关系去批

① 转引自孙耀文：《风雨五载——莫斯科中山大学始末》，中央编译出版社1996年版，第77—78页。

评和监督他的同志（共产党员的相互关系就是互相监督）[1]。

这些规定，目的是培养中国革命的战士，有些条款也有道理，如反对学院式的学习，开展批评和自我批评，但有些条款明显有失偏颇，在实践中又大大跨出一步，引起了广大学生的反对。孙冶方对此回忆指出：

旅莫支部有两个最重要的错误倾向。第一是轻视以至反对党员的理论学习。旅莫支部非但不督促在校学生党员安心学习马列主义理论，而且把用功研读马列的党员都视为"学院派"。旅莫支部领导者反对学俄文，认为我们这些留苏学生回国去要做革命实际工作，学俄文是学者们或"学院派"的任务。

旅莫支部另一个错误倾向是，家长制作风和在党内组织生活中不谈思想政治问题，不谈大事，而只注意生活琐事，并提倡党员之间互相打"小报告"。"小报告"的内容就是相互揭发。记得在旅莫支部成立之初，发过一个叫做"军事训练"的计划或提纲。这个"军事训练"的内容除了早晨上早操和上下午几节课以外，就是过党小组的组织生活，其内容就是批评和自我批评。批评和自我批评是我们党现在也提倡的好作风，也是某些党员所缺乏的。可惜的是旅莫支部的批评和自我批评，其内容主要是生活琐事。例如某同学吃饭把面包皮丢了不吃，影响不好；某同志课间休息时蹦蹦跳跳不严肃等等。记得"文化大革命"时期，有一个群众造反组织也搞这种生活细节的互相揭发和打小报告。周恩来说这是从莫斯科传来的，他指的不是联共而是指旅莫支部[2]。

中共旅莫支部成立之初，陈原道担任党小组长五个月。对支部的工作，起初他是积极支持的，但他很快发现支部在工作的指

① 参见盛岳：《莫斯科中山大学和中国革命》，东方出版社 2004 年版，第 112—113 页。
② 孙冶方：《关于中共旅莫支部》，《中共党史资料》1982 年第一辑。

导思想上存在错误。党组织把这么多同志派到莫斯科中山大学，就是要来学习革命理论，有了理论才能结合中国革命的实际去应用。而要学习理论，在这里不学俄语怎么行？同学之间应该开展批评，但这种纠缠于生活小事、打“小报告”式的，甚或动辄使用政治术语的批评及揭发，陈原道则是坚决反对的。他的这种态度，从下列两则史料可以得到证明。

他的同学屠庆祺回忆：“1926 年底（应为 1926 年 5 月——引者注），在对俞秀松所领导的支部委员会的工作的批评中，陈原道积极发言，代表了大多数同学的思想，获得多数同志的支持。但陈原道对俞秀松的批评是针对工作缺点，决不反对俞秀松个人。这种原则，他是始终坚持的。”[①]

1930 年，陈原道在党的《实话》杂志发表《河南工作中的立三路线》一文。文中对旅莫支部的工作方式提出了批评。陈原道回国以后，很快到河南参与重建中共河南省委，担任省委组织部长兼秘书长，在实际工作中坚决反对错误的“立三路线”，因而受到执行“立三路线”的中央和北方局的批判。在被解除职务后，他在《实话》杂志发表《河南工作中的立三路线》一文，系统地分析“立三路线”在河南工作中的表现。其中在“党的组织问题中之立三路线”一节，陈原道列举其五种表现。第五种是：

小组织名词的乱用。立三主义者认为个人谈话或个人通信都是小组织活动或倾向……北方的立三主义者的 ×× 竟认为这是小组织的确实证据！这是陈独秀主义复活！旅莫支部的工作方式[②]。

大约在 1926 年 5 月间，中共旅莫支部召开党员大会，对旅

① 杜畏之：《关于陈原道同志历史的几点事实》。中共安徽省委党史研究室编：《陈原道百年诞辰纪念文集》，中共党史出版社 2004 年版，第 75 页。

② 陈原道：《河南工作中的立三主义路线》，《实话》1930 年 12 月 21 日。中共安徽省委党史研究室编：《陈原道百年诞辰纪念文集》，中共党史出版社 2004 年版。

莫支部的工作进行辩论。陈原道和张闻天等许多中共党员对旅莫支部的工作进行批评，但任卓宣拒不接受批评。大会持续开了四天。在最后一次会议上，校长拉狄克作了三四个小时的长篇讲话，严厉批评旅莫支部的做法。他讥笑那种只注重党员日常生活“小节”的工作方式是“修道式的训练”，强调党员应着重于政治训练，强调理论学习对于中共党的建设的重要性。在讲话结束时，他宣布解散中共旅莫支部。从此，全体中共党员都作为联共（布）候补党员接受联共（布）中山大学支部局的领导[①]。不久，任卓宣被遣送回国。此人后来成为叛徒，改名叶青。

二是关于“江浙同乡会”问题。这大概是陈原道在莫斯科中山大学所遇到的学生纠纷中最为棘手的问题。

历史已经说明，1927 年底至 1928 年秋在莫斯科中山大学发生的“江浙同乡会”事件，是一起严重的政治事件，许多当年在这所学校里学习过的中国共产党人，曾因为这个事件受到错误的打击和迫害。据曾经系统地查阅过俄罗斯这方面档案的学者杨奎松考证，此事“事出有因”，“查无实据”[②]。正如这一事件的受害者俞秀松 1928 年 7 月在回答对他的指控时所说:“去年在中山大学毕业的同志，远非所有人都能立即被派回中国工作。部分同志被派到各军校学习，如莫斯科军事学院、列宁格勒托尔马乔夫军政学院、各种射击学校等。这些同志得到了完全不同的生活待遇，一些人拿到助学金 150 卢布，而另一些人才拿到 3 卢布，因此有必要成立互助基金会，定期交纳会费。这个组织不是什么政

① 参见程中原:《张闻天传》（修订版），当代中国出版社 2006 年版，第 23 页。
② 杨奎松:《“江浙同乡会”事件始末》，《近代史研究》1994 年第 3—4 期。又见杨奎松:《走近真实——中国革命的透视》，湖北教育出版社 2001 年版。

治派别。”[①] 俞秀松是根本不承认存在所谓政治性的“江浙同乡会”的。这一事件的当事人孙冶方在20世纪80年代写给中纪委和中央组织部的报告以及座谈会上几次说到这一问题，内容大致相同。孙说，当时中大毕业生分到各校学习的学生待遇很不相同，“我们当翻译的却有工资，每月大约一百卢布左右，生活最富裕。于是有同学就发起敲我的‘竹杠’，约定开学后第一个星期天，要我出钱做中国饭吃。到了那天上午，就有五六个同学来我宿舍。除了原来发起敲竹杠的胡世桀、朱茂臻、蒋经国以外，还有在军事学院学习的陈启科和左权以及左权当时的妻子林友梅。董亦湘那天凑巧也来看我。到的人很多，把同房间住的其他三位都挤出去了。这些人大多是江浙人，但左权和陈启科是湖南人。”[②] 其间，中大学生会主席汪长熙正好从门口经过，听到里面人声嘈杂，都是江浙口音，好像是开同乡会似的。紧接着，汪长熙又从其他同学口中得知他们还有章程，还需按章程规定按月缴纳会金，认为这是一种小组织，于是报告了党部。一时间，这一事件在中山大学学生中闹得沸沸扬扬，满城风雨。正在莫斯科的中共中央和代表团领导人向忠发、周恩来、瞿秋白、张国焘、苏兆征等都参与了对这一事件的调查处理。这一调查处理的过程是慎重的，也是复杂的。对于向忠发听到反映后不做深入调查，轻率地下结论，甚至说出对“江浙同乡会”的成员要“枪毙”之类的行为，诸多文章、著作已有揭露。但中共代表团其他人员的态度也并非有的回忆录和著作说得那么简单，也有一个认识过程。这从已经公开出版的一本很有史料价值的著作——《红场记忆：中共

① 转引自马贵凡：《独欺冰雪挺苍松——俞秀松在苏联的坎坷岁月》，《中共党史研究》1999年第4期。

② 孙冶方：《对中山大学一段历史的回顾》，《江苏革命史料选辑》1983年第8辑。

早期留苏档案解密》一书，可以得到说明。

对“江浙同乡会”事件作出正确判断和结论的是联共（布）中央监察委员会。在充分听取格别乌的负责人、米夫、中共代表团以及诸当事人的意见后，于 1928 年 8 月 10 日，联共（布）中央监察委员会党务委员会作出《关于江浙同乡会储金互助会问题的决议》。指出：“1. 中央监委认为，所谓‘江浙同乡会储金互助会’系苏联军校和其他学校的中国学员在 1927 年试图组织储金互助的一种尝试，根据中央监委掌握的材料，这些同志没有给自己提出其他任务。2. 中央监委没有材料证明，过去和现在存在某种固定的组织。3. 中央监委认为，指控被怀疑参加这个互助会的同志反党、反革命、与国民党右翼军阀分子有联系、支持（谭平山等人的）第三党、试图夺取中共领导权和实现这类政治目的，这些都是没有根据的。”① 这就从根本上否定了“江浙同乡会”是反党、反革命小组织的性质。中共代表团最终接受了联共（布）中央监委的意见。同时，据杨奎松的文章透露，中共代表团仍然对结论提了一些修改意见，作了一定的保留。笔者查阅了俄罗斯的有关原始档案复印件，事实正是如此。由此，在 1928 年 9 月联共（布）中央监委主席团、中共代表团、共产国际监察委员会联合发布的告苏联境内全体中国学生书中，一方面否定了“江浙同学会”的反党反革命性质，一方面仍然有这样的表述：“这个案件是 1927 年在这里学习的一些中国同志组织储金互助时发生的。我们不认为同志们互相帮助有什么不好和害处。相反，我们教育我们的党员要表现出同志式的互助感情。我们鼓励他们作为统一的共产党员的成员要准备从物质上、道义上和政治上互相进行

①《共产国际、联共（布）与中国革命档案资料丛书》第八卷，中央文献出版社 2002 年版，第 23—25 页。

帮助。若是作出这种尝试〔联共（布）所有委员会都设有党的同志互助会〕，取得党的允许，那就不会发生任何令人不安和有害的事情。但这次不是这样。相反，同志们认为，必须秘密地进行这件事，这引起了负责中国学生同志教育工作的同志的不安。例如，卢贻松同志向周策等同志谈到组织‘互助会’、按照章程第一条缴纳会费、有荣誉委员和他本人是该会会员等情况。在中央监委会议上，卢贻松和其他同志解释说，他们讲章程和荣誉委员是开玩笑，没有任何章程，等等。中央监委认为，这些同志的错误是，他们拿可能造成严重有害后果的事情开玩笑，用开玩笑来掩盖这种严重的事情，因为这种秘密组织进行活动，不受党的监督，可能起到很有害的作用，会按集团、同乡关系瓦解统一的共产党大家庭，会造成按省际关系和接近于行会组织的种族关系而不是党性原则建立组织的有害倾向：如果不按党性原则建立有原则性的集团，那就会在这种秘密组织起来的同乡会的掩护下产生和形成无原则的或反党的集团。”①

这些说明，对待和处理所谓“江浙同乡会”事件是一个十分复杂的过程，包括中共代表团在内的许多同志对此事都有一个分析认识的过程。某些著作和回忆简单地把它归结为王明的造谣生事，是简单化了的。

陈原道这时是中大支部局副书记（书记是一俄国人），是直接参与处理这一事件的当事人之一。当有的学生以非常严厉的口吻向中共代表团反映情况时，信的抬头写的就是“陈原道同志转中共中央代表团”②。当各种消息纷至沓来的时候，尤其是蒋介石

①《共产国际联共（布）与中国革命档案资料丛书》第七卷，中央文献出版社 2002 年版，第 28 页。

② 王崇武的信，1928 年。存俄罗斯现代文献保管和研究中心。

刚发动四一二反革命政变，而这个所谓的“同乡会”又涉及蒋介石之子蒋经国，陈原道持的是赞成调查的态度。有关档案资料显示，陈原道参加了中共代表团和中大支部局成员的谈话，也参加了由联共（布）中央监委主席雅罗斯拉夫斯基召集的有米夫、周恩来、瞿秋白、俞秀松以及国家政治保安局成员等人参加的座谈会。会议作出一项重要决定：组织一个调查委员会，工作时间十天。那么，陈原道对这一事件具体是如何分析的？最后的态度如何？目前国内查到的档案资料只是只言片语，尚不能说明。为彻底了解清楚这一问题，陈原道之子刘纪原经组织批准，请我国驻俄罗斯大使馆的同志专门到俄罗斯档案馆查找并复印了一批档案资料，仍未能查到这方面的档案。曾经参加这一事件处理的中国代表团成员张国焘在他的回忆录中说了一句：陈原道“也是反米夫派的重要分子”[①]。只是根据是什么？张国焘没有说。此说只能存疑。

从俄罗斯档案里收集到的一份资料，即1928年4月《孙大联共支部委员会本届工作报告（一九二七年九月二十日至一九二八年四月一日）》，倒是十分值得重视。这份报告采用中文书写。与陈原道同一时期填写的登记表的笔迹比对，这份工作报告很有可能是陈原道起草。无论如何，陈原道是此时中大支部局副书记，这一工作报告体现了他的政治观点，则是无疑的。

这一工作报告指出了中大同学中在对张闻天、沈泽民的批评中“有意气斗争的企图”，强调同学之间的批评应该是同志式的，而不是把同志当敌人。报告写道：

在最后的几月中支部的生活，有很多不好的倾向。第一就是

① 张国焘：《我的回忆》，东方出版社2004年版，第166页。

个人的、意气的、无原则的愤激的斗争。

例如夏季的意气争论我们很可能证明，各部分同志互争应响（原文如此——引者注），而致大大的妨碍了支部的工作。部分的同志努力地掩饰着喊反对“旅莫支部”，同时在张闻天、沈泽民同志方面也有重兴意气斗争的企图。他们所犯的错误，已经在大会上解决了，对于这问题必要指出的，就是一些同志批评张、沈，在讨论时的发言，愤怒的斗争，同时骂他们是“旅莫支部”，这就把原则的争论变为个人的意气，个人的诽谤与不信任同志。

我们以为这样来解决党的问题，对于党是非常危险的，因为他们不是为提高同志的政治觉悟，不是教育他们，而是断送他们。同志们的错误必须指出并纠正他们，但是共产党员应该以共产党员的态度对待，以同志关系批评同志，而不是对敌人的性质。批评应当主要的是为纠正，训练和教育的批评，而不是为诽谤，不信任同志[①]。

关于这次中大学生中对张闻天、沈泽民的这种斗争，张闻天在延安整风时曾有回忆。《张闻天传》（修订版）这样写道：

张闻天积极参加了这场尖锐的反托派的斗争。他和沈泽民坚决地批驳托洛茨基反对派的种种错误观点，在思想上分清是非，对“中大”反托派斗争起了很大的作用。为此，张闻天、沈泽民遭到一些同情托派观点的人和属于“教务派”的人的嫉恨。在一次全校党员大会上，这些人把张、沈痛骂一顿，造谣说张、沈是“旅莫支部残余”，又参加 1927 年夏天的派别斗争，还污蔑张、沈怕死，不愿回中国去。会前，他们就在新生中做了广泛的宣传动员。在这批人的集中进攻面前，支部局书记贝尔曼作了无原则的让步，给了张闻天一个“劝告”处分[②]。

① 《孙大联共支部委员会本届工作报告（一九二七年九月二十日至一九二八年四月一日）》。存俄罗斯现代文献保管和研究中心。

② 程中原：《张闻天传》（修订版），当代中国出版社 2006 年版，第 77 页。

1928 年 4 月中大支部局报告批评的正是这种同学之间过火的意气斗争，强调同学之间的批评应该是善意的，是为了纠正错误，而不是把同志当敌人。这一思想，也正是对一些人在“江浙同乡会”问题上随意上纲上线的一种尖锐批评。陈原道在中大支部局报告中体现的这一指导思想，也正如他所说，是遵循列宁主义的建党原则，是坚持对政治问题作独立的分析和审慎的判断。关于陈原道这方面实践活动的具体情况，还需要更多的历史资料来说明。

来自俄罗斯档案馆的另一份档案材料也印证了陈原道的上述观点。1928 年 8 月联共（布）中央监委对所谓“江浙同乡会”问题作出正确结论后，中大学生中的分歧仍了犹未了，不同意见的同学之间甚至出现了肢体冲突。1928 年 10 月，由陈原道参加抑或主持的中大支部局会议讨论了这一问题，并作出决议，指出：殴打同志的行为是完全不能接受的。“委员会认为对党内同志们使用拳头惩罚是不可接受的——这导致同志关系的恶化，使党组织的工作复杂化。”陈原道在会上还强调，要“停止小组织活动”①。

在陈原道生平历史研究中，有一个问题是难以回避，也是需要澄清的，这就是他和王明教条宗派的关系。

在中共党史界，很长一段时间里把陈原道列入王明教条宗派的成员之一。20 世纪 80 年代之前，在所谓“二十八个半布尔什维克”的说法盛行之时，陈原道列名其中。在“二十八个半”的说法逐渐沉寂以后，有的著作或明或暗地仍把陈原道看作王明教条宗派的成员，只不过是为中国革命牺牲的成员而已。

① 中大支部局委员会会议纪要，1928 年 10 月。原件存俄罗斯档案馆。

这种说法能否成立呢?

关于陈原道是“二十八个半”的说法，较早见之于当年莫斯科中山大学第二期学生盛忠亮（后改名盛岳）所写《莫斯科中山大学和中国革命》一书。盛忠亮在莫斯科中山大学学习和工作四年，1930年秋，被派往苏俄远东区工作，1932年底回国。1934年10月被捕后叛变，进入中统当了特务。新中国成立前夕逃往海外，居住美国。《莫斯科中山大学和中国革命》是盛忠亮的一本回忆和带有研究性的书。这本书对莫斯科中山大学从创办到结束的全过程，对联共（布）党内斗争对中山大学的影响，对中山大学内部的纷争，都有比较详细的叙述。其中，对所谓“二十八个布尔什维克”问题的起源，作了介绍，并列出了一个“二十八个布尔什维克”的名单。陈原道赫然在目，和张琴秋、张闻天、陈昌浩、王明、博古、王稼祥、杨尚昆、沈泽民、殷鉴等一起并列。20世纪80年代初，这本书以“灰皮书”的形式，由人民出版社以“现代史料编刊社”的名义内部出版，有控制范围地供有关领导和党史工作者参考。这是继延安整风提出“二十八个半”的概念以后，出版界较早地列出了“二十八个”人的名单，因而在党史界产生了较大的影响。其后，有关著作即援引这一说法，直到1999年出版的《二十九个人的历史》一书，其中二十八人的名单和盛忠亮一书完全相同，只不过又增加了原来所说的“半个”——徐以新。并认为:“这个名单是比较通行也比较可信的说法”，“‘二十八个半布尔什维克’无疑是他们的反对派加给他们的一顶帽子，当然这不是政治帽子，而是一种蔑称和轻侮，表达了人们心中在当时对他们的反感。”①

① 汪云生:《二十九个人的历史》，昆仑出版社1999年版，第72页。

但是，盛忠亮的说法很快遭到了人们的质疑。其中，程中原著、当代中国出版社出版的《张闻天传》最为有力。一般认为，“二十八个半”的说法起源于1929年夏召开的“十天大会”上的争论。对此，《张闻天传》写道：

从1929年夏天起，围绕着政治问题（主要是“富农问题”，中国革命的对象、动力问题）和学校工作问题（主要是“中大”的教育方针要不要“中国化”，进而检讨“中大”支部局的工作方针是否正确），拥护支部局的一派和反对支部局的一派之间的争论与斗争愈来愈尖锐、激烈。对这些问题的认识，在共产国际东方部（以米夫为代表）和中共驻共产国际代表团（1928年7月成立，以瞿秋白为代表）之间也有严重的分歧，争议又是在联共反托派斗争的背景下进行的，所以斗争异常错综复杂。双方在学校内公开宣传自己一派的主张，打击对方，争取同盟者。特别是拥护支部局（亦即拥护共产国际）的一派，把反对支部局的一派诬为“左派”，后来发现其中混有托派分子，更指其为反党的“左右联盟”，并造成一种反中共代表团的气氛。两派斗争使学校一片混乱，大多数学生无法安心学习。

两派的尖锐斗争，在1929年6月17日开始举行的总结工作的全校党员大会上总爆发。两派就上述政治问题和学校问题的辩论，焦点是支部局所谓路线是否正确。辩论持续了十天十晚，通称“十天大会”。两派尖锐对立，秩序混乱。最后表决，拥护支部局的中国同志约有九十余人、俄国同志三十余人，反对的二十余人，还有二三百人表示怀疑。会后，拥护支部局的一派，以“布尔什维克”（俄语译音，意为多数派）自命。反对支部局的一派，认为他们并非真正的多数，连骨干分子算起来才只有二十九人，其中一人还有点动摇，就给他们起了个绰号，讥之为“二十八个半布尔什维克”。其实，张闻天和沈泽民、王稼祥因在红色教授学院学习，没有参加“十天大会”；傅钟、李卓然等人已到列宁格勒军事政治学院学习，也不在场；王明、曾洪易已回国内，吴玉章、林伯渠、徐特立、董必武均在拥护者中。所以，这“二十八个半布尔什维克”的名词与“十天大会”的事实相去甚远[①]。

或者说：“这‘二十八个半布尔什维克’的名词是一部分人带着宗派情绪叫出来的。”[②]

这里，需要指出的一个重要史实是：“十天大会”召开时，陈原道也已经回到国内。

另据《杨尚昆回忆录》和《徐以新传》披露：1981年8月，中共中央党史资料征集委员会曾邀请杨尚昆、伍修权、孔原、孙冶方、徐以新等十九位当年中山大学的同学进行座谈，“会上达成的共识是：‘二十八个半布尔什维克’的说法，不能准确反映王明教条宗派的形成、发展和当时的实际情况，也不能说明它的性质和危害，建议今后不要再使用‘二十八个半布尔什维克’这个专有名词。”杨尚昆说：“我是出席会议的成员之一，同意这个建议。具体地说，当时确有以王明为核心的教条宗派，主要是指一部分靠近中山大学支部局的党员，在政治立场和思想情绪上比较一致，但是，并没有什么固定的成员。所谓‘二十八个半布尔什维克’，只是别人对他们的一种笼统的说法，所指的人也不尽相同，谁也没有列出一个确定的名单来。”“我认为‘二十八个半布尔什维克’这一流传很广的说法不合事实，也不准确。应当说：确确实实有王明教条宗派，但并没有什么‘二十八个半布尔什维

① 程中原：《张闻天传》（修订版），当代中国出版社2006年版，第80—81页。

② 程中原：《张闻天传》，当代中国出版社1993年版，第106页。程中原曾告诉笔者，这句话不是他提出的。《王明传》说，这个思想是张闻天1943年在《整风笔记》中提出。

克’。”[1]

显然，把陈原道说成“二十八个半布尔什维克”不能成立。

那么，陈原道是不是王明教条宗派的成员呢？

这里，首先要搞清楚什么是王明教条宗派。

还是先看杨尚昆的回忆。杨的说法并不集中，散见于历史事实的叙述之中。他说：“教条宗派的基础是错误的政治立场和思想情绪”；“米夫和王明在学校中培植这个宗派是有政治野心的。米夫是想在中国党内安插亲信，王明则想借机在党内夺取最高权力。”“但不能因此认为，凡是在中大支持支部局，受教条宗派影响的人都有政治野心。”[2]杨尚昆还回忆：党内首先提出教条宗派的问题是在1943年九月会议。“那时提出来反对两个宗派，一个是教条宗派，一个是经验宗派。毛泽东说：反掉这两个东西，党内就统一了。教条宗派是头，经验宗派是脚，克服前者，后者再加马列，事情就差不多了。”但是，“不可否认的，会上也出现了‘左’的偏激情绪，有人把教条宗派说成是反革命集团，说王明是特务，让他讲怎样出卖党的利益”。康生还煽风点火，把矛头转向在长江局工作过的周恩来和叶剑英。这个时候，毛泽东阻止了。“对教条宗派，毛主席公正地说：教条主义还是革命的，不过是搬教条就是了。他们同我们有三点相同的地方：第一，要打倒帝国主义；第二，反对蒋介石；第三，主张分田地给农民。”“在关键时刻毛主席这么一说，有利于抑制那股‘左’的

---

①《杨尚昆回忆录》，中央文献出版社2001年版，第44页。

②《杨尚昆回忆录》，中央文献出版社2001年版，第44—45页。对杨这里所说王明在中山大学就有夺取“最高权力”的野心的说法，有的学者表示了不同意见。有学者引用博古的说法，说王明在回国以后，如果真有野心的话，他第一个想要取代的，是中央宣传部大秘书潘问友的位置。参见杨奎松：《民国人物过眼录》，广东人民出版社2009年版，第346页。

情绪。”[①]延安整风时期所说的教条宗派，其历史时限是自中共六届四中全会至遵义会议，但其根子在莫斯科中山大学，毛泽东的分析同样适用于中山大学时期的王明教条宗派。

在1943年的九月政治局会议中，周恩来在谈到教条宗派和经验宗派时说：所谓宗派，不是说有关于秘密反党的小组织，而是说以错误思想、纲领为基础而形成的同志间气味相投的结合，对不相投者即反对的关系[②]。据此，《张闻天传》对王明教条宗派有个简明的概括。该书作者程中原在指出王明等人后来逐渐形成为教条宗派后指出：“中共党史上‘宗派’这个词的概念，不是指秘密反党的小组织，而是指在思想观点以及策略、纲领上形成的同志间气味相投即结合、不投即反对的关系。而这些思想观点、策略、纲领，后来被证明是错误的。由于人的思想观点是不断变化的，因而这种关系也是不稳固、不长久的。”[③]这个概括着重于“宗派”一词的内涵，是指同志间那种错误思想下的结合或反对的关系。其前提当然是“教条”无疑。这个说法比较平和。

有的当事人和著作的说法则要激烈得多。《风雨五载——莫斯科中山大学始末》一书这样叙述：“年轻高傲、目空一切的学生陈绍禹（即王明），在新任校长、同时任共产国际东方部副部长的米夫的支持纵容下，逐渐形成了一个宗派小集团，在校内有恃无恐，肆意横行，打击所有反对这个宗派的学生群众，甚至对抗中共中央驻共产国际代表团，居然把中山大学变成他们夺取中国共产党领导权的演练场。”“陈绍禹宗派并不是短时间内突然冒出来的。它是逐渐形成、逐步得势，有所谓志同道合者意气相投

---

①《杨尚昆回忆录》，中央文献出版社2001年版，第211—212页。

② 见《胡乔木回忆毛泽东》，人民出版社2003年版，第319页。

③ 程中原：《张闻天传》（修订版），当代中国出版社2006年版，第81页。

而结合，同时也使用种种手法，如拉拢、利诱、施加压力等，而纠集起来的。”“为了控制中山大学的党政权力，米夫、陈绍禹相互勾结，施展权术，拉帮结派；而为了招来伙伴，结成宗派，米夫和陈绍禹便置党的利益和原则于不顾，不择手段。如李一凡所指出，他们‘蝇营狗苟，吹、拍、拉、打，无所不用其极！’所谓‘拉’就是封官许愿，为被拉对象安排各种职位。一些人被送进红色教授学院，例如卜士奇、竺廷璋等，一些人被安插到‘中大’附设的中国问题研究所当研究生，如秦邦宪、郭绍棠、李竹声（他们三人后来又都被送进了红色教授学院）等。为了拉到更多的宗派伙伴，他们甚至不惜采用见不得人的卑劣下流手段。据李一凡揭露：‘最可耻的是，竟用李竹声的老婆方俊如施美人计把盛忠亮拉过去。’”[①] 该书还说：“陈绍禹宗派到 1928 年年中已经形成，基本班底也已大体确定。”“参加陈绍禹宗派的人尽管个人经历不同，气质、品德各异，甚至后来走上完全不同的政治道路，但就多数人而言，他们在莫斯科期间却又有不少共同之处，因而使他们聚集在一个宗派小团体之中。当时在苏联学习、对他们相当熟悉的师哲曾指出：‘他们的特点是：①俄文水平高；②知识面广；③马列主义学习得较好，是表现较积极的活动分子。由于这些因素，他们也很谈得来，愿意在一起。虽然他们没有宣言，没有纲领，但在人们的心目中，他们是一伙。他们表现很“左”，自称为真正的布尔什维克。’这里所说的‘马列主义学习得较好’，当然只是指书本上的。他们之中多数人有较高的文化程度，能够多读一些马列主义的书籍，其中如陈绍禹，专会寻章摘句，夸夸其谈，以真懂马列自居，自命不凡。他们不屑于同广大同学

① 孙耀文:《风雨五载——莫斯科中山大学始末》，中央编译出版社 1996 年版，第 233—241 页。

来往，而是这些人自成一体，互相吹捧。”[①]

国内研究王明的重要著作《王明传》，对王明教条宗派的内涵，采取的是兼收并蓄，原文照列的写法，并没有一个明确的概括。

综上所述，虽然对王明教条宗派的内涵概括不尽一致，但有两条是共同的：一是教条主义，即照搬、照抄马列著作和共产国际的指示；二是在政治上搞小团体，甚至是拉拉扯扯，排斥异己。同时，如毛泽东所言，王明教条宗派在反对帝国主义、反对国民党蒋介石集团和土地革命这些大目标上，和中国共产党人的宗旨是一致的。

由此来衡量，陈原道是莫斯科中山大学的优秀学生，但绝不是王明教条宗派的成员。如前所述，第一，陈原道在 1927 年中山大学学习时就提出要“以马克思列宁主义为指导来研究中国问题”，而且提出要研究中国历史和中国革命的特殊性，这一思想方法与王明的教条主义完全是风马牛不相及，何来气味相投？更重要的是，陈原道在尔后的革命实践中，一直坚持实行这一思想方法，坚持调查研究，一切从中国的实际情况出发。这一点后面还要说到。第二，陈原道对政治问题是秉持“独立的分析”，坚持独立的见解，无论正确与错误并不依附于什么人。况且，如他的同学所回忆，陈原道为人谦和，平时不爱说话、交往，又何来拉拉扯扯，结成一伙？也许，陈原道在某些重大问题上和王明教条宗派成员的意见一致，然正如毛泽东所说，这是大家共同的目标。或者，如《风雨五载——莫斯科中山大学始末》一书所说，陈原道是当时王明竭力拉拢的对象之一。如此而已。

① 孙耀文:《风雨五载——莫斯科中山大学始末》，中央编译出版社 1996 年版，第 243—247 页。

一个令人饶有兴味的事情是：1982 年，杨尚昆邀请在美定居的盛忠亮访华。交谈中，这个曾著书立说，明确列出“二十八个布尔什维克”的当年中大学生，已否定此前的说法。认为：根本谈不上什么小集团、派别。在那具体的历史条件下，人们都确实渴望能够成为真正的布尔什维克。至于是非曲直，对苏联共产党内部都不甚了解，更何况中国共产党处于建党初期、幼年时代，许多问题都是照搬联共[①]。这一史实，已见诸公开出版物《徐以新传》。

① 见李樵：《徐以新传》，世界知识出版社 1996 年版，第 95 页。

‖ 第四章 ‖

受命赴河南，重建中共河南省委

一、成为任弼时的助手

1929 年 2 月，陈原道根据中共党组织的安排，从莫斯科中山大学回国，到达中共中央的所在地上海。

★ 陈原道在中共江苏省委宣传部工作时的住址——新闸路培德里 83 号（原地址）

起初，陈原道担任中央宣传部秘书。此时，中央宣传部部长为中共六大后的中央政治局常委李立三。在陈原道担任中央宣传部秘书之前，中宣部秘书由恽代英担任，中宣部部长为蔡和森。

很快，为加强中共江苏省委宣传部的工作，陈原道又调任中共江苏省委宣传部秘书长。此时的中共江苏省委，居于特别重要的地位，其工作管辖范围包括中共中央所在地上海和江苏全省，后又包括安徽大部地区。中共六大以后，江苏省委与中央之间曾发生了一次分歧，被称为“江苏问题”[①]。六大以后，新中央为贯彻六大关于将工人干部提拔到主要领导岗位上来的指示，十月间决定派工人出身的中央政治局候补委员罗登贤任江苏省委书记。省委则主张选本省工人出身的中央政治局候补委员徐锡根任书记。后来，中央同意省委意见，但要罗登贤兼省委常委，省委接受了中央的决定。1928 年 12 月，中央指派李立三指导江苏工作，中央政治局也多次讨论江苏党的工作，决定由中央抽调干部参加省委，同时由省委抽调干部加强上海各区委。1929 年 1 月 3 日，向忠发、李立三在中央政治局会议上提出由中央兼江苏省委。会上虽有不同意见，最后仍作出合并的决定，但没有通知江苏省委。1 月中旬，周恩来去北方解决“顺直问题”回沪，认为这个决定是危险的：（一）必然减少中央对全国的政治指导；（二）并不是深入群众的好方法；（三）妨碍中央本身工作，使中央的秘密工作增加许多危险。主张解决江苏省委问题的办法是加强区委，改组省委。最后决定由向忠发、李立三、周恩来、项英组成特别委员会，重新研究解决这一问题。但就在这一过程中，“团中央的个别同志错误地将决定告诉了团省委个别人。党的省委的同志也得知了这一消息，非常不满，即错误地召集各区委负责人会议，传达省委与中央纠纷的经过，进行反对中央的宣传，并在部分省来沪联系工作的同志中进行违反纪律的活动”[②]。这自然受到了中央的严厉批评，中央为此作出《关于目前江苏党的纠纷的决议案》。1929 年 1 月 24 日，中央政治局会议决定改组江苏省委，指定五人为省委常委，罗登贤为书记，任弼时为宣传部长，李维

① 李维汉：《回忆与研究》（上），中共党史资料出版社 1986 年版，第 278 页。
② 李维汉：《回忆与研究》（上），中共党史资料出版社 1986 年版，第 279 页。

汉为组织部长，彭湃为农民运动委员会书记兼军委书记。原省委的一些成员分配到上海区委。25日，周恩来主持中共中央召集的江苏省委会议，代表中央宣布改组江苏省委的决定。

陈原道就是在这种情况下来到江苏省委宣传部担任秘书长，成为宣传部长任弼时的助手。先陈原道从莫斯科中山大学回国的刘亚雄也在宣传部担任干事，宣传部还有一位年轻人吴进。宣传部的地址在上海山阴路69弄90号。这是一处居民混杂的小楼，陈原道和吴进住在前楼，刘亚雄单独住在后楼，部长任弼时另住一秘密处。为了隐蔽身份，陈原道、刘亚雄和吴进以一家人的身份出现在里弄里，平时的买粮、买菜、烧水、做饭，也是三人轮流，各包一天。

★ 青年任弼时

进入1929年，中国共产党的主要任务和工作就是贯彻1928年六七月在莫斯科召开的六大精神，继续为革命积蓄力量，迎接中国革命的复兴和发展。中共六大是一次具有重大历史意义的大会。在共产国际的指导下，它认真地总结了大革命失败以来的经验教训，解决了当时困扰全党的两大问题：一是指出中国仍然是半殖民地半封建社会，反帝反封建的民主革命的任务仍然没有完成；二是明确了革命仍然处于低潮，党的总路线是争取群众，党的中心工作不是千方百计地组织暴动，而是做艰苦的群众工作，积蓄力量。大会的缺点主要在于：把党的工作重心仍然放在城市，坚持城市中心论，把城市工人运动的兴起看作是新的革命高潮到来的决定条件；同时，否认中间营垒的存在，把民族资产阶级当作最危险的敌人。

中共江苏省委和宣传部正是按照六大的总路线布置工作。任弼时是一个老资格的沉稳的共产党领导人，陈原道从他的身上学到了许多优秀的思想品质和工作作风。由于任弼时担负的任务更重，住处十分隐秘，每周来部里一次听取汇报，布置工作，省委宣传部的日常工作主要由陈原道承担，由陈原道和刘亚雄、吴进三人一起完成。

★ 中共江苏省委所在地——上海山阴路69弄90号现状

为了及时地正确地宣传党的六大路线和斗争策略，宣传部主要通过报纸和刊物的方式传达党的声音。当时，宣传部办的刊物主要有《白话日报》（后改名为《上海报》）、《教育周刊》和《每日新闻》。同时，宣传部还指导上海各区和有关团体举办小报和刊物，如沪西区的《无产阶级》、沪东区的《沪东工人》、闸北区的《沪北工人》等。陈原道他们还有一项重要工作，就是为省委组织的游行集会直接编写、油印和组织散发传单。

在任弼时的领导和陈原道的直接组织下，省委宣传部的工作做得有声有色。当时的省委组织部长李维汉后来对宣传部的工作也有回忆。他说：

省委宣传部工作由任弼时负责。宣传部根据中央和省委提出的任务，拟定宣传工作计划和宣传大纲，编写各种宣传品，编辑出版党刊党报，督促和指导各区出版供工人阅读的通俗刊物和工厂小报。宣传部编印的《每日新闻》，把每天报纸上的重要新闻汇集起来，供省委机关同志阅读。1929年6月出版省委党刊《教育周刊》，因环境恶劣，实际每月才出一期。在中央宣传部的具体指导下，1927 年 4 月 17 日，省委宣传部出版了供上海工人、学生和市民阅读的半公开的报纸《上海报》，到 1930 年 8 月 14 日停刊，共出了三百八十五期。《上海报》内容通俗，文章短小精悍，形式多样，有图片，有漫画，有文艺专栏“海上俱乐部”，每天都刊有上海工人和江苏省其他县市以及外省工人、农民斗争的消息。还经常报道红军战斗的消息。该报深受欢迎，每天销量达五千余份①。

据李维汉回忆，中共六大以后，一批在上海从事革命文化运动的中共党员，如潘汉年、成仿吾、李初梨、冯雪峰、冯乃超、朱镜我、彭康、阳翰笙、钱杏邨、夏衍、田汉、杜国庠、柯柏年、许涤新等的组织关系都在中共上海市委，归江苏省委宣传部领导。他们大部分编在闸北区委、法南区委所属支部。他们创办了“创造社”“太阳社”等文艺社团，并和鲁迅取得了联系。而刘亚雄在 1926 年北京女师大风潮中又是和许广平等人战斗在一起，刘亚雄还专门到鲁迅家中访问，鲁迅日记中有刘亚雄来访的记载。1926 年 12 月 1 日，为庆祝和北洋军阀政府教育部反动当局斗争的胜利，刘亚雄和许广平、赵世兰、刘和珍、郑德音、蒲秋潮等人合影留念，鲁迅还欣然在照片顶端题词。这一些，也为陈原道、刘亚雄和这些左翼文化人的联系提供了方便。1929 年 6 月，中共中央成立文化工作委员会，潘汉年任书记，直接领导“创造社”“太阳社”等文艺社团的工作。

作为省委宣传部秘书长，陈原道不是坐在亭子间、书斋里的革命者，而是直接走到群众中，站到了革命斗争的第一线！

---

① 李维汉:《回忆与研究》(上)，中共党史资料出版社 1986 年版，第 281—282 页。

为了积蓄革命力量，也由于党的工作重心是在城市，组织工人、学生参加反帝、反军阀、反国民党的示威游行，是党领导的一项经常性的活动。这些活动，陈原道常常是亲临一线。李维汉在回忆录中生动地记述了 1929 年的两次大的活动：

1929 年的“五一”“五三”“五四”“五九”“五卅”“八一”等纪念日和苏联十月革命节，省委根据中央的指示，都曾组织大小不等的公开的示威活动。“五卅”纪念活动，党内成立了由党中央、团中央、省委、团省委、上海总工会等单位负责人参加的“总行动委员会”，指挥这次行动。党外的群众团体成立了上海各界纪念“五卅”运动四周年筹委会。印发了大量的宣传大纲和传单。30 日清晨，示威群众从各方面陆续汇集南京路两旁。十时正，一声哨响，积极分子涌上街头，一面散发传单，一面高呼“打倒帝国主义”“打倒国民党”等口号。少数积极分子撤退时砸了火车和国民党在上海的机关报《民国日报》馆。这天，有的区也分片组织了示威、群众大会或飞行集会。有的工厂举行了罢工或关车数小时以示纪念。这次示威的总指挥部设在南京路北侧一家大商店的后院楼上，我和恩来都在指挥部观察，恩来说要下去看看，我没有让他去，我去看了。这次活动有近百人被捕[①]。

“五卅”示威以后，江苏省委紧接着又组织了“八一”总示威。这个“八一”并非后来人民解放军的建军节，而是共产国际确定的一个纪念日。1914 年 7 月底，是第一次世界大战开始的时间。1928 年 6 月，共产国际第六次代表大会决定，为反对世界大战，保卫苏联，号召全世界被压迫群众在 8 月 1 日向帝国主义总示威，将“八一”定为“国际赤色日”。对这次“八一”示威，李维汉回忆说：

这次示威运动是我党历史上的第一次。党中央于 6 月就制定

① 李维汉：《回忆与研究》（上），中共党史资料出版社 1986 年版，第 291 页。

了工作计划。省委根据中央指示，决定在上海、南京等大中城市同时举行示威、罢工、飞行集会，也同样成立了由党中央、团中央及省里的一些团体的负责人组成的“总行动委员会”，指挥这次游行。由于群众对“八一”国际赤色日一无所知，省委要求进行广泛的宣传。7月14日和26日还进行了两次预演式的示威。“八一”当天有数千工人、学生和少数农民、士兵，冲破中外反动派的警戒封锁，在南京路、福州路、白渡桥、天潼路示威游行，持续了三四个小时。上海各区也举行了罢工、飞行集会或群众大会。南京、常州也在这一天举行了示威活动①。

这两次大的游行活动，陈原道不仅事先紧张地准备各种宣传材料，还直接参加了当天的示威游行。

“八一”大示威后，国民党反动派加紧搜捕共产党人。8月24日，政治局候补委员、江苏省委农委书记兼军委书记彭湃和杨殷、颜昌颐、张际春、邢士贞等五人因叛徒告密被捕，30日，彭、杨、颜、邢四人被国民党淞沪警备司令部秘密杀害。陈原道的处境也十分危险。但是，他没有丝毫的畏惧和胆怯，经常外出工作到深夜才回来。这一年的初秋，他的弟弟从老家到上海来看他，见他时而化装成工人，时而化装成商人，有时又化装成教授，整天忙得不可开交，便心痛地说：你这样冒着生命危险，整天苦干死干是为了什么？还是不要干了吧！陈原道回答说：你不干，我不干，四万万同胞就没有饭吃，中国就不能解放！他还曾对他的家人说，我这一身也就是一个尸皮囊子！②

当陈原道为了人民解放事业英勇奋斗的时候，他也牵挂着他

① 李维汉:《回忆与研究》(上)，中共党史资料出版社1986年版，第292页。

② 罗庆新、郭必强:《访问王金芳谈话记录》，1985年9月6日，王玉芳主编:《陈原道生平历史资料汇编》第五册。

的父母和家人。他深知，当年求学时家庭生活之艰辛，父母亲为他所作出的极大牺牲。但是，从莫斯科学习三年多回国以后，他已没有时间回到家乡，只能通过书信，略述对家庭的关切之情。

1929 年夏，安徽遭受特大旱灾，家里颗粒无收。他的弟弟陈原仓来到上海，对哥哥陈原道说：我们那地方有些人读书后都出去做官发了财，全家享福，你读了书，留了洋，家里没有得到你一点好处。今年家乡颗粒无收，没有饭吃，你能不能想点办法搞点钱，帮助全家度过荒年。陈原道听了说，我这里是经管一些钱，但这是公款，分文不能动。等我翻译的一本书的稿费拿到手，再全部寄回家接济你们。至于人家读书做官发财，那是人家的事，我读书并不是为了做官发财，而是为了全中国的老百姓[①]。

陈原道当时的另一个公开身份是上海南洋大学教授，虽然公私分明，但他也确实想抽出一点儿时间翻译一两本书，挣点儿稿费，以救济贫困中的父母和弟妹，但都因工作太忙而未能实现。1929 年 5 月 14 日，他给思想进步的堂弟陈原泉一信，述说他的苦衷和心境：

原泉转我的家庭：

前写去一信，想已收到。我因事情太多，不能回里（家），相信一两月后，工作稍有上路的时候，才好暂时放手。你们要来，我想现在还是农忙的时候，且又无什么要事，大可不必，我已一再言之，想你们定能明白也。我身体很好，虽是一个人，但精神上反很快乐，请你们勿念的。家庭困难，我十分知道，但是现在环境实在无法救济。本想译一两本书，可卖一两百元，可是时间没有，只好作罢。最近很不幸的一件事，就是华南大学请我教书，不料刚刚弄好，但学校又被封闭，因此又少一笔近（进）

① 陈有仁回忆文章。见中共安徽省委党史研究室编：《陈原道百年诞辰纪念文集》；王玉芳主编：《陈原道生平历史资料汇编》第五册。

款。我想下半年一定找一学校去当教员，大模（概）总可得的若干吧！以后来信请仍由伯山书店转，不误！

祝你们健康！

烈武　五月十四日[1]

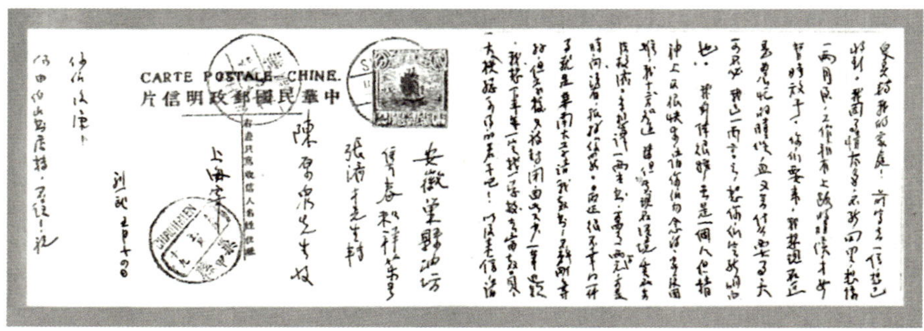

★ 陈原道从莫斯科回国后给家人的信

短短的一封家书，把陈原道的家国情怀表现得让人感慨！修身、齐家、治国、平天下，是中国历代仁人志士的一种抱负和情怀，这种抱负和情怀在陈原道这些优秀的共产党人身上得到了一种新的升华，这就是修身齐家为的是全中国劳苦大众的解放，乃至世界大同。署名“烈武”，既是他俄文名字涅夫斯基前两个字的谐音，也表示他是列宁主义队伍中的一员！

二、重建中共河南省委

1929 年 10 月，陈原道接到了中共中央交给他的新任务：赴

① 中共安徽省委党史研究室编:《陈原道百年诞辰纪念文集》，中共党史出版社 2004 年版，第 243 页。

河南，重建中共河南省委。这是一项十分艰辛的任务，是一次临危受命。

1927年四一二反革命政变后，中共在同年召开的第五次全国代表大会上决定撤销原来的中共豫区执行委员会，建立中共河南省委，隶属中共中央。但是，中共河南省委建立以后，工作却一直十分艰难，以致省委几度被迫中断工作。

新省委建立之初，国民党新军阀冯玉祥部已进驻河南，开始限制工农运动。汪精卫发动七一五反革命政变后，冯玉祥也在河南公开“清党反共”，逮捕杀害共产党人，党员数量由3000余人减少到700余名。中共河南省委领导人有的被捕，有的转移，领导被迫中断。

1927年7月23日，中共中央派周以栗（化名易云）到达开封，重新组成中共河南省委，书记周以栗。周是湖南长沙人，中共早期优秀的共产党人，大革命时期是长沙工人运动的领导人。新的省委成立后，决定派人到各地整理和恢复党、团组织，继续领导工农运动，后又根据八七会议精神，决定开展武装斗争，实行土地革命。但是，这时党内“左”倾盲动错误的思想逐渐滋生，河南省委也接到中共中央关于发动全省总暴动，以配合“两湖”暴动的指示信，遂制定了《河南目前政治和暴动工作大纲》《县暴动工作计划》，把河南划分为豫北、豫东、豫中、豫南四个暴动区，定于10月10日为全省总暴动。“由于条件不具备，省委确定的总暴动计划大部未能实现。”[①] 但是，以周以栗为书记的省委仍坚持斗争，1928年1月，在豫南开辟了以冯家庄为中心的四望山红色游击根据地。

---

① 中共中央组织部、中共中央党史研究室、中央档案馆:《中国共产党组织史资料》第二卷（下），中共党史出版社2000年版，第1971页。

1928年1月初，中共河南省第二次代表大会在开封召开，选举产生了新的河南省委，隶属于中共中央长江局，省委书记仍为周以栗。新省委根据中央的精神，继续组织暴动，各地先后组织暴动达30多次，但是这些暴动均遭失败，大批共产党人遭到逮捕。从3月到4月，党、团省委和一些地区相继遭到破坏。4月15日，周以栗在开封被捕。省委宣传部长、秘书长等人也先后被捕入狱，省委活动中断。

1928年5月，根据中共中央指示，组成新的中共河南省委。党的六大后，新的省委贯彻六大精神，开始纠正"左"的错误，党员数量发展到3000人。"此后，由于团省委委员吴耀卿、省委秘书处干部焦日新相继被捕叛变，出卖组织，致使省委军委书记、秘书长等被捕，省委书记等领导人被迫转移，党、团省委工作中断。"①

到了1929年1月，中共中央又派史文彬赴河南任省委书记，但工作十分艰难。此时，省委只有一名书记和一名秘书。4月，中共中央决定取消河南党、团省委，把全省划为豫北、豫中、豫南三个中心区域，建立九个中心县委，实际只建立起六个，直属中共中央领导。同月，中央又派童长荣、刘子久、郭树勋为巡视员，到河南了解情况。临行前，周恩来还专门找他们谈了话。

不难看出，大革命失败后，中共河南省委的工作时断时续，党的工作和工农运动都处于一种十分艰难的状态。

正是在这种情况下，陈原道受命赴河南。1929年10月，中共中央决定重建中共河南党、团省委，由中央巡视员童长荣任书记，由陈原道、徐兰芝、郭树勋、谷子生为委员，继续开展河南

① 中共中央组织部、中共中央党史研究室、中央档案馆：《中国共产党组织史资料》第二卷（下），中共党史出版社2000年版，第1972页。

的革命斗争。

就在这时，在中国，尤其是在河南，出现了一种新的政治军事形势。10 月 10 日，蒋冯战争爆发。冯玉祥的西北军兵分三路由河南境内向东南进攻，蒋介石急调大军应战。中原大地，成了军阀混战的战场，兵祸连连，生灵惨遭涂炭。

如何认识和应对这种新的政治军事形势？成为摆在中共河南省委也是全党面前的一个紧迫的任务。

此时的中共河南省委机关设在郑州。一到郑州，陈原道便和童长荣等新省委成员一起紧张地开展工作。陈原道对省委书记童长荣十分尊重。他们同为安徽同乡。童长荣，安徽枞阳人，1921 年加入中国社会主义青年团，1925 年 7 月赴日本留学，同年加入中国共产党，曾为中共东京特别支部领导人之一。1928 年秋回国后，曾任中共沪中区委宣传委员、区委书记，还曾参加革命文学团体太阳社。童长荣对陈原道也很信任，童长荣此时还参加中国左翼作家联盟（左联）的发起工作，有时还需到上海去。在这种情况下，童长荣便把省委的日常工作交给陈原道负责。

★ 中共河南省委书记童长荣

新省委首先确定的一个工作思路就是巡视。省委委员和机关干部到各地调查了解情况，恢复和整顿组织，发动群众，以确定正确的斗争方针和策略。

根据省委的分工，陈原道负责巡视郑州、开封、洛阳、信阳、南阳等地的工作。坚持调查研究，正确认识中国国情和中国革命的特殊性，是陈原道在莫斯科就确立了的工作方法，因而，他在巡视工作中十分认真，深入群众斗争的基层，以掌握情况。对此，专门研究中共河南历史的学者有过具体的记述：

陈原道以上海《申报》记者的身份在郑州巡视，听取郑州中心市委书记曾昭示的工作汇报，要求市委积极整顿和恢复党组织，发动组织工人群众的革命活动。他还同刚出狱的市委委员马少卿（马绍琴）亲切交谈，得知这位京汉路工是1922年入党的“二七”罢工斗争的骨干，曾任河南省委候补委员，与谷子生（时为省委秘书——引者）同在豫中特委工作，对其深表信任，勉励其加强学习，深入基层，开展群众工作。

1929年11月下旬，陈原道、徐兰芝和团中央巡视员张建南（张逸光）一起到开封，经过紧张的筹备工作，恢复了共青团河南省委组织，书记为徐兰芝，委员有张建南、来学照、陈云登、张炳昌、王伯阳等，机关设在开封。在开封，陈原道以《申报》记者的身份，化名王道，通过各种渠道，调查了解军阀战争形势下的社会状况，群众的生活及情绪。他同中共开封中心市委书记杨健民（杨子建）、市委常委王长保接头面谈，听取了工作汇报，一起研究整顿、恢复党组织，开展工人运动和农民斗争的问题，鼓励他们积极开展工作，在河南反动统治的中心开封坚持隐蔽斗争。陈原道亲自同开封省立一中的教师潘田言、学生符元亮（均中共地下党员）见面，指导他们发动组织广大师生进行合法斗争。陈原道还到开封妇女工厂进行“采访”，了解停产原因和失业女工生活状况，同河南省妇女联合会书记孙敬毅、组织委员刘素清（均中共地下党员）一起研究如何开展党的妇女工作，特别是积极发动失业女工和来汴灾民的经济斗争，进行反军阀

战争宣传活动[①]。

国民党新军阀战争的爆发，加剧了反动统治阶级内部的矛盾，增加了人民的苦难，也为革命创造了有利的客观形势。加强国民党军队内部的兵运工作，也是陈原道和河南省委十分重视的一项任务。

10月下旬，助蒋（介石）反冯（玉祥）的杂牌军万选才部队由保定开到郑州。该部中共地下党员方继纲（方略、方明益）和郑宝忠持顺直省委介绍信，与河南临时省委接上关系。陈原道等在铁路附近一小饭店请方、郑吃饭，听取有关情况汇报，指示他们在万部进步士兵和下级军官中秘密发展共产党员，积极开展党的兵运工作。冯军败退陕西后，方继纲等随万部在洛阳西工练兵。陈原道还派人到驻豫的樊钟秀、杨虎城、石友三等部队中发展中共地下党的关系，秘密开展兵运工作[②]。

方继纲后来担任中共河南省委士兵运动委员会书记，配合陈原道和河南省委，做了大量的工作。

在经过这第一轮也是初步的巡视以后，1930年1月初，陈原道与童长荣、徐兰芝一起开会，交流了巡视情况，分析了全省的形势，认为应立即成立新的正式省委。陈原道还提出了新省委组成人员的建议。会议决定由童长荣去上海，向中央作汇报请示。

中央同意了童长荣、陈原道等人的意见。1930年2月3日，新的中共河南省委在郑州宣告成立。有省委委员八人，其中常委三人：童长荣任书记兼宣传部长，陈原道任组织部长兼秘书长，徐兰芝任工委、农委书记兼郑州市委书记；候补常委二人：王长

① 王怀安：《功在中原　名垂青史——陈原道在河南省委》，中共安徽省委党史研究室编：《陈原道百年诞辰纪念文集》，中共党史出版社2004年版，第109—110页。

② 王怀安：《功在中原　名垂青史——陈原道在河南省委》，中共安徽省委党史研究室编：《陈原道百年诞辰纪念文集》，中共党史出版社2004年版，第109页。

保、马少卿；委员三人：郭树勋、谷子生、张建南。为了加强军事工作，根据陈原道的建议，省委还成立了军事委员会，由邹均任军委书记。新省委决心按照中共六大精神，继续巩固和发展组织，积蓄革命力量。

然而，省委内部很快出现了一些认识上的分歧。

这种分歧是与共产国际和中共党内“左”倾思想的滋生有关的。据李维汉回忆，1928年8月，共产国际六大提出了一个关于资本主义总危机从1928年起进入“第三时期”的理论。认为，资本主义总危机急剧尖锐化，必然引起一个帝国主义国家之间战争和反对苏联的战争时期，“也就是大规模阶级搏斗的时期”。1929年5月，中国发生了“中东路事件”，国民党政府用武力强行接管由中苏双方共同管理的中东铁路（以哈尔滨为中心，西至满洲里，东至绥芬河），驱逐任职的苏方人员，发动对苏联的进攻。在这种情况下，共产国际要求中共发动群众，支持苏联，并认为“推翻地主资产阶级联盟的政权，建立苏维埃政权”的时机已经成熟。特别是1929年10月26日的指示信，认定“中国进到了深刻的全国危机的时期”，提出城市工人要准备总政治罢工，红军斗争应统一起来。并提出中共党内现在的主要危险是“右倾的机会主义情绪和倾向”。中共中央政治局接受了共产国际的观点，于1930年1月11日通过了《接受国际一九二九年十月二十六日指示信的决议》。2月26日，中共中央发出第七十号通告，对革命形势作了过高的估计，认为“目前全国危机是在日益深入，而革命新浪潮是在日益开展”。通告规定党的“目前总的政治路线”应是汇合各种斗争，“变军阀战争为国内的阶级战争”，要执行积极进攻的策略，组织各地的工人罢工、地方暴动和兵变，并集中力量进攻大城市，推翻国民党统治，建立苏维埃政权。3 月，李立三发表了《准备建立革命政权与无产阶级的领导》一文，除阐述通告中的思想，还形象地表述了“城市中心论”的思想。他说：乡村是统治阶级的四肢，城市才是它的头脑与心腹，单只斩断它的四肢，而没有斩断它的头脑，炸裂它的心腹，还不能制它于死命。李立三接着又在党内刊物上发表了一系列文章，宣传他们“左”的主张[①]。李立三后来总结说：“当时党的总书记虽然是向忠发，但是党的政策实际上是我制定的。”[②]

1930 年 2 月 14 日至 19 日，中共河南省委第一次全体会议在郑州召开。会上，童长荣传达了中央的有关指示精神，认为“右倾危险在河南特别严重”，“党的策略必须由防御转入进攻”。显然，童长荣的观点是受了当时党内滋生的“左”的思想的影响。陈原道不同意这种判断。他认为，数月来河南党的工作有相当的结果，但目前全省党的基础还非常薄弱，应该进一步恢复和发展党的组织，组织和发动群众，积蓄革命力量。他说：“进攻的策略不是脱离群众的拼命主义；发动大的斗争，也不是放弃日常斗争的领导；运用公开的群众路线，不是放弃党的秘密工作。”[③]陈原道明确反对放弃日常斗争的拼命主义。全会接受了陈原道的正确主张。

2 月 22 日，省委常委会议在讨论工作部署时又发生了分歧。童长荣强调只巡视郑州、开封两地中心城市的工作，而不必巡视

---

① 参见李维汉：《回忆与研究》（上），中共党史资料出版社 1986 年版，第 298—302 页。又见中共中央党史研究室著：《中国共产党历史》第一卷（1921—1949）上册，中共党史出版社 2002 年版，第 301 页。

②《我的中国缘分——李立三夫人李莎回忆录》，外语教学与研究出版社 2009 年版，第 397 页。

③ 参见王怀安：《功在中原 名垂青史——陈原道在河南省委》。

豫南等地农村。这显然是受了“城市中心论”的影响。陈原道则对大别山区已经建立的鄂豫边和豫东南两块革命根据地十分重视，认为这里的革命形势很好，应该支持那里的武装斗争。陈原道还强调巡视工作不应局限在郑州、开封，各地都应加强巡视。陈原道的这些主张，后来被批评是“上山主义”，是“农民推动城市”，是“小站包围大站”[①]。然而，从陈原道的这些主张里，已经可以看到中国革命要走以农村包围城市道路的思想光芒。

在3月的省委常委会上，陈原道和童长荣在认识上又产生了分歧。首先是关于形势。童长荣在政治报告大纲上写着“革命已经很快的走向高潮”，陈原道说，这是“过火”的[②]。二是关于土地革命的内容。童长荣认为，土地革命的内容是反苛捐杂税，直到没收地主土地。因为反苛捐杂税也是反地主斗争之一种，所以是土地革命内容之一。“原道的意见则反是，认为土地革命内容是变更土地关系，由平分地主土地，没收地主土地一直到最后的土地国有，才是土地革命的内容！”至于“反捐税，主要是政治的意义，能发动农民斗争而进入土地革命的斗争，但其本身不是土地革命”[③]。在陈原道看来，土地革命就是平分地主土地，反捐税只能是进行反对地主阶级斗争的一种手段。

然而，这只是一些认识上的分歧。分歧归分歧，省委的工作还是在正常进行，童长荣对陈原道的工作还是持支持的态度。从2月省委第一次全体会议后一直到4月，陈原道一直不断地在各

① 参见《长荣关于省委内部争论问题给中央的报告》，1930年8月8日，中央档案馆、河南省档案馆:《河南革命历史文件汇集》(1927—1934年)。

② 参见《长荣关于省委内部争论问题给中央的报告》，1930年8月8日，中央档案馆、河南省档案馆:《河南革命历史文件汇集》(1927—1934年)。

③《河南省委关于党组织现状给中央的报告》，1930年3月16日，中央档案馆、河南省档案馆:《河南革命历史文件汇集》(1929—1930年)(下)。

地巡视。

2月底，陈原道在开封指导团省委进行了改组，并制定了全省团的工作计划。团省委书记为张建南，机关驻地迁到郑州。

3月初，陈原道到达洛阳。在这里，他和特支书记万寿山一起，召开特支会议，听取汇报。针对发现的问题，他提出，在工人运动方面，党组织要加强活动，要把工人组织“兄弟会”发展成赤色工会；在农民运动方面，要把农民的抗租抗债分粮斗争，发展为土地革命；在组织建设方面，准备把洛阳的特支改组为洛阳中心县委，扩大党的组织。陈原道还交给万寿山两个关系，一个是石友三部队的地下党员张自安，另一个是共青团员张剑石。几天后，万寿山即派他俩回到宜阳家乡，建立了党团组织。

3月上旬，陈原道由豫西返回郑州。这时，冯玉祥的西北军、阎锡山的晋军和许多杂牌军组成反蒋联军，万选才部也被冯、阎收买，受晋军指挥，由洛阳开到郑州。万部的中共地下党员方继纲、郑宝忠等人已发展了25名共产党员，并按照陈原道的指示在万军中组成了五人地下党军委。方继纲后来回忆：到郑州后，“因河南省委机关在郑州，我很快见到了陈原道。陈说省委决定让我脱离部队，担任河南省委的兵委书记，专门作国民党军队的兵运工作。于是我以在郑州找到事干为由，向连长辞掉了司书；同时给连里的排长、士兵党员作了安排，又给郑宝忠、司军三讲明情况，并约定了以后接头联络的办法”[①]。陈原道还和省军委书记邹均化装成万部军官，以会老乡、见朋友的名义，到郑州西北军战地学校，将地下党员王超、陈立和徐淑等请来一起吃饭，将

① 方继纲:《回忆一九二九年秋至一九三二年夏的河南省委》,《河南党史通讯》1985年第7期。

他们编为一个党小组。

4 月，陈原道又来到豫南的信阳。对豫东南和鄂豫边已建立红三十一师和红三十二师，并建立革命根据地，陈原道一直十分重视，在 2 月省委常委讨论工作部署时，他就强调要巡视豫南，重视武装斗争。到信阳时，恰逢信阳三师发生风潮。省立三师校长是国民党信阳县党部训练部长，十分反动。4 月 10 日，三师学生罢课，反对反动校长。反动当局派大批军警进行镇压，逮捕了八名学生会干部，均为共产党员。得知这一情况后，陈原道和信阳中心县委及有关党支部负责人紧急磋商，决定迅速动员群众，定于 4 月 13 日（星期天）在信阳车站和一些工厂门前举行示威，并将“反对国民党”的口号改为“反对国民党县党部训练部长”，以更好地分化敌人。在陈原道的亲自指导下，4 月 13 日，信阳的铁路工人、店员、学生共八百多人在火车站广场举行了声势浩大的集会，标语贴满会场内外。这次集会，打击了反动派的气焰，迫使信阳当局释放了八名被捕学生。

★ 信阳古城

★ 信阳三师旧校址

遗憾的是，由于交通受阻，陈原道这次未能进入豫东南苏区。

“从 2 月到 4 月，我可以说完全在外边巡视的，常委仅长荣与兰芝二人。”[①] 陈原道后来如是说。

省委书记童长荣后来在给中央的报告中也说：“常委三人，二次全会以前，兰芝参加郑市工作，原道常在外巡视，结果剩我光棍一人。”“省委的巡视工作做得比较充分，开封巡视三次，豫西一次，豫北有专人巡视，建立起关系，西南已派曾昭示去，豫东有专人巡视。”[②]

正是这种经常在各地的巡视，使陈原道对全省的政治经济状况和群众斗争及其组织情形有了比较全面的了解。1930 年 3 月 15 日、16 日，陈原道向中央作了《河南省委第一次报告》和《河南省委关于党组织现状给中央的报告》。

陈原道首先报告和分析了河南的政治经济状况。

他指出：“河南政治是军阀战争的中心——蒋阎两大军阀集团之冲突，在目前河南已充分表现在两派之收买杂色军队。”这种收买，使这些军阀队伍的转向、倒戈、转移成为司空见惯的现象：“高唱入云的冯玉祥，移驻洛阳，万军之东进，被几十万洋钞也收买去了。”总之，“河南是各种杂色军队集中的省份，总计有 40—50 万之众，因此在河南一省，就形成割据分裂之现象，万选才之霸据地为洛阳，韩石为开封、郑州、新乡、彰德，杨虎城为南阳，樊钟秀为许昌一带，徐源泉为信阳一带，和普遍全省之土匪等。在这种情况之下，各因地方收入不同而感觉给养困难，形

① 陈原道：《关于河南工作给中央的报告》，1930 年 10 月，中共安徽省委党史研究室编：《陈原道百年诞辰纪念文集》，中共党史出版社 2004 年版，第 263 页。

② 童长荣：《河南省委关于政治状况、群众斗争、党的工作的报告》，1930 年 5 月 17 日，中央档案馆、河南省档案馆：《河南革命历史文件汇集》（1927—1934 年）

成相互冲突的局面，因此战争总以河南为中心，而成为相互利益的焦点”。

陈原道继续指出，这种军阀割据的局面，造成了河南经济状况的恶化。军阀们“需要大批军费，其来源自然是取之于民众，因此苛捐杂税与田赋之负担，要算奇异的繁重了”。“冯在豫，已预征到 24 年”。军阀战争之爆发，之调兵遣将，经济上又引起交通的破坏，“工业方面受打击非常严重。1 月间河南之三大纱厂之关门，2 月间河北两厂关厂，3 月间郑州纱厂亦刚开厂，但前两厂借生产不好加重工人时间”。“整个的说起来，河南工业方面完全是恐慌的现象。如有人说，发展资本主义仍然是迅速前进，即真是乱说瞎话的取消派，看不见事实，而听天由命的瞎子！”至于农村经济的状况，“完全是破坏不堪的现状”。“豫西农村，仅逃亡乞食的，也不知有几多？洛阳北门内有个大施饭场，每天坐在地上按次序要吃的，起码说有两千人，男女老弱无所不有。千疮百孔的河南农民，吃的是杂粮与草粮，最好的人家四两油要吃一个月。”这种战争的破坏，再加上土豪劣绅的压迫，中农也变为贫农，贫农更是无法维持生活了。

由此，陈原道得出结论，“统治阶级不只是我们从前所说的动摇，而应当肯定地说是走向崩溃”。但他又认为，统治阶级的这种“崩溃”，是不会自取灭亡的，而必须要有一种“新的力量”，这“就是工农兵的革命运动复兴”。

那么，河南的群众运动状况又是怎样呢？

陈原道首先认为：“河南群众运动，在目前形势看起来，也仍是革命复兴的现象。”请注意，陈原道这里用的是“革命复兴”，而不是“左”倾主张中的“革命高潮”。这是一个最重要的判断！为什么作这样一个判断？陈原道从工人运动、农民运动、兵士运动、学生运动、平民与灾民运动几个方面逐一作了分析和解剖。关于工人运动，他在逐一列举了开封、洛阳、郑州纱厂、河北纱厂的情形后总结说："河南工人运动，据目前现象看起来，同盟罢工的前途是必然的，但最大缺点是党的主观力量较弱，故自发斗争放过去，使我们党领导作用不能跟着斗争发展。"关于农民运动，陈原道说，农民普遍之斗争，是反捐税、抢枪等。这种斗争，客观上表现了农民和军阀制度冲突的革命意义，但斗争的领导权却在地主豪绅富农的手中。他认为："我们对农民的主要策略，是执行土地革命任务"，农会的日常斗争应以抗租债分粮为中心，准备地方暴动，以至进行土地革命。关于士兵运动，陈原道认为，我们的任务应该是发动豫西与豫南之兵变，并与当地农民斗争相汇合，进而发展为与湖北相连的红色区域与游击战争，这就是建立豫鄂边红色根据地。但是，"我们现在各种力量尚属薄弱，尤其是军事兼政治人才太少"。关于学生运动，陈原道认为，河南的学生运动，近来比较发展。他尤其说到开封一中进步学生反对反动校长的风潮，提出："我们现在之策略是如何扩大罢课运动，以争自由为口号"，同时要发展学生团体，在思想上与改良主义进行斗争。关于妇女运动，陈原道说："妇女解放会——共有十数人的组织"，开始时的基础是女学生，现在女工群众也参加了进来，"三八"节失业的平民女工示威，"到建设厅把张厅长骂得一塌糊涂，并喊出打倒帝国主义，反对军阀打仗等口号，要求开工"①。

这是3月15日的报告，主要是对河南客观革命形势的分析。3月16日，他又专门就河南党组织的现状给中央一报告。

① 以上引文见《河南省委第一次报告》，1930年3月15日，中共安徽省委党史研究室编：《陈原道百年诞辰纪念文集》，中共党史出版社2004年版，第347—357页。

报告一开始，陈原道就认为：“河南党目前最严重的问题，仍是右倾”。这里的“右倾”，和后来“立三路线”所批评的不敢大干、冒险的“右倾”含义有所不同，而是指党的工作未能真正开展起来。正如他指出的：“具体的表明在东南仍未执行土地革命的任务，和平发展，在工人中反黄色工会路线，仍有人怀疑而不坚决执行，至赤色工会支部真正成立尚少”。“至于有系统的工作，执行集体指导的原则，河南党仍未执行，这也是工作布置上最大缺点！这一缺点原因，主要的是缺乏干部，使有计划不能完全实行，或地方工作由一人包办，或包办支部，实际上离开健全中心支部尚远，健全地方党部亦差。”①

陈原道向中央报告中的一个重要特点是材料具体、翔实，而不是空洞的几条结论。这是他从巡视中调查得到的具体材料，也是他在莫斯科中山大学时就确立了的工作方法的结果。这里摘录报告中的几段：

（1）“郑州县委现有同志三十一人，本市的有二十二人，工人十九，比较可靠的有十一人（C·Y，也有十一，全系工人）；农民已成立两个支部，一在密县，一在郑州近郊，但这些同志，大部系恢复的。”“京汉最弱”，“最大缺点是市委代表支部，一切工作，可以说很少经过支部”。

（2）“开封工作，共计同志二十一人，C·Y，三十一人，农民无，兵士一人，工人仅十人，陇海三，丝织业四，平民工厂一，其余为知识分子，新发展的没有。支部会是可以开，但亦无定期，并无系统的计划，缺点仍是市委书记包办一切”。

（3）“洛阳工作，仍是特支，仅工人同志三人（新发展一），

①《河南省委关于党组织现状给中央的报告》，1930年3月16日，中央档案馆、河南省档案馆：《河南革命历史文件汇集》（1929—1930年）（下）。

在厂内的仅一人，但不做工作，其余农民同志约十五人，新发展一人，能领导五六十群众”。“工作比较好的，是万选才队伍中的发展，现共有二十五个同志，士兵一人，连排长四人，其余为司书及教官参谋，现已与省委直接发生关系，正式成立军委，五人负责，已决定新发展计划等。”“但最大缺点，内部训练太缺乏”，“在群众工作，未能深入群众，抓住群众迫切要求，团结士兵，发动斗争”。

对于省委自身的工作，陈原道更是坦言相陈：

省委本身工作：在常委方面，是比较健全，但最大缺点是秘书长尚未找到人，以致许多较技术工作，无从做起，如交通一直到现在尚未弄好，传达全会的决议与通告。第二个缺点是兰芝又暂兼市委书记，以致工农委工作尚未完全建立，因此把比较健全的常委，弄得七零八落，在这一方面，中央要派人来为要[①]。

这些详细的第一手资料，是经过深入地调查，而且笔头还要勤快，否则是得不到的。正是从这些详细的第一手调查材料出发，陈原道得出河南面临革命复兴的形势，党的组织工作还很薄弱，还需要继续积蓄力量的正确结论。同时，豫东南红色区域的发展，则引起了陈原道极大的关注。

虽然认识上有分歧，省委书记童长荣对陈原道的工作和能力还是充分肯定的。5 月 17 日，童长荣在给中央的报告中提出：“关于河南省委本身问题，现在全省的工作范围已经缩小一半，省委组织也应改组一下。我在河南工作已经一年多了。郑州的人认识太多，我希望离开河南。原道对河南情况已很熟悉了，我走后，原道可负责”[②]。

① 以上引文见《河南省委关于党组织现状给中央的报告》，1930 年 3 月 16 日。

② 童长荣：《河南省委关于政治状况、群众斗争、党的工作的报告》，1930 年 5 月 17 日，中央档案馆、河南省档案馆：《河南革命历史文件汇集》（1927—1934 年）。

三、坚决抵制"立三路线"

1930年，中共党内的"左"倾错误在不断发展，代表"左"倾错误的"立三路线"也在河南省委内部引起更大的争论。

1930年4月29日至5月1日，中共河南省委第二次全体会议召开，童长荣、陈原道等人均参加。如果说2月第一次省委全体会议上的分歧只是初露端倪的话，那么在第二次会议上，随着"立三路线"在党内的逐渐发展，陈原道和童长荣的分歧便更加明显了。

省委二次全会的主题是讨论中共中央2月26日发出的第七十号通告。如前所述，中央第七十号通告的基本精神就是认为革命的新浪潮已经到来，要组织各地的罢工、暴动和兵变，进攻大城市，并争取一省或数省的首先胜利。这是一个"左"的估计和方针，省委书记童长荣完全接受了这一"左"的方针，起草了《河南省委政治决议案》，并得到省委二次全会的通过。

但是，陈原道对这种"左"的估计持怀疑和保留的态度。三个月的巡视使他对工农运动的状况已经了然于心。他"在全会上严肃指出：省委书记提出的'平汉、陇海两铁路和各中心城市产业工人同盟政治罢工条件之成熟，全省各地农民不断的斗争、兵士不断的兵变'，是过高的估计革命形势，是言过其实"[①]。

为了在实践中一定程度地纠正"左"倾错误带来的损失，陈原道主持起草了三个决议案。一是由他起草并经全会通过的《河

① 见王怀安:《功在中原　名垂青史——陈原道在河南省委》。

南省委组织问题决议案》。《决议案》肯定了河南党组织上的进步，又指出了存在的严重问题，提出要积极发展工农分子入党、健全组织生活、组织群众武装等14条措施。为了更好地理顺省委和下面的组织关系，陈原道还提出并经省委同意，将全省各地党组织重新划分为11个中心县委，如郑州、洛阳、开封、许昌等，每个中心县委下设若干县。二是他和徐兰芝起草并经全会通过的《河南省职工运动决议案》。三是和邹均、方继纲起草并经全会通过的《河南省委士兵运动决议案》。这些决议案一方面肯定了成绩，另一方面指出了问题，比较切合河南的实际情况。

5月1日，省委书记童长荣到上海向中央汇报工作，一直到6月7日。其间，省委工作由陈原道主持。他以省委名义起草并先后发出13封给各地的指示信和3份通告。这些指示信和通告的一个显著特点，就是把客观革命形势和主观力量相区分，强调河南由于军阀战争造成了统治阶级的危机，造成了客观的革命形势，但是，我们主观的力量必须跟得上客观的革命形势，才能夺取斗争的胜利。这些指示信和通告虽然也有一些中央“左”的口号，但又努力对“左”的错误作出一定程度的抵制和纠正。

此时，麦收将至。在《关于麦收斗争的路线与策略的通告》中，陈原道指示各地要根据当地的实际情况，定出具体口号，进行麦收斗争。如在革命基础较好的豫南、豫中等地区，应由武装抗租而变为游击战争；在革命力量较弱的豫北、豫东地区，是以减租抗租而扩大农民组织；在策略方法上，麦收时节，要以不还债、不交租为中心口号。陈原道的思想是：要以日常的抗租抗税斗争作为土地革命的准备。

组织兵变和准备武装暴动，也是陈原道此时的重点工作内容。5月6日，他在《河南省委给南阳中心县委及军委的指示信》

中，一方面认为“目前客观形势，是军阀战争日渐扩大与加深，经济恐慌也是一年较甚一年，这是国民党统治阶级根本不能稳定而必然崩溃的铁证”。因而组织地方暴动、组织兵变、扩大红军是我们的中心策略。同时，他又强调，地方暴动最主要的条件之一，就是要有雄厚的群众基础，而不能一暴动起来马上就被敌人消灭。因此，一定要会合工人罢工、农民武装斗争和国民党士兵叛变成一股潮流，城市小资产阶级即使不参加，也要设法使之保持中立。如果向敌人的中心城市发动进攻，需要能迅速地把城市民众大会召集起来，成立苏维埃。这里，陈原道强调的是充分的准备和条件。“如果这些条件不完备，那末你们一定要执行兵变与游击战争。”[①] 关于游击战争的方向和区域，陈原道指出，要向铁路集中和东南的红色区域会合。这一点，后来通通被批评为“上山主义”。5 月 8 日，他在《河南省委给信阳中心县委转豫南各县委及全体同志信》中，又重复了上述意见，强调“地方暴动或游击战争，决不是无条件的乱动。它们的最主要条件，是否有广大群众基础及敌人力量是否马上把我们消灭”[②]。

就在这时，阎冯联军的万选才与蒋军在商丘发生激战，中共万部军委向省委要求发动兵变。陈原道立即以很大的精力投入到兵变的准备之中。5 月 19 日，根据从各方面得到的情况，陈原道发出《河南省委关于目前工作的布置给许昌县委指导信》，决定在尉氏县成立中共豫中特委，由团省委常委来学照任书记，领导许昌、长葛、临颍、舞阳等九县工作，提出：“许昌工作布置总战

---

① 中共安徽省委党史研究室编：《陈原道百年诞辰纪念文集》，中共党史出版社 2004 年版，第 371—372 页。

② 中共安徽省委党史研究室编：《陈原道百年诞辰纪念文集》，中共党史出版社 2004 年版，第 377 页。

略——是布置游击战争”；“豫中党将以许昌为中心，布置游击战争与豫南互相策应”。同时，指导信还指出：客观条件虽然已经成熟，“唯我们主观力量尚弱”，“因为游击战决不是单纯的军事行动，而是要有广大群众基础，兵变、农民抗租分土地、城市工人罢工及各种群众斗争，只有如此，游击战争才易于发动，而不致一时失败”。为此，他强调“河南党只有加紧我们主观力量之发展与准备”[①]，反对盲目蛮干。

注重发动豫中的游击战争，并与豫南的红色游击根据地相策应，是陈原道此时的一个重要工作思路。

形势又在急速地发生变化。5 月 22 日，万选才被擒，兵士死伤众多，万部整个发生动摇，万部地下党找到省委，要求兵变，把队伍拉出去。27 日，陈原道在郑州召开党、团省委常委联席会议，来学照等人参加，决定在万部撤至开封东南陈留县的宋天才师发动兵变，同时在开封、陈留、尉氏、许昌等地准备兵变和工农暴动相配合，兵变成功后成立中国工农红军第十五军，由宋天才师部参谋长、共产党员郑宝忠担任军长。陈原道坐镇郑州，指挥全局。这是陈原道从莫斯科中山大学学习的军事知识，第一次运用到实践中。

为了到第一线了解情况，布置行动，6 月，陈原道、来学照和方继纲亲自到达许昌，在野地里召集会议，研究部署。方继纲后来回忆：

（1930 年）6 月中旬，为准备许昌农民暴动，陈原道和我同到许昌，晚上在城外野地里开会，许昌等县党的负责人参加。陈传达了省委关于组织许昌农暴和万部兵变，扩大红军，反对军阀

① 中共安徽省委党史研究室编:《陈原道百年诞辰纪念文集》，中共党史出版社 2004 年版，第 387 页。

战争的决定，大家讨论后着手具体的准备工作[①]。

然而，陈原道很快了解到，原来得到的情况有虚报，万部地下党员只有17人，其中士兵仅5人，党的基础太薄弱，原计划在洧川发动兵变拉出300人，亦未能发动起来。在这种情况下，陈原道果断下令，原定6月25日的兵暴计划停止。陈原道和方继纲、来学照等人认真总结教训，决心加紧工作，继续为兵暴和农民暴动创造条件。

6月7日，省委书记童长荣在上海向中央汇报工作后回到开封。

就在这时，陈原道发现自己的住处和省委机关的住处以及秘密联络点已被敌人侦探监视。于是，他和童长荣商量，立即召开了党、团省委常委会议。陈原道说，郑州大军云集，侦探遍布，白色恐怖严重。会议决定省委机关尽快迁到开封，请童长荣负责这一工作。会议还对工作做了分工，童长荣负责郑、汴、洛等城市工运，陈原道负责其他地区党的工作。

第二天，6月8日，陈原道即到许昌巡视。

从上海回来的童长荣，对中央的精神有了更多的了解。这时候，中央政治局常委李立三在《红旗》《布尔塞维克》等党的机关刊物上发表了一系列宣扬“左”倾观点的文章，如他后来回忆所说，“4月间便开始把我的方针逐步付诸实施。例如，4月间我们曾四次号召过并着手准备过上海总罢工，5月间又号召过五次。”[②]中原大战以及南方湘粤桂边战争全面爆发后，李立三等更

① 方继纲:《回忆一九二九年秋至一九三二年夏的河南省委》,《河南党史通讯》1985年第7期。

②《我的中国缘分——李立三夫人李莎回忆录》，外语教学与研究出版社2009年版，第397页。

是认为革命形势已在全国城市成熟。6月11日，中央政治局会议通过了李立三起草的《目前政治任务的决议》，即《新的革命高潮与一省或几省首先胜利》。决议对中国革命的形势作了错误的估计，认为"中国是帝国主义一切根本矛盾最集中最尖锐的地方"，"是帝国主义统治世界的锁链中最薄弱的一环，就是世界革命的火山最易爆发的地方。所以在现在全世界革命危机都已严重化的时候，中国革命有首先爆发，掀起全世界的大革命，全世界最后的阶级决战到来的可能"。决议还进一步认为，中国正有一个"日益逼近的新的革命高潮"，有一个已经接近的"伟大的革命巨潮"，党的策略总路线，就是从组织和技术上准备全国的武装暴动，"注意布置以武汉为中心的附近省区首先胜利"。由此，决议强调，要坚决地组织地方暴动，夺取地方城市；要猛烈地扩大红军，红军的任务是要与城市的武装暴动相配合，夺取政权，"过去的游击战术已经与这一路线绝对不相容，必须根本的改变过来"。同时，决议还强调，执行这一总路线的最大障碍，是右倾观念。"党必须坚决的与各方面的一切动摇的右倾观念特别是尾巴主义的倾向斗争。"①6月11日中央政治局决议的通过，标志着"左"倾冒险错误在中共中央占据了统治地位。

6月26日（一说27日），童长荣召开省委扩大会议。陈原道此时正在外地巡视，童并未通知或等陈原道回来即召开会议。会上，童长荣传达了李立三和中央的一系列"左"倾冒险错误的主张，并指责主持省委工作的陈原道没有发动开封等中心城市的罢工和农村暴动，是"犯了严重的右倾错误"，是"把持了右倾的省委"。会上，童长荣拿出他起草的《河南省委"八一"通告》，

①《建党以来重要文献选编》第七册，中央文献出版社2011年版，第258—271页。

让会议讨论。通告根据“立三路线”的部署，提出“八一”那天，河南省要“组织河南八一总罢工”，“组织河南八一暴动”。会上，徐兰芝和张建南不同意童长荣的意见，提出：八一工作布置要实际一点，不要太吹，不切实用。童长荣批评徐、张“右倾”。在党内意见很不统一的情况下，童长荣还是将《河南省委“八一”通告》下发了。这次会议还涉及有关人事安排问题。

7月10日或11日，陈原道从许昌返回郑州，得知童长荣背着他召开省委扩大会议的情况，感到十分震惊。他认为，省委书记这种做法是“非法”的：“事前既无准备，又未经常委同意。在会议日程上又无批评常委工作一项，临时在会议上随意批评工作，这更是错误的。”[①]“八一”通告对政治形势的估计忽略了党的主观力量上存在的弱点，不顾其他同志之反对而硬发下去，是一种“包办倾向”，不符合党的组织原则。由此，陈原道同省委书记童长荣之间形成了更大的争论。陈原道认为：“这次争论不是我和长荣个人的争论，而是多数常委、多数省委同志与长荣争论。”“同时这是路线的争论，不是个人的争论。”[②]研究中共河南党史的学者对此曾有过这样一段叙述：

7月11日，从许昌返郑的陈原道和童长荣、张建南、王伯阳等召开了党、团省委常委联席会议。陈原道等多数同志与省委书记之间，在一系列问题上发生了激烈争论。省委书记过高地估计了河南的革命形势，认为只要客观形势好了，一切都不成问题，主观力量也不成问题，无同志也可以立即发动同盟罢工。陈原道则明确指出：要科学地估量革命形势，要坚持从河南的实际

①《党团联席会议对非法扩大会议的决议案》，1930年7月13日。

② 陈原道：《关于河南工作给中央的报告》，1930年10月，中共安徽省委党史研究室编：《陈原道百年诞辰纪念文集》，中共党史出版社2004年版，第281页。

情况出发。革命的发展是不平衡的，全国的革命发展不平衡，就是一个省内不同地区的发展也不是平衡的。河南省在这个时期只有鄂豫皖苏区的豫东南属小块红色区域。在这广大的白色区域中，党的组织及其所领导的工农运动有较大恢复和发展，但整个说来还是薄弱的，全省党员仅有1700余人，团员近千人，其中工人成分尚不到十分之一，政治教育又差，组织系统也多不健全，工农群众和士兵的暴动的条件不成熟。我们不能忽视革命需要主观组织力量的充分准备，不能脱离实际，脱离群众。陈原道的正确意见虽得到多数同志的赞同，但与省委书记的错误观点是尖锐对立的。双方的大争论在省委内部展开了[①]。

这次会议还作出了一个重要决议——《党团联席会议对非法扩大会议的决议案》。指出，省委书记召开的6月27日“所有非法扩大会议的结论及长荣同志个人向中央所写的报告，完全是不正确的。其他一切决议，如改组党的省委机关之决定，……均认为错误无效的”。决议案还“特向中央建议改组河南省委”[②]。

★ 中共北方局书记贺昌

7月19日，省委秘书处遭到破坏，三位同志被捕。省委机关迁到开封。这是对“左”倾错误的一个警告：形势不容乐观！

也许，让陈原道没有完全想到的是，此时“立三路线”主导下的中央在“左”倾错误的道路上继续越走越远。7月下旬，红三军团乘虚攻占长沙。得知这一消息后，李立三更是被胜利冲昏

① 王怀安：《功在中原　名垂青史——陈原道在河南省委》，中共安徽省委党史研究室编：《陈原道百年诞辰纪念文集》，中共党史出版社2004年版，第127—128页。

②《党团联席会议对非法扩大会议的决议案》，1930年7月13日。

头脑。8 月 1 日，在中央临时政治局召开的会议上，李立三指出，"目前革命形势如狂风暴雨一般的发展"，因而应很快地成立中央总行动委员会和南方局、北方局，以夺取全国政权的胜利。8 月上旬，中央总行委成立，把党、团、工会等合并成总行委，作为领导武装暴动的最高指挥机关。与此同时，中共中央成立了北方局、南方局。北方局同时成立总行委。8 月 20 日，北方局发出第一号通知：中央划出顺直、河南、山东、山西、热河、察哈尔、绥远、陕西、甘肃九省集中到北方局的指导之下。各省、市区均设立行委。李立三"左"倾冒险错误发展到了顶峰。

根据中共中央和北方局的指示，8 月初，河南省成立了行动委员会，童长荣为书记，陈原道等为执行委员。这样，从 6 月 26 日童长荣发出《"八一"通告》到河南省行委的成立，河南各地的暴动在不断举行。陈原道后来在向中央的报告中汇报了其中的若干情况：

许昌八一暴动。5 月和 7 月间，许昌发生了抗款运动，组织的游击队有 50 多人，群众有 150 人，特委决定八一暴动。但八一到了，许昌县委同志不以分地主土地、不交款、分地主粮食为中心口号，"反以八一暴动来号召，结果群众莫名其妙，来的甚少。于是他们认为人少了，不是暴动，结果未弄成"。

焦作八一暴动。"县委估计可到 800 人，但那天到 150 人。他们认为太少，不能暴动，游击战争是不好的，于是未去动。结果群众要杀我们同志，这可见群众的情绪。"①

8 月，童长荣又提出要发动陇海路总同盟罢工，并要徐兰芝负责。徐兰芝认为，总同盟罢工只是政治口号，应该有工人的日

① 陈原道：《关于河南工作给中央的报告》，1930 年 10 月，中共安徽省委党史研究室编：《陈原道百年诞辰纪念文集》，中共党史出版社 2004 年版，第 271 页。

常生活要求，陇海党支部也同意这个意见，但被童长荣批评为是“右倾”。结果，经过八九两个月的努力，也未发动起来。

兵暴也在进行，重要的有高团兵暴和临颍兵暴。但也都失败了。亲自组织兵暴的方继纲后来回忆：

8月初，根据中央的指示，党、团省委合并组成了行动委员会，在各地组织武装暴动和城市同盟罢工，以实现争取一省几省胜利的计划。我从许昌赶回开封向省委作了汇报。次日，省委即派我去焦作西清化镇驻军高云龙团（属万选才部宋天才师），领导士兵暴动。

省委决定发动高团兵暴，成立红二十四军，由我去任政委，擢拔一位士兵同志任军长，另派一位刘同志去任参谋长。当时我提出最好派宋天才师部参谋郑宝忠同志去，他是黄埔军校毕业生，有军事经验、组织才能和群众基础，去领导兵暴有号召力。若他当军长，我做政委，兵暴再与焦作地方农民暴动相配合，就会有成功的把握。但省委非叫我去不行，不去就开除党籍。这时我已听说省委规定的焦作“八一”暴动，也和许昌的一样，因八月一日那天召集起来的党员和群众较少，没有暴动起来，群众的情绪大受影响。但在此情况下，省委决定清化高团兵暴仍要进行，并以焦作为中心目标。

我和刘同志到清化镇后，召集了一次活动分子会议。参加的除我俩外，有担任军长的士兵同志陈立功和司军三、张予航等军官同志，还有焦作党的负责人等。首先我传达了省委关于高团兵暴的指示。接着讨论，有的认为焦作农暴刚失败，不能再搞兵暴；有的主张起义队伍开到焦作大打一阵，抢些东西作为军需品。但这些意见均被否定。……11号晚，我在清化镇东门里一百姓家堂屋召集会议，具体部署起义问题，指出兵暴拉出的队伍上太行山打游击。因走漏消息，被敌人发觉，司军三马上离会，把十一连集合起来就拉出城外。接着门外哨兵又报告说反动营长李桐仁提着马灯，带着几个手枪兵来抓我们。会议急散，人员分头躲避。我和刘同志急奔东门出城，城门卫兵因系熟人，未加阻拦。我顺着公路直往东跑，眼看敌人追上，我情急生智，跳进路沟逃进路南高粱地里，甩掉了敌人。……这次兵暴失败了。陈立功同志被敌人逮捕，壮烈牺牲。司军三等脱险他往，刘同志也跑回开封。

高团兵暴后，敌师部对其他部队加强了防范。临颍驻军中的党组织，根据省委指示，经过准备，即将进行兵暴以成立红十五军时，也因走漏消息遭敌人逮捕，领导兵暴的郑宝忠同志被捕牺牲，杨子健等同志脱险，兵暴也失败了①。

面对暴动的一次次失败，面对汹汹而来的“左”倾冒险错误给革命造成的损失，陈原道寝食难安。一方面，他需要顾全大局，参加到实际工作中去，更重要的是，他必须指出这种“左”的错误的危害，因而和省行委主要负责人之间发生更多的争论。这种争论的实质是：革命暴动要不要主观力量的积累？能不能不管主观力量的强弱而一味地、盲目地举行暴动？省行委主要负责人由此指责陈原道“偏重主观力量”，“犯了严重的右倾错误”；甚至无根据地指责他和坚持正确意见的同志是“小组织活动”。这种争论甚至到了十分激烈的程度。

有关历史档案资料记录了他们争论的某些状况：

1930 年 8 月，一份《河南党内部斗争的动机与经过》（八月报告之二）的文件，除详细叙述了争论的起源、6 月 26 日省委扩大会议、7 月党团联席会议外，又介绍了郑州工作会议的情况：

① 方继纲：《回忆一九二九年秋至一九三二年夏的河南省委》，《河南党史通讯》1985 年第 7 期。

联席会议后开郑州工作讨论会，参加会议的有党常委（指章长荣——引者，下同）、原×（指陈原道），秘书长王××，军委秘书××，C·Y书记剑×（指张建南），郑州党市委书记李××及新由豫西南回来的曾××（指曾昭示）。开会程序先由郑州市委书记作一口头报告，……报告后由曾××补充。……继而原×发言："郑州工作过去没有做起来，并且越弄越坏，怎样把郑州工作做起来呢？必须有三个方式，第一，加紧各小站各工厂的斗争。第二，加紧郑州农村工作，影响郑州本身工作。第三，加紧郑州本身——京汉、陇海、丝厂工作。郑州的工作要这三个方面下手才有办法。"

斗争于是开始了，1.城市推动乡村，乡村推动城市？2.无产阶级领导农民呢？抑农民领导无产阶级？3.郑州的中心工作是工人？农民？长×、周××认为曾、原发表的意见是错误的右倾观念，是两条路线的主张，原×是民粹派，郑州农民运动只有加紧纱厂工作，纱厂工作做好了，农村工作也就做好了（因纱厂工人有许多是农民，所以农村工作可以从纱厂做起……）原×说："长×、周××的意思是托洛司基，是不了解农民是中国革命动力之一……"讨论的范围扩大了，讨论的不是郑州工作了，你说我是民粹派，我们（说）你是托洛司基，弄得不亦乐乎，周××在讨论问题时大发脾气，开口就说："统统右倾了，没有办法了，到中央打官司，改组你们！"剑、原于是也发急起来，质问周谁右倾了，说出事实来，周××突然宣布退席不说了，经大家以革命大义劝告才继续说话。

郑州工作讨论会争论了两天，最后由剑×提出对争论的决议案，经大多数通过了[①]。

①《河南党内部斗争的动机与经过》（八月报告之二），1930年8月，中央档案馆、河南省档案馆：《河南革命历史文件汇集》（1929—1930年）（下）。

显然，陈原道在这里强调的是以小的斗争、农村的斗争来积蓄革命力量，达到占领郑州这种河南中心城市的目的，而不是只注重中心城市，只是在城市盲目地进行暴动。这是正确的，但却被指责为“右倾”。

8月8日，童长荣又给中央一长篇报告。在这个报告中，他历数了陈原道的种种“错误”，诸如：“对革命走向高潮的怀疑”；是把“客观形势和主观力量之机械地对立”；是“根据‘郑州特别’的理论，便得出‘农村推动城市’、‘小站包围大站’的‘特别’的路线”[①]，等等。

这场争论，实际上反映了陈原道和“左”的“立三路线”之间的分歧，反映了陈原道对当时中国革命问题的一些基本判断。两个月后，他在给中央的报告中对这种分歧作了这样的汇报：

关于革命形势的估计是否过火——

陈原道从五个方面概括了童长荣这方面的观点：一是长荣同志在8月26日全体执委会上一开始即说：经过两个月的发展，尤其是长沙事变，说现在革命高潮已经到来了，谁要说是“日益迫近高潮”，“那就是书生，取消派的暗探”。二是长荣同志认为河南革命形势与南方“完全相同”，“要说不同就是取消主义”。三是认为军阀战争在河南快要停止，反军阀战争不是河南的主要任务，“谁要说现在仍是军阀战争，这是否认革命战争”。四是认为冯玉祥的士兵已到了不可收拾的瓦解地步，兵变一起来就能即刻消灭冯玉祥的军队。五是在焦作等暴动失败后，仍然坚持马上再去暴动，要发动总同盟罢工。

陈原道不同意童长荣的这些分析。关于第一点，他认为长荣

---

①《长荣关于省委内部争论问题给中央的报告》，1930年8月，中央档案馆、河南省档案馆：《河南革命历史文件汇集》（1929—1930年）（下）。

同志的分析并不是根据客观形势得来的，是一种“过火的估计”；而且他在3月份就提“革命已经走上高潮”，提出“总同盟罢工”。关于第二点，陈原道认为：“河南的革命条件，当然是很好的，尤其是军阀战争焦点的河南。谁要否认河南有革命条件，无疑义地是取消派、反革命。”但是，河南自发的武装斗争多，“尚未走到与南方一样的道路？即是反地主的斗争，也无南方数省那样尖锐”。关于第三点，陈原道认为，“军阀战争在目前仍是中国主要危险，一切矛盾的关键。局部上已经开始了革命战争，后一战争是一天天生长”。如果现在只提出为苏维埃战争，放弃反军阀战争的任务，也就是放弃了广大民众的要求。关于第四点，陈原道认为长荣同志“一暴就成功”是夸大了，从几次兵暴的情况来看，还需要做艰苦的宣传鼓动工作，兵变后要进可攻，退可守，这并不是什么“上山主义”。关于第五点，陈原道认为，斗争失败后，群众情绪必然有暂时的低落，焦作暴动失败后，敌人到处搜查C·P，枪决二人，行人都检查，这种情况下，“我们说恢复组织，把进步分子好好组织起来，抓住群众组织要求，发动斗争，而走到暴动。这是错误的吗？”

显然，陈原道的观点是对革命形势的一种客观的、冷静的分析，而不是盲目地、一味地冒险、蛮干，是正确的。

关于是否忽视农民工作——

陈原道说，在郑州工作会议上，童长荣说：“农民工作是比较容易的，只要纱厂工作做好了，由他们去做”。周启敦也是这样，这是他二人领导农民之原则。省委说一定要派专人去做农村工作，农民发动起来了也可影响城市，长荣就说这是“农村包围城市”。所以，长荣同志在三四月间就反对巡视豫南，只谈工人罢工，不提农民游击战争。而且，农民只有暴动，不说农民的日常的经济斗争，不说游击战争，说游击战争，就是取消主义、上山主义。

陈原道不同意这种认识。他认为，农民是中国革命的力量之一，忽视农民，放弃农民工作，这不是中央的路线。农民斗争要注意日常的斗争，放弃抗租抗税这些农民的迫切要求，如何能团结、引导广大农民群众走向武装暴动？中央提出组织农民暴动，但是“中央在什么文件上说，有地方暴动中心就不准发动游击战争呢？”“这是死的书生，可是这种书生竟在河南起作用了。”

关于兵变与兵暴——

陈原道说，兵变是注重国民党军队中士兵的日常工作，巩固和积蓄力量，等时机成熟时再组织兵暴，向敌人发动进攻。但是，童长荣说，现在无兵变了，若说兵变就是右倾。而且主张无论力量大小，一定要向冯部主力进攻。陈原道认为，这完全是一种“盲动主义的策略”。“试问 300—500 人如何与其主力对敌就马上使冯部倒台呢？怪事！”

关于客观形势与主观力量——

陈原道指出，长荣同志说只要客观形势好了，主观什么也不成问题，“这是忽视加强主观力量的理论，发展下去，是使党听其自然，一切组织也听其自然，这是取消组织的理论”。陈原道还举例说，彰德和焦作失败，我们要整顿队伍再来反攻，但长荣同志反对，马上要进攻，连组织也不要。“这是送组织倒台。”①

以上各点，只是就陈原道报告中所列内容之大者。陈原道说，这场争论始于 6 月 26 日童长荣所召开的省委常委扩大会议，

---

① 以上引文见陈原道:《关于河南工作给中央的报告》，1930 年 10 月，中共安徽省委党史研究室编:《陈原道百年诞辰纪念文集》，中共党史出版社 2004 年版，第 281—291 页。

一直到 8 月底。实际上，一直到陈原道被调动离开河南之前，这种争论都没有停止。亲身经历过这场争论的方继纲回忆：高团兵暴失败后，我来到开封。“省委有时在开封开会，我也参加过。会上童长荣和陈原道、小张、兰芝等进行辩论”。直到 9 月下旬回到郑州，这时上级已派卢福坦来到河南，组成新的省委，此时，徐兰芝已调离河南，“童长荣、陈原道尚未调走。卢福坦来到前后，我们常在‘协记’店铺对面的旅馆内开会，假装着打麻将，围坐在一起，研究、讨论工作。会上童长荣和陈原道常常争论，有时争得很激烈，卢福坦在会上也和他们争论过。”①

9 月 1 日，童长荣给中共北方局一“紧急报告”，叙述“未去北方局的理由和省委内的争论情形”。原来，8 月 28 日，童长荣接到北方局来信，要他到北方局汇报工作。童随即召开常委会议，讨论他到北方局的任务和他走后省委的工作安排。结果，会议中又出现分歧。陈原道、徐兰芝、张建南主张由原来确定的徐兰芝去中央时路过北方局，解决河南问题。童长荣坚持不同意。后又发展为由童长荣、陈原道、徐兰芝三人同去，否则只徐兰芝一人去，以致童长荣愤而“自行退出会议”。与会的省委候补常委马少卿也同时退出会议。经过徐兰芝从中做工作，下午继续召开常委会。童长荣在“紧急报告”中汇报的就是这一情况。他说：“下午会议时，他们仍主张一人去，如果我去就三人同去。当时我也只好同意就由兰芝一人去了。接着原道们提出：上午会在我同少卿退会后，他们三人已经决定停止 [我] 的职权。”由此，童长荣认为：“右倾省委把持省委拒绝北局指令，阻止我去北局”。“望北局迅速审查，即时停止原道、兰芝、建南三同志职权（再

① 方继纲：《回忆一九二九年秋至一九三二年夏的河南省委》，《河南党史通讯》1985 年第 7 期。

审查其错误达到何种程度，并派新省委来布置工作）。”[①]

就在这时，省委机关又遭到了大破坏。9月中旬，开封陇海铁厂反动厂长勾结反动军队镇压工人斗争，逮捕了工人领袖凌必应和全国铁路总工会视察员周启敦等。接着，省行委书记童长荣等在郑州被捕入狱。在这种情况下，陈原道不顾敌人对自己的跟踪，积极组织营救童长荣、周启敦等同志出狱，并获得成功。

然而，执行“立三路线”的北方局支持了童长荣的意见，对陈原道采取了否定的态度，以陈原道是“一贯右倾机会主义”与“小组织活动”等“错误”之名，停止了他在河南省委的工作。

10月中旬，陈原道离开河南，离开了他工作奋斗了一年的河南省委，回到了中共中央所在地上海。本来北方局曾要求他到天津北方局所在地，检查错误，听候处理，陈原道认为这个决定是错误的。他决定还是先到上海，直接向中共中央陈述意见，听候中央安排。

童长荣也离开了河南。先是回北方局担任中共天津市委书记，后又调任中共大连市委书记、中共东满特委书记，组建红三十二军东满游击队。1934年3月21日在汪清县与日军作战中身负重伤，光荣牺牲。时年27岁。

一群年轻的中国共产党人，他们为着一个共同的理想和信念，为中国人民的解放事业英勇奋斗着！虽然他们之间也有分歧、矛盾，但那是认识问题。他们都是忠诚的共产党人和共产主义战士！

---

① 童长荣:《给北方局的紧急报告——未去北方局的理由和省委内的争论情形》（1930年9月1日），中央档案馆、河南省档案馆:《河南革命历史文件汇集》（1927—1934年）。

‖ 第五章 ‖

六届四中全会前后

一、三次上书中央，继续批判“立三路线”

1930年10月，回到上海以后，中央对陈原道一开始并没有分配工作。据中共中央组织部、中共中央党史研究室、中央档案馆等单位组织编写的《中国共产党组织史资料》记载，这一年的12月，陈原道担任中央教育委员会和《党的生活》编委会的成员。这两个组织10月刚成立，负责人均为康生，同时担任教育委员会成员的还有周恩来、沈泽民、夏曦；《党的生活》编委会成立时成员有三人：康生、瞿秋白、周恩来，和陈原道同时成为成员的还有孔原、王明、顾子和、许畏三[①]。

就在陈原道被停职和工作待分配期间，他开始从实践和理论两个方面更加系统地梳理在河南省委期间的意见分歧。其间，“立三路线”主导下的中央还给了他留党察看三个月的处分，也使他对许多问题有了更加深刻的认识。

10月，他写下了两万多字的《关于河南工作给中央的报告》。这是他遭受批判后第一次上书中央，实际上是他到河南省委工作

① 中共中央组织部、中共中央党史研究室、中央档案馆：《中国共产党组织史资料》第二卷（上），中共党史出版社2000年版，第79—83页。

一年来的总结性的汇报，里面既有他对河南形势的分析，更有他的工作内容和许多翔实的调查数字。

报告还是首先分析“河南客观形势”。陈原道认为，军阀战争一直是河南政治的主要危机。军阀战争在河南的直接区域，是蒋之势力占领着黄河南岸，由徐州而洛阳，由郑州而汉口，统统是由南军统治着；另一方面在黄河北岸，系冯、石、孙、阎诸军队割据。而且军阀之间的矛盾，实际上“根本原因就是日美之冲突”，“蒋介石之占据河南，无疑义地是美帝国主义随着扩大势力，尤其是蒋介石进攻之不断胜利，必然与日本在北方进攻侵掠相矛盾”。这是对半殖民地条件下中国军阀割据局面形成原因的一个深刻总结，是正确的，也是与毛泽东分析中国军阀政治特点的思想相一致的。陈原道还预测，现在冯阎虽然失败，但有不同的帝国主义支持的新的军阀战争还会发生，甚至更加激烈。因此，“我们只有以革命战争来消灭军阀战争，才是这次军阀战争中之任务”，“否认军阀战争是目前政治主要危机，这必然是放弃或取消反军阀战争的错误”。陈原道对国民党新军阀的认识，与他当年对北洋军阀的认识，已有了根本的不同。

陈原道的这一认识，很快被“立三路线”指责为是重视军阀战争，忽略革命战争。

报告的第二部分是“河南的经济危机的深入”。陈原道认为，这种经济危机主要来源于军阀战争对经济的影响和破坏。一是苛捐杂税。冯军到一地即向县政府或市政府要一万或两万款，尚未收完，阎军又到了；一样尚未收完，任应岐、石友三或万选才等队伍又来了。二是军队与土匪之扰害。“河南似是军队与土匪的天下，无所谓匪与军。”他们在战线上或在后方，拉车、拉马、拉票，遍地皆是，一千多里的战线上，“成千万的农民遭炮火之灾而不敢居家耕种，或营商业”。三是工业的高度恐慌与军事化。“铁路交通之破坏，各个军阀之分割，炸毁路轨及其他破残的情形，真无法形容。”工业小部分能维持，而大部分都是军事工业。四是农村经济的破产。“大部分农民在今年 9、10 月间就普遍无食物”，“农民生活，我们真无法来说明他们那种痛苦”。陈原道由此得出一个结论：河南经济恐慌破坏的原因，主要是军阀战争的结果，“如此才能看得出反军阀战争的任务更加严重”。

报告的第三部分是“军阀战争下的河南革命运动形势”。陈原道分析认为，军阀战争使河南整个经济恐慌，土匪蜂起，工农包括军阀队伍中的士兵，都过着非人的生活，因而群众中出现了不同形式的斗争：“工人斗争，由自法怠工而进到自发斗争与政治同盟罢工的形势”；“农民的斗争更是激烈而有普遍自发游击战争的现象”；士兵也有革命化现象，曾有许多士兵要找红军，“并有的说，我们要学学朱毛”。这些大小斗争，“都带着极严重的反军阀战争，破坏军阀战争的政治意义”。由此，陈原道进一步认为，如果我们的方针只是拘泥于经济要求的口号，不发展到政治罢工或其他政治斗争，这是极严重的改良主义的错误道路。“但是只拿政治口号去发动斗争（如长荣和周启敦在陇海支部中提反军阀战争与组织暴动建立苏维埃政权，而忽略开支加薪）一样也是严重的脱离群众的错误。”陈原道的这一认识是有道理的。这就是政治斗争要与群众实际的经济要求相结合，否则，空洞的口号只会导致斗争失败。方继纲回忆他在组织许昌农民暴动时，暴动的口号没有明确提分地主土地、粮食和抗粮抗款，只是笼统地提“暴动起来建立苏维埃”，群众甚至党员也不理解，有的把“苏维埃”当成“苏二爷”，从而使群众发动不充分，暴动未举行便陷于失败。陈原道总结说，要看到河南与南方红色区域形势的差距，革命的形势也会很快到来，但是主观力量还不够，还需要组织和发动群众。长荣同志等“认为现在已经到了高潮，直接暴动的时期，与南方无一点分别，这是极左的错误，发展下去必然是脱离群众的盲动主义”。

报告的第四部分是“白色恐怖与改组派取消派的活动”。陈原道说，革命运动一天天高涨，统治阶级为维持他们的地位，对革命是无情的残酷打杀，但杀不尽一切革命民众，不得不用改良主义来欺骗，这就出现了改组派和新近的取消派。又说，在蒋介石未占领汴郑时，“可说是改组派之天下，声势汹汹”。“开封有几十个他们分子”，“郑州的京汉工会，大部分仍在他们手中，纱厂工会也是，并且这些工人（黄色改组派）领袖，大都又是过去 C·P 分子，所以当群众中起来斗争时，落后分子对他们也有点幻想”。而且，这些改组派公开和反动统治者勾结，出卖工人运动。如 9 月间周启敦被捕就是改组派分子干的。“总之，河南改组派活动，一方面用些改良主义欺骗群众，但另一方面（主要的）是用白色恐怖镇压革命分子。”陈原道还报告说，7 月间，取消派也派人到河南来活动。焦作兵暴，洧川尉氏兵暴，也都有人公开反对，现已有三人被开除。陈原道报告这一情况，是想说明革命的复杂性，提醒党的组织：改组派、取消派“无疑义地是反动派营垒中的一种，革命愈发展，他们行动愈反革命，这是河南特别要注意的”。然而，执行“左”倾错误的领导人却批判陈原道是“取消派”，未免有些滑稽！

报告的第五部分是“党的工作与现状”。这部分报告的文字最长。陈原道汇报说，河南党的工作，自省委成立以来，可分为两个时期，第一期：2 月至 4 月底；第二期：5 月至 9 月半。说到 9 月半，是因为此时陈已经被停止工作，北方局已另调卢福坦来担任省委书记。对这两个时期的工作，陈原道都作了详细的汇报，包括成绩、问题和党内的争论。上一章所写的诸多重要内容，陈原道均有涉及。比如，他说："从2月到4月，我可以说完全在外边巡视的，常委仅长荣与兰芝二人。"工作的成绩主要是恢复关系与布置几个纪念节，及陇海斗争。缺点是：宣传工作不够，省委连宣言也没有；取消了工委；省委秘书处未建立起来；提出要对干部办短期训练班，长荣认为无办法来办等。关于第二期的工作，陈原道说，长荣同志从上海回来后，"其中虽经7、8月间之争论，但工作仍有相当发展的"。"主要错误是机械应用策略"。这里所说的"机械应用策略"，是指关于农民暴动与游击战争的策略，"一般认为只有暴动，不准游击"；"政治口号与群众经济口号无很好联系"。这是长荣应该负责的。由此，陈原道还提出，党内存在两种不正确的倾向：一是右倾：不敢发动斗争，不敢提出政治口号，军事投机，军官阴谋，不开门征收工人党员，不大量发展雇农分子，不大量组织工人，包办地方党，包办支部等；二是"左倾"："革命高涨已到了，马上武装暴动，只有兵暴，地暴，总同盟罢工是行动"，纲领则是"无兵变，无日常斗争，无游击战争的发动"，"只有大干，而无小干"。

在作了上述汇报后，陈原道还向中央提了五条今后的意见：一是河南是历史上军阀战争的中心，党应该积极布置，做出成绩，否则会成为"革命罪人"；二是要"坚决肃清右倾与左倾盲动倾向的危险，而切实布置工作"；三是"切实布置两路罢工，尤其是赤色工会之组织"；四是"切实布置东南西北中五大区之游击战争"，尤其是对开、郑两处农民工作要纠正过去忽视之倾向；五是"加强发展组织"。

在谈到这些争论时，陈原道还检讨了自己的错误，主要是争论“时间延久，范围扩大而妨碍许多工作”；“5 月份工作，因工作经验缺乏，有些地方（如策略应用）当然是有右倾的地方”[①]。

陈原道给中央的这份报告，两万多言，通篇都是摆事实、讲道理。其中，他对各次暴动过程、党的组织情况汇报得十分详细，说明他对实际情况了如指掌。联系此前他以河南省委名义给中央的报告，可以看出，他是在反复向中央说明河南的政治经济形势，说明河南主观革命力量之不足，可谓苦口婆心，用心良苦。同时，又不乏自我批评精神。虽然他是坚决地反对“左”的错误，却又提出要同时反对右的倾向。这是一篇心平气和的、冷静、客观、翔实的工作报告，体现了陈原道优秀的思想和工作作风。

但是，他并没有得到“左”倾错误领导人的正确理解，中央仍然认为他犯了“右倾路线错误”。“错误”主要是五条：“1. 对河南政治分析，重视军阀战争，忽视革命战争。2. 对河南自发的农民战争的革命作用估计不够。3. 重视主观力量，无同志地方即不能领导组织罢工。4. 偏重反左倾，对右倾反对不够。5. 极端民主化的倾向。”[②] 中央还同时给他留党察看三个月的处分。

对中央的这个错误结论，陈原道显然是不同意的。那么，如何按党的组织原则来对待这一结论，他在思想上也有过激烈的斗争。

11 月 3 日，他首先给中共河南省委一信，说：“这次两条路线的斗争，经中央详细指出，认为我犯了右倾路线的错误”，“站

---

① 以上引文见陈原道：《关于河南工作给中央的信》，1930 年 10 月，中共安徽省委党史研究室编：《陈原道百年诞辰纪念文集》，中共党史出版社 2004 年版，第 244—295 页。

② 见《陈原道关于自己所犯右倾错误的检查》，1930 年 11 月 16 日，中央档案馆、河南省档案馆：《河南革命历史文件汇集》（1927—1934 年）。

在自我批评的精神上，诚恳接受，并在工作行动中执行国际与三中（指六届三中全会——引者）的路线”[①]。

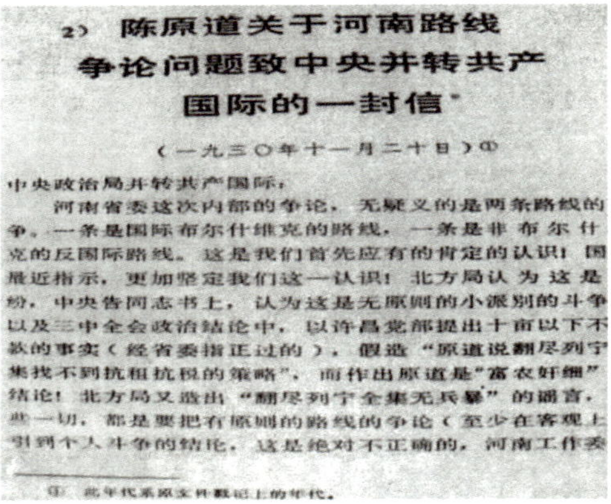

2）陈原道关于河南路线争论问题致中央并转共产国际的一封信

（一九三〇年十一月二十日）①

中央政治局并转共产国际：

河南省委这次内部的争论，无疑义的是两条路线的争。一条是国际布尔什维克的路线，一条是非布尔什克的反国际路线。这是我们首先应有的肯定的认识！国最近指示，更加坚定我们这一认识！北方局认为这是纷，中央告同志书上，认为这是无原则的小派别的斗争以及三中全会政治结论中，以许昌党部提出十亩以下不款的事实（经省委指正过的），假造“原道说翻尽列宁集找不到抗租抗税的策略”，而作出原道是“富农奸细”结论！北方局又造出“翻尽列宁全集无兵暴”的谣言，此一切，都是要把有原则的路线的争论（至少在客观上引到个人斗争的结论，这是绝对不正确的，河南工作委

① 此年代系原文件载记上的年代。

★ 这是记载 1930 年 11 月 20 日陈原道致中央并转共产国际的一封信的文件

但是，陈原道很快认为，中央的这些批评“不是事实，也就不能同意，而且也不敢同意”[②]。于是，他决定把“官司”打到共产国际。

11 月 20 日，陈原道为河南问题致中央政治局并共产国际一信。这是他就河南问题第二次上书。如果说，他在 10 月给中央的信主要还是汇报他一年来在河南的实际工作，那么，这封信，他主要是就河南工作中涉及的一些重大理论问题，实际上是中国革命的一系列根本问题，陈述自己的意见了。

陈原道在信的一开头便指出：河南省委这次内部的争论，无疑义地是两条路线的斗争：一条是国际布尔什维克的路线，一条是非布尔什维克的反国际路线。

陈原道紧接着指出，这种争论，首先是对革命形势如何估计。的确，这是实行方针政策的前提，也是当时争论的一大焦点。在这个重大问题上，陈原道提出两个重要观点，一是要考虑

① 《陈原道关于自己所犯的右倾错误的检查》，1930 年 11 月 16 日，中央档案馆、河南省档案馆:《河南革命历史文件汇集》(1927—1934 年)。

② 陈原道:《为河南问题致中央政治局并共产国际的信》，1930 年 11 月 20 日，中共安徽省委党史研究室编:《陈原道百年诞辰纪念文集》，中共党史出版社 2004 年版，第 297 页。

中国革命的不平衡性，二是要考虑列宁关于实现直接革命的基本条件。他说，由于国民党的反动统治，中国确实存在着革命的形势，“但是中国革命高涨的生长过程，有他特殊的形式，即是从地域上与工农配合上，都是不平衡的”。这种不平衡的原因，一是“各个帝国主义分割中国划成各个势力范围”；二是“军阀割据”；三是“各个区域的政治经济发达与危机程度也不一样”；四是“1925—1927 年大革命发展区域不同，工农革命运动经验与决心亦有差别”。为什么要研究这种不平衡性？陈原道说：这是中国革命的特点也是中国革命的弱点，“我们只有了解与认识这种特点与弱点，才能运用正确策略”，才能加紧工作，使不平衡归于平衡，促进全国革命形势完全成熟，而不是在不成熟的地方和时候盲目蛮干。

关于直接革命形势的基本条件，陈原道说：“列宁论革命形势有三个基本条件：（1）统治阶级不能照旧继续统治；（2）被统治阶级的群众不能再照旧忍受过去的统治，有最大决心来推翻统治阶级；（3）中间阶级发生动摇，倾向于工人阶级方面去”。“这些基本条件，是我们每个党员分析革命形势必有的常识。”离开这一些，只能是“唯心主义的分析”，自然导致“极端错误的估计与应用”。

依据上述理论观点，陈原道具体分析了河南的革命形势。他说：

河南群众斗争尖锐并具有反军阀战争的很大政治意义，但是群众斗争决心与力量，尚未到为政权而斗争及能够推翻统治者的必需力量。黄色工会影响虽然比较缩小，但尚有不多群众（如郑州京汉，洛阳纱厂，陇海……）虽然对黄色工会不满意，但合法请愿的现象仍是非常多的。农民自发武装斗争大多在富农豪绅领导之下，只是抗款，连抗租都很少做到。杀地主豪绅的斗争，虽时常发现，但大多还未能想到执行土地革命与建立政权的任务。我们领导下的斗争还不很普遍。群众组织，赤色工会与农民组织，还是薄弱的（豫南除外）。总起来，工人不过200人，农民不到2000人，士兵群众不过500人，党员组织亦只有1000人，并且涣散现象还是严重的问题。这些事实，不是如右倾同志所说河南工农运动不能领导或是没有斗争，而是证明客观条件下客观力量都未具备。不但如此，河南工农运动也存在不平衡的现象，豫东南已经开始部分的农民战争（执行革命任务），别地仍在抗租抗税而发动游击战争，工农配合也是不平衡的。总之，对河南客观形势正确的分析是，虽然系军阀战争的焦点，工农斗争日益高涨，但仍然未到直接革命形势，这是我们应有的认识。然省委负责同志看不到这一点，“他的最中心策略就是马上组织武装暴动，马上发动总罢工，马上发动兵暴与地方暴动，马上用四五百人的兵暴，使十几万的冯军完全倒台，以实现河南的首先胜利”。这是一种“反马克思主义的分析、小资产阶级的鼓牛的唯心理论”。

这些分析是深刻的，尖锐的，又是清醒的。陈原道指出：“否认不平衡的特点与否认列宁论直接革命形势的基本条件，必然会犯盲动主义与机会主义的错误”。

信的第二部分的标题是“几个中心策略问题与其结果”。这里陈原道着重分析、批评立即无条件暴动的错误主张。他说，省委主要负责同志提出河南党的当前总任务就是马上组织武装暴动，建立政权，“骂我们提出准备武装暴动是右倾”。可是，“任何斗争前与斗争中都注意主观力量之保存与扩大”，也就是说，要有一个准备和积蓄革命力量的过程。可是省委主要负责同志却完全不顾这些条件，认为只有兵暴，“就是三个人只要一暴起来，就能号召广大士兵群众，使冯军倒台”。陈原道指出，这种孤注一掷，“简直是儿戏革命”。结果，豫中豫北地方暴动，因群众不多而失败，陇海路的斗争因只注意开封一地而失败。“兵暴不成而完全失败，枪决数个同志”，“地方党部与支部完全倒台”，群众中出现了恐惧情绪。他强调说，“这是‘左’倾机会主义的结论必然的结果，如不坚决反对，必然还要继续‘更脱离群众，葬送干部与致革命失败’”。

信的第三部分标题是“几个原则问题”。这里，陈原道批评了省委主要负责同志在几个重大问题上的错误观点。其一，“反捐税是土地革命的主要内容”。陈原道认为这是重大原则上的错误：“土地革命的正确解释主要的是变更土地关系，或平分或同有，都是如此，绝不能因中国军阀统治捐税繁重，得出反捐税便是土地革命主要内容的结论。”陈原道反问道：“富农小地主也不断有反捐税的斗争，如果是土地革命岂不是富农小地主也是革命阶级、我们的同盟者吗？”如果把土地革命局限于反捐税斗争，这实际上是“取消了北方土地革命”。显然，陈原道这一思想的基本方面是和毛泽东红色政权理论相一致的，是正确的。其二，无产阶级领导农民问题。省委主要负责同志认为：“一切斗争，只有工人先起来，才能谈到工人领导农民。”即使“农民运动形势较好的也只有等工人起来后再说”。陈原道认为，这是完全不对的。他说：我们认为工人领导农民，并不是次序的先后，“而是经过工人的政治上、思想上、组织上的影响来实现。这是列宁主义的理论”。他还说：“半殖民地的中国革命主要任务之一是土地革命。如果我们不派专人去做农民工作，这简直是托派的理论。这理论的结果一定要否认土地革命，至少要忽视农民战争轻视红军发展。”[1]

陈原道在这里提出的几个重大理论观点是相当深刻的。半殖民地半封建的中国，农民占绝大多数，无产阶级领导农民革命并不是追求工人成分的领导，而是要用马列主义的建党思想和正确理论去武装那些绝大多数来自农民的党员，这是毛泽东在古田会议决议中所阐明的思想上建党的理论。同样，实质上是农民革命的新民主主义革命绝不是只有工人先起来，才能谈得到农民运动，而是要着重从政治上思想上去实现无产阶级的领导权。由此，又必须要实行土地革命、根据地建设、红军的发展和武装斗争。这是毛泽东在艰苦的革命斗争中为中国民主革命所寻找到的被历史证明是正确的道路。读陈原道信中的上述论述，联系到他在河南省委工作中重视农民游击战争，重视以农村的斗争去推动郑州等城市的斗争，而被省委主要负责人讥讽为是“农民推动城市”“小站包围大站”“农村包围城市”，是“上山主义”，可以看出陈原道在中国革命道路问题上一条比较清晰的思路：这就是面对敌人在中心城市强大的力量，共产党人要到农村中去，充分发动农民群众，实现土地革命，坚持游击战争，必要时“上山”，以“农民推动城市”“小站包围大站”，实现“农村包围城市”。虽然体现这些思想的某些语言是从他的批判者的口中说出，但也确实说出了陈原道这些主张的实质，只是他还没有来得及在更多的革命实践中加以理论上的概括和提升。由此也可以看出，他在这些重大问题上和毛泽东的思路是相通的。须知，此时是1930年底，毛泽东还在遭受“左”倾错误的批评和打击，他的许多正

① 以上引文见陈原道:《为河南问题致中央政治局并共产国际的信》。中共安徽省委党史研究室编:《陈原道百年诞辰纪念文集》，中共党史出版社2004年版，第296—304页。

确思想还未被全党所了解和接受，而陈原道则是在实践中有了初步的认识。

中国革命要走农村包围城市、武装夺取政权的道路，这是以毛泽东为代表的共产党人在艰苦的革命实践中探索出来的一条正确的革命道路，是毛泽东思想的重要组成部分。陈原道也在实践中为这条正确道路的探索贡献了自己的思想成果。这是他对中国共产党思想理论发展的又一重要贡献。

陈原道为河南问题致中央政治局和共产国际的这封信，是一篇重要的马克思主义文献。几十年后，老一辈共产党人薄一波在《纪念陈原道同志英勇就义五十五周年》一文中就此评价说："在当时的情况下，原道同志能够提出这些意见，应该说具有相当高的马列主义理论水平，他对中国革命的斗争实践及其发展规律的分析是正确的。"①

就在陈原道向中央政治局和共产国际上书的时候，中共党内在如何对待"立三路线"问题上正存在着激烈的争论，呈现出一种复杂的状况。这种矛盾、冲突一直发展到六届四中全会，也把陈原道卷了进来。这是一个比较复杂的问题，也是陈原道生平研究中的一个难点。为了更好地说明事情的原委，有必要首先对矛盾、冲突的过程作一梳理。

此时，在反对"立三路线"问题上，党内存在着几种力量，一是以何孟雄、林育南、李求实为代表的江苏省委一部分干部；二是以罗章龙、徐锡根、王克全为代表的全国总工会和上海工联；三是以王明为代表的从苏联回国的青年干部；同时，其他革

① 薄一波：《领袖元帅与战友》（图文本），中央文献出版社2008年版，第354页。

命根据地的党和红军领导人，都在抵制这个错误。三部分人中，何孟雄的态度极其鲜明、坚决。何孟雄是中共一大所代表的全国最早的五十多名党员之一，是中共早期工人运动的活动家，首任中共北京地委书记，大革命失败后调往上海，先后担任中共江苏省委委员、常委，后又调任中共沪西区委书记、沪东区委书记、沪中区委书记。长期的革命斗争实践，使他在 1929 年 11 月中共江苏省第二次代表大会上就发表了不同于李立三等中央领导人的意见，同李立三等人当面发生了争执，被李立三认为是“右倾”，是“调和路线”。1930 年 6 月 11 日，中央政治局在李立三主持下通过决议，使冒险主义在中央占统治地位以后，面对革命迭遭损失，何孟雄不怕打击报复，在各种会议上一次次地公开站出来批判李立三的“左”倾错误，并尖锐地当面指出党内有一条“立三同志的路线”和“立三指导路线”，这条路线和国际路线不同，现在根本不是什么“新工作方式运用不好问题”，而是“路线问题是否正确”的问题[①]。有的党史著作认为，是何孟雄首先在党内提出“立三路线”这个要害问题[②]。由此，何孟雄受到了“左”倾领导人的打击，被李立三说成是“取消派的暗探”。1930 年 9 月 4 日，江苏总行委根据中央意见，撤销了何孟雄的沪中区委书记职务。9 月 10 日，上海党的活动分子大会专门批判何孟雄所谓“一贯的调和主义路线”和“他隐藏在党内的取消派暗探作用”。在这种情况下，何孟雄并没有屈服，于 1930 年 9 月 8 日，向总行委和中央政治局递交《何孟雄政治意见书》，申述自己的意见，继续批判“立三路线”。

① 转引自曹仲彬:《何孟雄》,《中共党史人物传》第 49 卷，陕西人民出版社 1991 年版，第 222 页。

② 参见《中央党史人物传》第 49 卷，陕西人民出版社 1991 年版，第 222 页。

三种力量中，又以王明最有特点。这就是有留苏的国际背景，有相当的理论色彩，他的身边又自觉不自觉地聚拢了一批留苏学生。陈原道很快也被卷入其中。他们刚从十月革命的故乡学习了不少马列主义理论，急切地希望在中国革命斗争中得到应用，而王明本人又具有极强的权力欲甚至是野心。这就使问题变得复杂起来。

王明是 1929 年 4 月回国的。5 月被分配到中共沪西区委，在书记何孟雄领导下做《红旗》报通讯员。7 月，调到沪东区委宣传部，开始发表有关时论文章。10 月，调任中共中央宣传部《红旗》报编辑。期间，王明在《红旗》《布尔塞维克》等刊物更多地发表时论文章。1930 年 1 月被捕，为出狱，着巡捕送信到中央秘密机关，违反了党的秘密工作纪律，受到中共中央党内警告处分。3 月，调离中央宣传部，到全国总工会宣传部任《劳动》三日刊编辑。对此，王明对李立三很是不满，认为是大材小用。4 月 5 日，李立三在《红旗》第九十期上发表《怎样准备夺取一省或几省政权的胜利的条件》，宣传全国新的革命高潮日益接近，开始推行“左”倾冒险主义。5 月 15 日，李立三又发表《新的革命高潮前面的诸问题》，把准备一省与几省首先胜利，建立革命政权的问题，提到全党的任务面前。如李立三后来所说：“当时党的总书记虽然是向忠发，但是党的政策实际上是我制定的，所以在 4 月间便开始把我的方针逐步付诸实施。”[①] 这时，王明开始反对李立三的观点，并和 5 月刚刚回国的秦邦宪交换意见。不久，王稼祥、何子述也相继来到上海。莫斯科中山大学的老同学相逢，自然是十分喜悦。为了方便交流，秦邦宪还和王稼祥、何

①《我的中国缘分——李立三夫人李莎回忆录》，外语教学与研究出版社 2009 年版，第 397 页。

子述搬住到一个旅馆，王明也常来旅馆交谈，诸多问题取得了一致意见。李立三 1941 年在莫斯科的《自述》中说："早在 5 月间我的文章发表以后，陈绍禹同志就已经开始批评其中的错误，并几次找项英同志交换意见（项英同志此时领导中华全国总工会党组工作，陈绍禹也在中华全国总工会工作）。虽然项英同志在政治局开会时讲到过这个意见，我非但不接受，而且认为他（陈绍禹）的意见是'危险的机会主义倾向'，开始和他作斗争。6 月间，秦邦宪、何子述、王稼祥等同志回国，看到 6 月 11 日决议时，马上声明这是错误的决议，尤其是在有关中国革命和世界革命的关系问题上错误更大。他们和陈绍禹一道立即开始斗争，反对这一决议。这时何子述在中央组织部，王稼祥在中央宣传部，秦邦宪在《布尔塞维克》杂志编辑部。他们在中央机关干部中进行解释工作，找很多同志谈话，并在各种会议上发言批评 6 月 11 日决议的错误。大部分中央同志受我的影响，不相信他们，认为这种批评是'反党行为'，但是，这些同志决不后退，继续反对这个决议和政治局的方针。"①

这些，是王明和秦邦宪、王稼祥、何子述等留苏学生和"立三路线"斗争的大致背景。

斗争还在继续。

李立三和向忠发为了抵制来自不同方面的反对意见，决定召开中央机关工作人员的政治讨论会，以统一思想，进一步贯彻中央 6 月 11 日的决议。

得到这一消息后，"会前，陈绍禹与王稼祥、何子述一起到秦邦宪处商议如何参加这次会议，决定陈绍禹先作纲领式发言，

①《我的中国缘分——李立三夫人李莎回忆录》，外语教学与研究出版社 2009 年版，第 400 页。

然后由王稼祥、何子述补充，秦邦宪最后批评”[①]。他们还商定，“尤其要将矛头对准潘问友”[②]。因为潘此时是李立三的秘书，李的许多大块理论文章，大多都是潘起草的。潘其实也是莫斯科中山大学的学生。

7月9日，李立三将中央机关工作人员召集到一起，他的话刚说完，何孟雄首先对6月11日决议提出严厉批评，“紧接着已经做了准备的陈绍禹也对李立三提出了质问，王稼祥、何子述、秦邦宪一个接一个的发了言，矛头直指李立三的错误”[③]。

王明等人的态度，引起了“左”倾中央领导人和一些与会者的不满。潘问友甚至直截了当地批评王明的发言是“反中央”。秦邦宪紧接着对潘的发言进行反驳。李立三在总结中给王明等人扣上“右派”“右倾机会主义路线”和“小组织”等帽子。向忠发更是火冒三丈，宣布立即撤销王明的一切工作，随后在和陈、秦、王、何四人的谈话中，“张口大骂，从‘小资产阶级意识’，直到‘狗入的王八蛋’……都骂出来了”[④]。最后中央给陈绍禹留党察看六个月，秦邦宪、王稼祥、何子述“最后严重警告”的处分。对此，1941年的《李立三自述》说道：

6月底（应为7月9日——引者注），举行中央干部会议，在中央各个机关工作的同志几乎全都参加了。我作了关于政治形势党的任务的报告之后，以上同志，特别是陈绍禹公开出面坚决反对我的错误主张和6月11日决议。但是，大部分干部都在我的影响下反对他们的意见，支持我的错误主张。我作总结时，谴责

① 吴葆朴、李志英：《秦邦宪（博古）传》，中共党史出版社2007年版，第71页。
② 杨奎松：《王明上台记》，《民国人物过眼录》，广东人民出版社2009年版，第347页。
③ 吴葆朴、李志英：《秦邦宪（博古）传》，中共党史出版社2007年版，第71页。
④ 见郭德宏编：《王明年谱》，社会科学文献出版社2014年版，第147页。

了他们的机会主义倾向，要求停止“反党斗争”。我表示他们如果不赞同这种路线，可以在党的代表大会上，即未来的“七大”上发言，现在则必须服从并无条件地执行党的决议。会后，这些同志提出来要和我谈一次话，要我对一些原则问题进一步作些解释。但是，我的一些支持者认为我的总结发言太软弱、让步太大了，我不应该允许这些人保留自己的意见，直到七大为止，应该要求他们马上放弃自己的意见，服从中央，并把有关情况转告了向忠发和项英。第二天开会时，向忠发及其他政治局委员就批评我“过于让步”，坚决要求这些人立即服从中央决议。刚从莫斯科回来的邓中夏同志也参加了这次会议，通报说，陈绍禹和一些莫斯科劳动大学的同学保持通信联系，在一封信中还向他们泄露了党的机密，对党的决议进行讽刺挖苦和指责。我和其他政治局委员都认为陈绍禹的行为就是“反党小集团”，于是政治局作出决定，要求他们服从党的决议并安排向忠发及项英、邓中夏等同志同他们谈话，不允许我参加。谈话时，向忠发指责他们搞“反党集团”。并说，他们如果不停止“反党行为”，中央就要给以处分。但是，这些同志表现出布尔什维克的原则性和坚强精神，不怕威胁，继续反对中央的错误路线。几天之后，政治局作出处分他们的决定，理由就是他们搞“反党宗派活动”。陈绍禹留党察看六个月，“若不悔改，清除出党”，其他三位同志受到最后一次严重警告。政治局还同时决定，派他们到外地去工作：何子述去河北，王稼祥去广东，陈绍禹去江苏。有关省委领导都接到通知说，这些同志是搞“反党活动”的，应当加以监督。省委领导就疏远他们，不给马上分配工作，也不关心他们的住宿和生活条件，使这些同志们受到不少冤屈①。

①《我的中国缘分——李立三夫人李莎回忆录》，外语教学与研究出版社2009年版，第401页。

李立三的这个口述回忆，是在共产国际反省期间所作，对王明自然是持肯定的态度，但就事情的过程而言，则大体如此。

显然，坚持“立三路线”的中央和王明、秦邦宪、王稼祥、何子述等留苏学生的矛盾在加深，李立三、向忠发的家长制作风，又加剧了这一矛盾。

当陈、秦、王、何等留苏学生在中央机关起来反对“立三路线”的时候，陈原道则在河南的革命斗争实践中认识到“立三路线”的错误，开始和省委主要负责人以至北方局负责人发生严重分歧。

王明在受到中央批评和处分后，于7月10日、22日、24日，8月1日、6日、31日连续给中央，主要是给共产国际远东局新的负责人，也是原莫斯科中山大学的校长米夫写信，申述自己的政治意见，控诉向忠发、李立三对他的打击，7月22日的信还是联合王稼祥共同写的。在给米夫的信中，王明汇报他们的“不幸”说，中央是与他们为敌，认为他们是“异己分子”，甚至不愿和他们交谈，并已经把他们“从公司的重要工作职位上撤下来，并威胁要把我们赶出公司”。还说：“老板的这些胡作非为，都是由于他右脑有病。这种病需要好好治疗。而在贫困的中国很难进行好的治疗。我们希望，很快能找到良医良药，使老板痊愈，使公司状况得到改善。”[①] 在8月31日给米夫的信中，王明在信末又以这样的口吻写道：“伊万（即陈绍禹——引者注）等人不仅面临着被开除而且还面临着对其采取其他措施的威胁。可是有什么办法呢？个人并不重要，就让个人的命运和生命在这种斗争中牺牲吧。但事业是千百万人的。生命是短暂的，事业是永恒

①《陈绍禹和王稼祥给米夫的信》（1930年7月22日），《共产国际、联共（布）与中国革命档案资料丛书》第九卷，中央文献出版社2002年版，第223—224页。

的！我请求尽快解决这一切。再见吧！希望能收到您的信，哪怕只有两句话。”①

本来，作为一名共产党员给中央乃至共产国际写信，反映本人的政治意见是正常的。但是，王明在这里采用了一种凄婉的笔调，打的是“感情牌”，似乎采用的是一种“哀兵必胜”的策略。

这种“感情牌”，在王明此前即6月26日给米夫的信中表现得更是淋漓尽致。

1930年6月26日，王明在上海给米夫一信，使用的是暗语。信中，王明首先述说了公司“老板”（指向忠发和李立三）对自己的“指控”，接着写道：“我亲爱的，对这样的指控，无话可说，天哪！现在我和所谓的派别（马克松、博格涅尔、康穆松②）时时刻刻都有被永远赶出公司的危险；当然我是首当其冲，因为我在许多问题上不同意老板的看法已非今日始。”“我敬爱的！如您所知，虽然我还年轻，但我在同反伊卡路线（指共产国际路线——引者注）的种种错误倾向作坚决斗争时过去和现在都非常不喜欢痛哭流涕。但这一次，尤其是现在我给您写上述一切时，我不能不失声痛哭，因为问题是迟早会弄清楚的（我坚信这一点，毫不动摇），但不知道究竟到什么时候才会真正的弄清。我在哪里？！或许我已经不爱自己心爱的公司里了！！！唉！‘怎么办’？我敬爱的，心如刀割，泪水不断，这并不意味着我在斗争中不勇敢，而是意味着我也许不久将因完全莫须有的罪名（在政治和组织上）被开除出与我生死攸关的公司。”③

---

①《陈绍禹给米夫的信》（1930年8月31日），《共产国际、联共（布）与中国革命档案资料丛书》第九卷，中央文献出版社2002年版，第343页。

② 分别为何子述、秦邦宪和王稼祥。

③《共产国际、联共（布）与中国革命档案资料丛书》第九卷，中央文献出版社2002年版，第209—211页。

读这样的信，不免让读者倒胃口。堂堂的共产党人，在给国际代表的信中，却把相互之间的关系变成了似乎是父子关系、主仆关系，虽然他在信中还是“致热烈的兄弟般的敬礼”！

就在这时候，共产国际对“立三路线”采取了批评和否定的态度。

本来，“立三路线”的形成是受到了共产国际一些错误主张影响的。共产国际 1929 年 10 月 26 日的指示信就认定中国“进到了深刻的全国危机的时期”，中央政治局还专门通过了《接受国际一九二九年十月二十六日指示信的决议》，对革命形势作了过高的估计。但是，李立三冒险错误在中央和全党占统治地位以后，共产国际不同意李立三对革命形势的估计，认为他否认了中国革命的不平衡性，夸大了革命的主观力量和低估了敌人的力量。1930 年 7 月下旬，共产国际政治书记处在听取了周恩来在莫斯科的几次汇报后召开扩大会议，讨论中国革命的形势和任务，通过了《关于中国问题议决案》，改变了 1929 年 10 月共产国际指示信中对中国革命形势的错误估计，否定了李立三的一系列错误主张。在这个决议通过的当天，共产国际执委会致电中共中央，明确表示：“我们坚决反对在目前条件下在南京、武昌举行暴动以及在上海举行总罢工。”[①] 7 月下旬，共产国际决定尚在莫斯科的周恩来和六大后一直留在莫斯科的瞿秋白回国，贯彻共产国际七月决议。应该说，共产国际根据变化了的情况，作出新的判断，是完全正常的。

但是，李立三并不买共产国际的账。《李立三自述》说道：“这个电报对我来说是晴天霹雳。共产国际对形势的估价对党的

① 《共产国际、联共（布）与中国革命档案资料丛书》第九卷，中央文献出版社 2002 年版，第 209—211 页。

任务及斗争策略、组织形式和工作方法等方面的提法内容全新，与我的想法及所作所为截然不同。看到这个电报，我彻夜未眠，翻来覆去地想着：难道我的路线真的偏离了国际路线吗？最后我得出这样的结论：'这可能是共产国际代表罗伯特同志错误地通报了中国的革命形势，也可能是周恩来同志向共产国际作报告时低估了中国革命运动的发展速度。共产国际很可能是因为得到这种不正确的信息才作出这个决议的。"[①] 正在这时，红三军团乘虚攻进湖南省会长沙，李立三更是被这突如其来的胜利冲昏头脑，于8月1日和3日连续召开两次政治局会议，决定在武汉暴动、南京暴动和上海总同盟罢工的同时，要调红军主力分路向武汉推进。同时，要求苏联、蒙古出兵支援中国革命。在8月1日的政治局会议上，李立三指责："国际不仅不了解革命发展的形势，并且没有了解中国革命的总趋势。"他声称，不能"机械地执行国际指示"，"表面上忠于国际来电，实际上放松现在革命的紧要关头，便是不忠于革命，不忠于革命就是不忠于国际"[②]。李立三还表示：如果国际不同意，党亦必须根据实际与国际力争。向忠发也毫不含糊地表示：我们应当向国际负责，但同时要对革命负责。在中国共产党和共产国际的关系上，如此大胆地否定共产国际意见，如有的学者指出，大概是绝无仅有的。如前所述，会议还决定将各级党团、工会的领导机关合并，成立准备武装起义的各级行动委员会，中央成立总行委。7月底，为贯彻暴动计划，中央还成立了北方局（贺昌任书记）、长江局（任弼时任书记）、

①《我的中国缘分——李立三夫人李莎回忆录》，外语教学与研究出版社2009年版，第402—403页。

② 转引自《周恩来传》（1898—1949），人民出版社、中央文献出版社1989年版，第217页。

南方局（李富春任书记）。

8月19日，周恩来到达上海。一到上海，周恩来便同向忠发、李立三谈话。《周恩来传》记载：“周恩来通过耐心的说理和具体的分析，终于把他们说服了。”[①]25日，周恩来为中共中央起草了以向忠发名义给国际的电报，表示：中央政治局对国际的指示完全同意，决定坚决执行国际的一切指示。李立三的回忆略有不同。他说：“周恩来同志从莫斯科回来，我和他谈了一整天，向他介绍了国内形势并通报了‘总行委’关于在南京、上海和汉口等地举行起义的决议。那时，周恩来同志态度不是很强硬，虽然对我提出了批评，但没有坚持到底，甚至部分地同意了我的意见。因此，‘总行委’会议上没有发生很大的分歧。虽然根据他的建议，中央开始转变自己的看法，也改变了在一些问题上的做法，但主要的还是继续执行错误的路线。”[②]

8月26日，瞿秋白也到达上海。在周恩来、瞿秋白的帮助下，李立三进一步承认了错误，中央也于9月8日致电共产国际，决定停止武汉、南京暴动和上海总同盟罢工，基本上停止了冒险行动。9月24日至28日，中共扩大的六届三中全会召开。会议由瞿秋白、周恩来主持，通过了《关于政治状况和党的总任务议决案》，并选举了新的中央领导机构。补选的中央委员有李维汉、贺昌、陈郁、邓发；中央候补委员有朱德、陈云、林育英、陈潭秋、恽代英等；新的政治局委员是：向忠发、周恩来、瞿秋白、项英、张国焘、关向应、李立三；政治局候补委员是：

① 转引自《周恩来传》（1898—1949），人民出版社、中央文献出版社1989年版，第217页。

②《我的中国缘分——李立三夫人李莎回忆录》，外语教学与研究出版社2009年版，第406页。

李维汉、徐锡根、卢福坦、罗登贤、温裕成、毛泽东、顾顺章。毛泽东被重新选为中央政治局候补委员。10 月 3 日的政治局第二次会议决定：向忠发、周恩来、徐锡根三人组成中央常委。

中共六届三中全会起到了积极的作用，但仍然存在一些错误。由中共中央党史研究室编写的《中国共产党历史》正确地指出：三中全会“结束了作为‘立三路线’主要特征的那些错误。但是，六届三中全会并没有能在思想上、理论上彻底清理李立三等的‘左’倾错误，认为李立三等只是‘犯了些冒险主义的与左倾关门主义的错误（仅仅是策略上的错误）’”①。这是一方面。另一方面，在组织上把一些坚决执行“立三路线”的同志选进了中央委员会，甚至是中央政治局，而对坚决反“立三路线”的何孟雄继续持尖锐的批判立场。在中央领导人所作的组织报告中认为何孟雄是“无原则的斗争”，是“公开会上不批评，而在背后说闲话”。在会议所作的政治讨论的结论中还提出，“必须将何孟雄的问题公诸全党，在政治上郑重的解决”，作“坚决斗争”②。在《中共扩大的六届三中全会告同志书》中，又点名批评何孟雄，并开除了他的中共江苏省委候补委员的职务。对王明、秦邦宪、王稼祥、何子述四人的处分也仍然保留。周恩来后来在回顾这一历史时曾指出：“三中全会还有‘左’的东西”，“会上对立三的批评很尖锐。三中全会在组织上也有些错误，例如批评了何孟雄，也批评了陈绍禹（王明），这些批评，也有对的，也有错的。三中全会补了一批中央委员，就是没有补何孟雄，其实那个时候他

① 中共中央党史研究室著：《中国共产党历史》第一卷（1921—1949）上册，中共党史出版社 2002 年版，第 303 页。

② 瞿秋白：《中共扩大的六届三中全会政治讨论的结论》，《建党以来重要文献选编》第七册，中央文献出版社 2011 年版，第 543 页。

的意见还是对的居多”[①]。

一个值得注意的事实是，在六届三中全会上，陈原道也受到了中央领导人的尖锐批评。会议“政治讨论的结论”是由瞿秋白作的。在报告中，瞿秋白援引北方局书记贺昌提供的例子，批评陈原道。他说：

“贺昌同志说的例子，非常之可以注意：例如河南的陈源道同志有一种说法：‘翻尽列宁主义全集，也找不到抗租抗税的策略’，于是他们决定抗租抗税的斗争，至多只能号召二十亩土地以下的农民来参加，这样决定了，自己又怀疑起来，马上又改为只号召十亩地以下的农民做抗租抗税运动。像这样的同志简直是富农的奸细（本句下有着重号——引者注）。凡是这类的同志，客观上是不要反对富农，是反对反对富农”。“对于这种富农路线，必须集中火力加紧反对。”[②]

在中央领导人所作的组织报告中，陈原道则是受到了不指名的批评，被认为对中央的指示是表面上执行，实际上另搞一套。报告批评说：“实际工作机会主义表示上很好，而不执行。如河南的近例，告诉中央接受中央指示，而他们执行自己的路线。”[③]这里的“执行自己的路线”，是指陈原道反对中央和北方局“左”的路线。最后在《中共扩大的六届三中全会告同志书》中，又批判陈原道是“无原则的派别纠纷”。说：“党应当继续肃清无原则斗争、小团体小派别的纠纷的残余。这种无原则的纠纷是消耗党的力量，破坏党的队伍的（例如河南的陈原道同志等）。布尔塞

①《周恩来选集》下卷，人民出版社 1984 年版，第 309 页。

② 瞿秋白：《中共扩大的六届三中全会政治讨论的结论》，《建党以来重要文献选编》第七册，中央文献出版社 2011 年版，第 533 页。

③《建党以来重要文献选编》第七册，中央文献出版社 2011 年版，第 457 页。

维克的无产阶级的共产党，是不能容许这种现象的。”①

更为严重的是，10 月，中央又给陈原道留党察看三个月的处分。

显然，六届三中全会虽然较多地纠正了“左”的错误，但还远没有完全解决问题。尤其是在组织路线上，纠“左”的任务还很重。

这一切，明显地增加了陈原道对六届三中全会后的中央的不信任情绪。他要为坚持自己在河南问题上的正确主张继续进行斗争。

在较为仔细地梳理了“立三路线”期间中央机关内部乃至全党的分歧以后，陈原道离开河南到上海以后的思想和行动，就能找到逻辑起点，得到正确地说明了。

正是在反“立三路线”这个共同的目标，这个历史的交叉点上，陈原道和陈绍禹、秦邦宪等站到了一起；共同的留苏背景，无疑为这种结合增加了可能性。

事情很快又有了变化。

当共产国际派瞿秋白和周恩来回国的时候，共产国际还完全不知道李立三、向忠发在 8 月 1 日和 3 日政治局会议上那些对共产国际大不敬的话。而当远东局把这些会议记录按规定程序报共产国际以后，一下子引起共产国际的极度不满，认为中共中央政治局形成了一条与共产国际对立的“立三路线”。1930 年 10 月末，共产国际执委会向中共中央发来《关于立三路线问题给中共

---

①《建党以来重要文献选编》第七册，中央文献出版社 2011 年版，第 580 页。

中央的信》。信中把李立三等“左”倾错误，说成是同共产国际路线根本对立的路线错误，说“在中国革命最重要的时机，曾经有两个在原则上根本不同的政治路线对立着”。“立三同志底路线，这就是反国际的政治路线”，是“反马克思主义的、反列宁主义的实质”[①]。来信不指名地批评主持中共六届三中全会的同志抹杀国际路线和“立三路线”的原则区别，犯了“调和主义”错误。从而否认了三中全会的成绩，对“立三路线”的严重性上升到了一个新的高度。

中共中央政治局是11月16日收到共产国际十月来信的。而在此之前，王明已先于中央知道十月来信精神。共产国际执委会主席团讨论中国问题时，沈泽民、夏曦、陈昌浩、李竹声等尚在莫斯科，他们从共产国际和米夫那里知道了十月来信的精神。10月下旬或11月初，他们相继回到上海，把情况告诉了王明、秦邦宪。

王明得到共产国际十月来信的精神后，异常兴奋，立即对六届三中全会由拥护转变成反对，公开打出反三中全会的旗号。这时，何子述去了天津，王稼祥正在香港，王明约同秦邦宪，决定共同写信给中共中央，阐明自己的政治观点和政治诉求。

11月13日和17日，王明和秦邦宪接连两次致信中央。在13日信中，他们尖锐地指出：“我们认为这些错误（指三中全会——引者注）不是偶然的，而是过去李立三同志为领导的路线，在某种程度上在某种意义上的继续，立三同志的路线是反马克思主义的反列宁主义路线，是右倾机会主义和‘左’倾机会主义的混合物，是托洛茨基主义陈独秀主义布朗基主义的混合

①《中共中央文件选集》第六册，中共中央党校出版社1983年版，第408—418页。

物。立三同志的路线和国际路线是不能并容的。”[①]显然，王明等人的用语是和共产国际十月来信的用语基本一致的，而这时中共中央尚未看到十月来信。17日的信，则是叙述自己反“立三路线”的历史和功劳。在信的最后，王明、秦邦宪向中央提出了三条诉求：“（1）正式公开宣布立三路线的错误实质，教育全党。（2）正式公开在各种会议上及党报上宣布我们与立三同志争论的真相，撤销（对）我们的处罚。（3）禁止任何同志在任何会议上继续对我们的污蔑和造谣！”[②]

王明、秦邦宪的信，引起了中央的重视。

11月16日中央政治局收到共产国际的十月来信后，随即于18日、22日、25日召开会议，讨论国际来信，承认六届三中全会没有揭露李立三的错误，是一种调和态度。同时在18日的会议上，周恩来又强调指出：关于国际来信的发表问题，我党应遵照国际指示，不允许扩大讨论，而使工作停滞。并且特别指出：已经知道国际信的同志（如新由莫方回国的），必须召集他们开一次会议，要他们站在巩固党、帮助中央领导的立场上来做工作，不允许不经过组织而走到分裂党的方式上去[③]。11月25日，中央政治局会议讨论通过了《中央政治局关于最近国际来信的决议》。决议说：完全同意国际执委的这一封信。三中全会一般的已经接受了国际的路线，立三同志在三中全会上也已经承认自己的错误，但是三中全会没有把和国际路线互相矛盾的半托洛茨基路线彻底地揭发出来，“这种对于立三同志路线显然不充分的揭发，包含着对于‘左倾’错误的调和态度”。同时，“政治局认为

① 转引自郭德宏等著：《王明传》，人民出版社2014年版，第124页。
② 转引自郭德宏等著：《王明传》，人民出版社2014年版，第124页。
③《周恩来年谱》（1898—1949），中央文献出版社1998年版，第198页。

在党内实行‘公开辩论’立三同志路线问题是不适宜的——现在对于党正是很困难的时候，这样‘讨论’只能使党的力量离开不可迟缓的很重要的实际任务。因此决定：关于立三同志路线只限于解释工作。”[①] 中央政治局将这一决议作为六届三中全会的补充决议，并用通信的方式询问所有的中央委员是否同意。

在这新的一轮矛盾和斗争中，如何对待六届三中全会决议、共产国际十月来信和中央政治局 11 月 25 日的补充决议，是矛盾的焦点，也引起了陈原道的注意。

陈原道对共产国际来信是持赞成态度的。他是 10 月到达上海的，何时看到共产国际十月来信？是否也如同王明、秦邦宪一样，事先即从留苏归来的同学那里得到消息，目前尚无档案或回忆材料加以说明。如前所述，11 月 20 日陈原道给中央政治局和共产国际一信。从信的内容来看，到 11 月 20 日，也就是王明、秦邦宪两人联名两次上书中央数日之后，陈原道的上书仍然局限的是河南问题上他和北方局、省委主要负责人之间的争论，而不是全党范围内的争论。同时，这时他已经知道共产国际的十月来信，因而在这封上书的末尾提出：“最后我希望中央对国际指示要迅速传达下级党部，坚决执行自我批评，反对‘左’倾右倾机会主义的立三路线，并坚决反对这种路线仍在继续！”[②]

面对党内的种种矛盾和纠纷，陈原道忧心如焚。

11 月 21 日，也就是在他就河南问题上书的第二天，他给共产国际书记处（诸多回忆和著作称作东方部）负责人米夫一信[③]，

①《建党以来重要文献选编》第七册，中央文献出版社 2011 年版，第 696—697 页。

② 陈原道：《为河南问题致中央政治局并共产国际的信》，中共安徽省委党史研究室编：《陈原道百年诞辰纪念文集》，中共党史出版社 2004 年版，第 306 页。

③ 见《共产国际、联共（布）与中国革命档案资料丛书》第九卷，中央文献出版社 2002 年版，第 464 页。

诉说他的担忧：

屈珀[①]同志：

不久前就我们公司[②]的争论问题曾经给您写过一封短信。这场争论还在发展。原因很简单。主要是，公司中央管理委员会根本不接受下层职员和工作人员的正确批评和意见，其中包括我、库特科夫[③]和戈卢别夫[④]以及那些不久前到达这里的同志和其他人的批评和意见。不仅如此。公司管理部门就像打击异己分子、反对派（分子）和反革命（分子）那样打击我们。我们怎么对待他们呢？我们仍像以前一样，在努力加强和发展我们的公司。例如，公司三次全会实际上没有执行您的正确路线，没有指出与您的路线相对立的李（立三）反伊基路线[⑤]，事实很多，全会没有接受您的意见，但却说是一致的。

在最近一次全会的决议中，没有指明我们革命对待国际（革命的）正确态度，没有分析我们中国革命的不平衡性。苏区无产阶级领导的问题，我们革命的策略和前途，都没有具体的指明，甚至什么都没有指出。难道这是伊基路线吗？

关于这个问题和河南争论的声明已送交公司中央委员会，请您重新审查并加以解决。也许，您很快就会寄给什么和派什么人来。

我和其他一些人一样，受到留公司查看三个月的处分！

再见，敬礼！

涅夫斯基

这封信是用普通邮件寄送的，使用的是暗语。涅夫斯基是陈

① 指米夫。
② 即党。
③ 应为古德科夫——沈泽民。
④ 即陈绍禹。
⑤ 反共产国际的路线。

原道的俄文名。共产国际执委会东方书记处收信后在给库丘莫夫的附信中说：“随信寄去涅夫斯基同志（中国同志——被派回中国工作的中国劳动者共产主义大学的学员）写给米夫同志的信，供参考。在这封信中涅夫斯基同志描述了中共领导在全会后同那些捍卫共产国际执委会路线不惜被开除出党的同志进行的斗争。”[①]

陈原道在信中提到的不久前给米夫的“一封短信”，目前的档案尚未见到。

中央政治局11月25日的补充决议作出后，陈原道很快看到了。对这个决议，陈原道是不满意的，认为中央并没有真正地放弃“立三路线”，并没有决心要按共产国际路线进行工作，于是，在认真研究了共产国际的七月决议、党的三中全会决议、共产国际十月来信和中央政治局11月25日决议之后，11月27日，他和王明、秦邦宪联名以“三人小组”的名义作出决定。这份历史资料有关著作引述较多，这里全文照录如下：

临时小组的决定[②]

1930年11月27日于上海

我们在讨论了共产国际关于中国问题的决议[③]、中共三中全会决议、11月16日共产国际来信[④]和25日中央政治局决议[⑤]之后，一致通过以下决议：

1. 共产国际的正确路线是唯一布尔什维克的路线。小组完全

① 见《共产国际、联共（布）与中国革命档案资料丛书》第九卷，中央文献出版社2002年版，第464页。

② 文件标题是原有的，全文见《共产国际、联共（布）与中国革命档案资料丛书》第九卷，中央文献出版社2002年版，第468页。

③ 指共产国际执委会1930年7月29日通过的关于中国问题的决议案。

④ 指1930年11月16日在中国收到的共产国际执委会关于立三路线问题给中共中央的信。

⑤ 指1930年11月25日中共中央政治局关于最近国际来信的决议。

同意这一路线。

2. 过去在李立三领导下的中央政治局的路线，是反共产国际的、反马克思主义的和反列宁主义的路线。三中全会没有对它进行布尔什维克式的无情打击。相反，三中全会怯懦地采取了机会主义的“市侩式的”和妥协的方针，而且还支持这种路线。把共产国际路线和李立三路线混为一谈，并认为李立三路线是协同一致的——这就明显证明，三中全会是在口头上有条件地接受共产国际路线，同时它在继续坚持李立三路线。三中全会本身还以种种借口从原则上和策略上以及许多重要问题（如对国际形势的估计、世界革命与中国革命的相互关系、革命的不平衡性、关于土地革命、关于中国革命的前景问题）上歪曲共产国际的路线，并且继续坚持中央过去在李立三领导下执行的路线。

3. 三中全会后，政治局在对帝国主义者和国民党进攻红军问题的分析上，又重复了“吉德”？[①]式的分析。在实践中没有带来任何变化。李立三路线在领导机关中仍然很有势力。

政治局 11 月 25 日决议只是要外交手腕承认了自己的错误。还在试图使人们的注意力离开关于路线问题的原则性分歧。这表明，他们仍不愿意放弃李立三路线，不愿意坚决按照共产国际的路线进行工作。

4. 因此，我们认为，党中央领导已经垮台，他们不能保证执行共产国际的路线。为了贯彻执行共产国际的路线，我们应该做好以下工作：

（1）我们应该把那些坚决支持李立三路线的不肯悔改的机会主义分子驱逐出（中央、各局、省委）领导机关。

（2）我们应该在党的报刊上向中央过去的路线（李立三路线）开火。在秘密工作环境允许的范围内，我们应该站在共产国

① 原文如此。

际的路线上开展广泛的自我批评和加强两条战线的斗争。

（3）我们应该把那些在与李立三路线和其他错误倾向的斗争中表现坚定的同志推举和吸收到领导机关中来。

（4）我们认为，中央不重视同志们的政治意见，不答复我们的声明，这是不能容忍的。本小组对这种态度表示抗议。

（5）至于一般政治性意见和其他问题，我们将向中央和共产国际递交另一个声明。

临时小组：（签字）陈原道
陈绍禹
秦邦宪

三人签名中，陈原道打头，列名第一。前述王明和秦邦宪或和王稼祥的上书，均为王明排在第一，这是他的一贯作风：爱出风头。陈原道在莫斯科中山大学学习时，成绩优异却很低调，由此大致可以判断这个决定是陈原道主动所为，代表了他的真实思想，而并非受了王明的什么鼓动。他是一个对政治问题秉持“独立分析”的人。从这个“决定”可以看出，陈原道对此时的中央是极其不满的：中央政治局 11 月 25 日补充决议“只是要外交手腕承认了自己的错误”；对他和同志们的政治性意见“不答复”。何况他的身上还背负着中央给予的留党察看三个月的处分，头上还戴着“富农奸细”的帽子。由此，他作出了“党中央领导已经垮台”的判断，提出要把那些坚决支持李立三路线的不肯悔改的机会主义分子驱逐出中央和各局、省委机关。《决定》的措辞是十分尖锐的。

显然，陈原道和王明、秦邦宪的这一判断是过于严重了，其以“三人小组”的名义出现，在组织方式上也是不妥的。

这个“三人小组的决定”是否上送政治局和共产国际，目前的档案资料和有关专著都没有作出说明，但代表他们的思想则是确定无疑的。

三天以后，12月1日，周恩来在中央机关工作人员会议上作批评“立三路线”的报告。指出：“我们决不能因为要揭发伯山（李立三）路线，便说三中全会也没有正确的传达国际的路线，也没有纠正过去策略的错误”，“这决不是掩蔽不讨论，而正是因为过去揭发的不彻底，更必须要在日常工作中来认识并解释伯山路线的错误”①。《周恩来年谱》还记载，周在报告中还“批评了陈绍禹、秦邦宪反对中央和拒绝组织分配的错误，指出陈绍禹在与李立三的争论中，有许多观点如‘夺取武汉’、‘革命转变’等问题与伯山同志是同样错误的，强调目前‘尤其要反对有小组织倾向的同志之超组织的活动’”②。12月6日，周恩来在中央政治局会议上发言，再次点名批评王明、秦邦宪，说“党内不满情绪中心问题是不承认三中全会，要改组中央的原因造成的。在人的活动上可以看出显然是有小组织倾向的，首先是陈、秦信对中央文件批评，对立三路线反没甚揭发。”强调说：“小组织活动是有计划的，完全不站在拥护党的主场，可以肯定地说，他们的政治意见也不是正确的；若是正确的，在组织上便不会如此。”③

在这里，周恩来明显不同意王明、秦邦宪以及陈原道等人的

---

①《周恩来年谱》（1898—1949），人民出版社、中央文献出版社1989年版，第196页。

②《周恩来年谱》（1898—1949），人民出版社、中央文献出版社1989年版，第196页。

③《周恩来年谱》（1898—1949），人民出版社、中央文献出版社1989年版，第196页。

判断，并点名批评了王明、秦邦宪，但没有点名陈原道。是“临时小组的决定”没有上送中央，还是另有原因，尚难确定。

二、列席六届四中全会

1930 年 12 月中旬，共产国际代表米夫来到上海[①]。米夫这时的职务是共产国际东方书记处副主任、远东局书记。1929 年 3 月，共产国际执委会在上海恢复了远东局，东方书记处和远东局共同领导中国的革命运动。

周恩来在《共产国际和中国共产党》的报告中曾说：“米夫一来，更造成了党内的危机。王明写了小册子，要求中央召开紧急会议，撤换中央的领导。所以，召开了四中全会。”[②]

在王明打着“拥护国际路线”的旗号，积极进行反李立三、反“调和路线”的时候，他还突出地做了两件事：一是于 1930 年 11 月底写出十万言的《两条路线》的小册子，系统地宣传他的政治主张。小册子原名《两条路线》，后改名《拥护国际路线，反对立三路线》。他自己曾声明：“这本小册子差不多费了半个月时间写成的，当写的时候，多半是写一点被同志们拿去看一点”，是“经过几十个积极反立三路线的同志们看过的，有许多地方也

① 关于米夫到达上海的时间，说法不一。有的说是 11 月。这里采用的是《米夫与中国革命关系记事》和《周恩来年谱》的说法。

②《周恩来年谱》（1898—1949），人民出版社、中央文献出版社 1989 年版，第 309 页。

曾经因看过的同志的批评或建议而加以补正过的”[①]。《王明年谱》的作者指出，小册子研究宣传了共产国际的一些正确观点，但“在这本小册子中他以比李立三更‘左’的立场反对李立三的错误，以比反‘立三路线’更坚决的态度反对六届三中全会及以后的中央”[②]。二是“与罗章龙等联名致书共产国际，要求召开紧急会议，彻底改组中央”[③]。在《两条路线》的小册子中，王明就提出要“在国际直接领导下，开始召集第七次全国代表大会的筹备工作，以便根本改造党的领导”；在此之前则“由国际负责帮助成立临时的中央领导机关”[④]。此时，以全国总工会党团书记罗章龙为代表的宗派，也打着“拥护国际路线”“肃清调和主义”的旗号，完全否定三中全会和中央的领导，要求立即召开紧急会议，根本改造政治局。此外，一些受过批评的干部，如何孟雄、林育南等人，也要求召开一个类似八七会议那样的紧急会议，改选中央领导机构。这几种力量汇合到一起，“在党内形成一个反中央的风潮”[⑤]。

共产国际这时对王明等回国的留苏学生采取了支持的态度。12 月 9 日，共产国际执委会主席团扩大会议讨论国际东方书记处《关于三中全会与李立三同志的错误的报告》，在莫斯科的蔡和森、张国焘以及奉命到莫斯科检查错误的李立三参加了会议。会上，一种重要意见是认为中国共产党的领导采取小团体的方法，排斥新生的干部。例如，负责共产国际组织系统的重要领导

① 转引自郭德宏编:《王明年谱》，社会科学文献出版社 2014 年版，第 166 页。
② 郭德宏编:《王明年谱》，社会科学文献出版社 2014 年版，第 166 页。
③《周恩来年谱》(1898—1949)，人民出版社、中央文献出版社 1989 年版，第 195 页。
④ 转引自郭德宏编:《王明年谱》，社会科学文献出版社 2014 年版，第 168 页。
⑤《周恩来年谱》(1898—1949)，人民出版社、中央文献出版社 1989 年版，第 195 页。

人皮亚尼茨基在发言中说:“在苏联有许多学校有好几百中国同志在那里学，他们之中有很好的同志知道列宁主义布尔赛维克的理论和实际。他们回去了，但是不能够作到领导工作。为什么我们以前不明白，而现在明白了，因为有一种小团体利益妨碍他们加入领导机关。费了很多力量和钱才能够把他们派回中国去，然而秋白或者立三不要他们作的党的工作，我以为这是无论如何是不能够允许的。现在怎么办呢？我以为应该发动一个公开的运动反对立三主义和那一部分政治局，要无产阶级知道已经作（犯）了什么样的错误，这些错误已经作（犯）了二次，以后无论如何不能够作（犯）第三次，现在还是有办法的，应当要实行国际的指示。”[①] 蔡和森在发言中也说:“我们党有危机。立三来莫之后，中国党的领导机关之中，仍旧反抗国际路线，运用种种手段，来继续自己的路线。下层群众已经起来反对领导，开始赞助国际路线，我们的指导机关作什么呢？他企图说下层的代表是小团体，是右倾，来抑制下层代表。”“最好的同志都被赶到党外去。最近从少共国际回去的同志，中央不给他们工作，好同志被开除，说他们是小团体。”还说:“谁是真正的小团体？真正小团体的代表是秋白同志。”“如果还有人企图抑制新生的干部，我认为事态是异常严重啊！应当对于这种企图大大的打击。”[②] 张国焘在发言中说:“我们党现在有危机。这是很严重的，要救党，要纠正错误，要服从国际路线。”并提出:“我认为国际要用组织上的办法帮助

①《共产国际、联共（布）与中国革命档案资料丛书》第12卷，中央文献出版社2002年版，第430—431页。

②《共产国际、联共（布）与中国革命档案资料丛书》第12卷，中央文献出版社2002年版，第412—413页。

中国党解决危机。”[①] 李立三在会上也表示：“我现在一点都没有怀疑我的路线是绝对错误，国际的路线是绝对正确的。”他还说：党内“这种小团体的斗争首先就是秋白为领导的”。他“严重的要求国际立刻要有组织上的办法去纠正三中全会的错误去纠正立三错误和立三错误的残余。”并在最后表示：完全同意“召集四中全会来改正三中全会的错误，彻底批评我的错误”[②]。

12月18日，共产国际执委会政治书记处政治委员会又指示共产国际远东局，对即将召开的四中全会进行具体安排：“我们认为，即将召开全会的任务是：（1）无条件地执行共产国际执委会在电报和信函中提出的路线；（2）修改和批判三中全会的决议，制止斯特拉霍夫（瞿秋白）的两面派行为和消除宗派主义；（3）团结全党去执行共产国际执委会的路线。”并对人事进行了大的安排：“应该取消三中全会进行的把李立三的支持者拉进中央的补选，鉴于斯特拉霍夫的调和主义和两面派行为，应该把他赶出政治局，用新的力量补充中央委员会，达到新老干部的团结并坚决消除他们之间发生冲突的可能性。”[③] 共产国际这时候把矛头指向瞿秋白，一方面是认为他此次回国纠正“立三路线”不力，也因为此前他在莫斯科时就卷入了中国学生的派别斗争，被解除了中共代表团团长的职务。

显然，米夫代表的是共产国际的观点，身负共产国际的使命。把米夫来华的言行看作是他个人的行为，是不正确的。

---

①《共产国际、联共（布）与中国革命档案资料丛书》第12卷，中央文献出版社2002年版，第407页。

②《共产国际、联共（布）与中国革命档案资料丛书》第12卷，中央文献出版社2002年版，第433—434页。

③《共产国际、联共（布）与中国革命档案资料丛书》第12卷，中央文献出版社2002年版，第543页。

中共中央面临着巨大的压力，有来自党内几个方面激烈的反对意见，更有来自共产国际的批评和指示。为此，“周恩来等到处解释，舌敝唇焦，风潮仍无法平息下去”[①]。于是，中共中央又采取了几项措施：

12 月 9 日，中共中央政治局作出关于召开紧急会议的决议。

12 月 16 日，中共中央政治局通过了《关于取消陈韶玉（即陈绍禹——引者）、秦邦宪、王稼蔷、何子述四同志的处分问题的决议》。决议说“立三路线”是“一贯的反共产国际的路线”，“中央政治局当时因为赞助与执行立三路线的缘故，竟因韶玉等同志批评中央的路线而妄加他们以小组织的罪名，给韶玉同志留党察看六个月的处分，给其他三同志的最后严重警告，这显然是更不正确的”。“现在除正式取消对他们的处分外，并将此错误揭发出来，以加重韶玉等四同志对立三路线之不调和斗争的责任”[②]。

同日，中共中央政治局作出《关于何孟雄同志问题的决议》，肯定何孟雄的意见一般是正确的，取消对他的错误处分，并决定发布他的意见书。

12 月 23 日，中共中央政治局又发出紧急通告，即第 96 号通告，副题即是“为坚决执行国际路线反对立三路线与调和主义号召全党”。通告说：“三中全会本是为的接受国际路线召集的，但因为站在调和主义的主场上来接受，结果使三中全会的路线仍然成为立三路线的继续，并对立三路线加了一层保障”。并说，中央政治局在了解了自己错误与党内危机之后，特通告全党要执行下列决定：采取非常紧急的办法，在适合秘密条件下，产生新的

---

①《周恩来传》（1898—1949），人民出版社、中央文献出版社 1989 年版，第 229 页。
② 转引自郭德宏编：《王明年谱》，社会科学文献出版社 2014 年版，第 171 页。

政治决议来代替三中全会的一切决议；“党内要实行改造”，“必须引进积极反立三路线反调和主义的干部尤其是工人干部到指导机关，必须坚决的反对以派别观念对抗反立三路线的分子，而造成掩护立三路线的小组织行动”，“党现在就应该准备七次大会”①。这个通告对三中全会采取了完全否定的态度。

同日，根据米夫的提议，中共中央政治局决定这时还在苏联的刘少奇担任中共江南省委书记，归国前由王明代理。还决定将秦邦宪补选为团中央委员，参加团的中央局工作。25 日，又任命王明为中共江南省委书记。这个省委领导着江苏、浙江、安徽的党组织和党中央所在地——上海的党组织。

但是，这时陈原道背着的中央给予的留党察看三个月的处分仍未取消。眼看时间就要到了，河南问题仍未解决。陈原道不禁有些焦急，有些义愤！

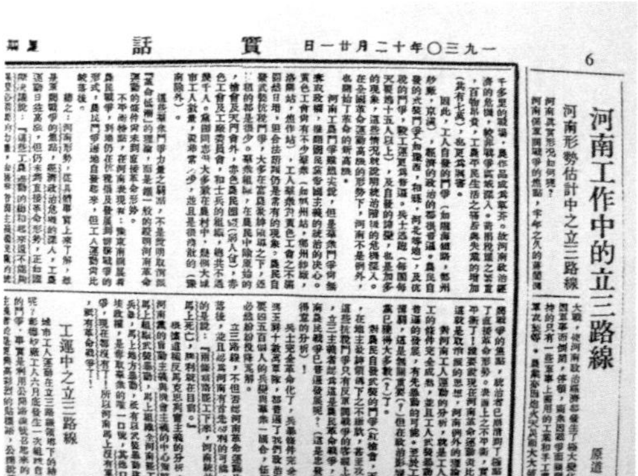
一九三〇年十二月廿一日 實話 6

河南工作中的立三路線

原道

河南形勢估計中之立三路線

工運中之立三路線

★ 1930 年 12 月 21 日，中央机关刊物《实话》刊登署名原道的《河南工作中的立三路线》一文

1930 年 12 月 21 日，陈原道在《实话》上发表《河南工作中的立三路线》一文。文章从五个方面分析了“立三路线”在河南的表现：一、河南形势估计中之立三路线；二、工运中之立三路线；三、农运中的立三路线；四、兵暴打天下的立三路线；

①《中共中央文件选集》第六册，中共中央党校出版社 1989 年版，第 471—478 页。

五、党的组织问题中之立三路线。在第一个问题中，陈原道着重指出："河南工农斗争虽然尖锐，但是群众斗争尚无夺取政权，推翻国民党帝国主义的统治的决心"，"这些群众斗争力量之弱点……铁一般地证明河南革命运动的条件尚未到直接革命形势"。同时，"立三路线，否认革命运动发展不平衡的特点"。"立三路线""根据这种反马克思列宁主义的分析，就得出河南党的盲动主义与机会主义的中心策略，即：马上组织武装暴动，马上组织全河南罢工，马上兵暴，马上地方暴动，只有以武装暴动建立苏维埃政权，这是夺取群众的唯一口号，其他口号与斗争，现在都没有了！所以河南马上没有军阀战争，只有革命战争了！"对形势的估计是陈原道和"立三路线"的首要分歧。在"农运中的立三路线"一节中，陈原道再次指出，河南省委的立三主义者肯定"反捐税是土地革命主要内容"，因此认定河南农民自发武装斗争就是革命战争，"这显然是富农的理论"。在这里，陈原道指出六届三中全会"政治结论"对他的批判，"就是因为我及多数省委反对'富农土地革命论'所得来的污蔑"。在"党的组织问题中之立三路线"一节中，陈原道说："工人阶级政党是推动革命前进与革命胜利的主要条件之一，这是立三主义者决不能了解的。河南立三主义者，认为客观形势好了，主观力量不成问题，这是反列宁主义的理论。"因此，他们在实际上产生许

陈原道关于解决河南问题给中央的信

（一九三一年一月五日）

中央：

河南问题久延不决，据说现在你们要解决了，但你们解决仍不根据事实，而根据什么贺昌者〔之〕流的谣言或立三的方式，而加什么"对军阀战争估计的右倾"，这是我严重抗议的！

（1）河南问题之解决，为什么不根据我的书面意见和我讨论？这样就是立三的方式。

（2）反军阀战争的问题，是你们的右倾。你们在河南委员会上说法，只有革命战争！但同时有军阀战争！你们想把帽子加罪于人，不对的！

我提议河南问题之解决，一定要我参加意见与讨论。我未参加意见的决议，我不但不同意，并且要抗议！不得我同意的和讨论的东西，希望你们慎重发下！这是布尔什维克的方式，而不是立三的方式！这是你们应当要学习的方式！

原　道

★ 1931 年 1 月 5 日，陈原道关于解决河南问题给中央的信

多错误，诸如：反对在斗争中或斗争后保存组织与扩大组织；取消党取消团；家长制，不准同志发表不同意见，对任何小问题主张不同，就斥为右倾或取消派暗探；小组织名词的乱用。总之，陈原道说：“这一斗争是国际路线与反国际路线的斗争。是全党的斗争！但贺昌同志认为河南党内的斗争，是无原则的纠纷。中央告同志书上也说：‘河南陈原道等是无原则的派别的斗争。’这是调和路线不执行国际路线的具体表示，企图把一切原则斗争都可解为无原则的斗争。”最后，陈原道呼吁：“反对实际工作中的立三路线，尤要反对变相继续立三路线的调和路线！”①

很快，进入了 1931 年。面对中央对河南问题争论的久拖不决，陈原道需要进一步为自己申辩了！1 月 5 日，陈原道又就解决河南问题给中央一信。这是他第三次上书中央了。信中提出：“我提议河南问题之解决，一定要我参加意见与讨论。我未参加意见的决议，我不但不同意，并且要抗议！不得我同意的和讨论的东西，希望你们慎重发下。”②

信，写得有些激愤，措辞也十分尖锐。作为一直坚持在革命斗争实践第一线，对“立三路线”的错误带来的损失有着切肤之痛，而又一直遭到不公正批判的陈原道来说，此时的心境是可以理解的。

米夫到达上海以后，不仅和中共中央主要领导人接触，也很快分批会见王明和罗章龙、徐锡根等，但拒绝会见何孟雄。米夫提出要召开四中全会，而不是紧急会议，全会的中心是反右倾，

---

① 以上引文见陈原道:《河南工作中的立三路线》，中共安徽省委党史研究室编:《陈原道百年诞辰纪念文集》，中共党史出版社 2004 年版。

②《陈原道关于解决河南问题给中央的信》，中共安徽省委党史研究室编:《陈原道百年诞辰纪念文集》，中共党史出版社 2004 年版，第 315 页。

并且严厉指责了三中全会和 11 月 25 日决议案。中共中央政治局接受了这一批评，前述的几个重大举措，有的是在米夫到来之后采取的。

但是，罗章龙等仍不罢休，对中央 96 号通告仍采取否定态度，坚持撤换中央领导，要求召开紧急会议。1931 年 1 月 1 日，罗章龙主持制定了《全总党团决议案》，要求“立即停止中央政治局的职权，由国际代表领导组织临时中央机关，速即召开紧急会议”；认为瞿秋白、周恩来、李立三“均是不堪教育的”，向忠发、项英、关向应、邓中夏、贺昌、罗登贤等“亦须离开领导机关，施以严重的处罚”①。何孟雄等人也是主张召开紧急会议。

罗章龙为什么坚持主张召开紧急会议，反对召开四中全会？关键是他认为召开紧急会议就可以把犯过错误的人排除在外，剥夺他们的话语权，而由他们这些反“立三路线”的人去掌握政权。共产国际代表主张召开四中全会，则是为了把起用留苏学生和原政治局嫁接在一起。正如研究共产国际与中国革命历史的专家所分析的：“从实质上来看，这场争论的原因不在于认识的差异，而在于不同性质的会议关系到哪些人能参加会议和拥有表决权的问题，关系到中共中央领导权将掌握在谁手里的问题。因为如果召开紧急会议，那就意味着完全否定了中共六届三中全会后的中共中央，原有的中共中央领导人，就不能都参加会议，会议的主要参加者将是由各部分、各基层组织推选的‘反对立三路线’‘反对调和路线’的‘积极分子’。这样，在各部门、各基层组织中有较大影响的罗章龙、何孟雄等人将占优势，很有可能取得中共中央的领导权。如果召开中共六届四中全会，原有的中共

① 见《周恩来传》（1898—1949），人民出版社、中央文献出版社 1989 年版，第 230 页。

中央领导人将都能出席，而列席的人员可以由中共中央和共产国际代表指定。这样，就可以使已承认错误的中共中央领导人多数继续留住，又可以保证在党内比较孤立的王明等人进入中共中央，占据领导地位。”①

面对这种形势，陈原道的态度是：赞成召开四中全会，反对召开紧急会议，并认为罗章龙是右派。

★ 六届四中全会旧址——上海武定路930弄（中央特科原址）

六届四中全会在共产国际远东局的直接领导下紧张地进行。在中共党史研究中第一个详细披露六届四中全会情况的是李维汉的《回忆与研究》一书。他说参加六届四中全会的国际代表是米夫。其后的党史著作，一般都沿用此说。但是，据查阅过共产国际档案的学者杨奎松考证，出席六届四中全会的国际代表是远东局的德国人艾伯特。因为“在俄国档案里，我们可以看到他用德文写的对会议的总结性的发言”②。此前，艾伯特曾多次代表共产国际远东局和向忠发、周恩来等

① 黄修荣、黄黎：《共产国际与中国共产党关系探源》下卷，人民出版社2016年版，第731页。

② 杨奎松：《王明上台记》，见《民国人物过眼录》，广东人民出版社2009年版，第357页。

人交换意见。只是还有另外一种可能，就是米夫和艾伯特均出席了六届四中全会，因为不止一位当事人说到米夫出席了会议。

据杨奎松考证，会议一些重大事项并不是米夫一手操纵的，而是远东局和中共中央政治局共同商定的，一些重要人选尊重了远东局的意见。杨奎松写道：

（1930 年）12 月 29 日，远东局全体代表与中共中央领导人向忠发、周恩来等会面，谈改组中央的会议问题。远东局新来的“德国毛子”（指艾伯特——引者）正式通知中共中央：第一，紧急会议不足以表明三中全会犯有路线错误；第二，紧急会议没有足够的权利改组中央。因此，应考虑召开六届四中全会。

对于参会人选，远东局主张凡在上海的中央委员均应参加，扩大的人数以不超过与会中委的三分之一，即六七人为宜，但根据政治局会议主张应允许公开反对过“立三路线”的同志，特别是工人同志参加会议的精神，周坚持非中央的参加人数应增加一倍。

至于表决权，周主张凡与会者都有表决权，远东局则坚持按照规定，只有正式的中央委员才能有表决权。涉及到比较重大和争论较大的问题，可考虑变通办法，如中委表决一次，并由全体参加者表决一次。

当谈到改组问题时，周恩来汇报了党内各部门的种种意见，远东局根据周所提名单研究后提出，中央委员不能补选太多，以七八人为宜，同意增补王明、沈泽民、夏曦、韩连会、王荩仁、徐畏三、沈先定及苏区一人。政治局则可考虑瞿秋白、李维汉退出，同时补入王明、王克全、陈郁等。

在 30 日的政治局扩大会议上，远东局的意见自然没有引起任何异议。需要稍加说明但未必应当多加以重视的是，第一次参加这样会议的王明，在会议上倒是说了几句谦让的话，说“我的工作能力不够，还应到群众中去学习”，故“不同意我自己做中委与政治局委员”。沈泽民也觉得：“从莫斯科归来的同志，不应该到政治局”。让人感到惊奇的倒是一向对王明等人颇多反感的向忠发的发言，他明确说不同意王明的说法，说王明参加政治局不仅仅是因为他反对过“立三路线”，而是因为他在理论上有进步与发展，工作上也显示有相当的经验，增加这样的同志才有助于加强中央指导的力量。当然，有类似看法的人在会上并不只向忠发一人[①]。

这些考证源于共产国际的档案，应该可信。因此，六届四中全会的一些重大事项，包括列席会议的人员，列席会议人员是否有表决权等，系远东局和中共中央政治局共同商定，而非像有的著作所说，只是米夫一人独断专行。

1 月 6 日，中共中央常委和共产国际远东局召开联席会议。瞿秋白、周恩来两人认为自己在“立三路线”问题上负有责任，提出应退出政治局。“米夫因王明等都缺乏实际工作经验，而共产国际对瞿秋白在莫斯科工作期间早有不满，就确定排除瞿秋白，保留周恩来。”[②] 据《王明年谱》记载，王明并不赞成开除瞿秋白的政治局委员职务。在四中全会开会前两小时，他在四中全会的议事日程上看到有开除瞿秋白的政治局委员一项，当即提出疑问。向忠发说：“秋白也犯过很多错误。”王明说：“……但他已承认了这些错误，并愿到四中全会上批评这些错误。为什么要和对立三一样，开除瞿秋白的政治局委员？”[③] 周恩来、瞿秋白还建议补选何孟雄为中央委员，但被米夫拒绝。

---

① 杨奎松：《王明上台记》，见《民国人物过眼录》，广东人民出版社 2009 年版，第 358—360 页。

②《周恩来传》（1898—1949），中央文献出版社 1989 年版，第 230 页。

③ 郭德宏编：《王明年谱》，社会科学文献出版社 2014 年版，第 178 页。

1931 年 1 月 7 日，中共扩大的六届四中全会在上海秘密召开。

据中共中央组织部、中共中央党史研究室、中央档案馆联合编写的《中国共产党组织史资料》记载，出席这次会议的中央委员有 14 人：向忠发、关向应、温裕成、任弼时、贺昌、李维汉、余飞、徐锡根、瞿秋白、罗登贤、张金保、顾顺章、陈郁、周恩来；候补中央委员 7 人：袁炳辉、陈云、史文彬、周秀珠、罗章龙、王凤飞、王克全[①]。这里漏掉一人：徐兰芝。徐是在六大上当选候补中央委员，时为全国铁路总工会的负责人，因他赞成罗章龙的观点，没有接到开会通知。正好开会那天他偶然得到开会消息，便气愤地闯入会场，当面质问向忠发，从而参加了会议。所以，李维汉在《回忆与研究》一书中，将徐兰芝列入参会人员，是正确的。

《中国共产党组织史资料》还记载：其他参加会议的是 15 人。他们是：顾作霖、夏曦、陈原道、王稼祥、陈绍禹、秦邦宪、沈先定、何孟雄、沈泽民、韩连会、邱泮林、许畏三、柯庆施、肖道德、袁乃祥[②]。这些人和中央委员一样有发言权和表决权。

两者相加，出席六届四中全会的，共 37 人。陈原道列名其中。另有会议记录二人（其中一人为康生）。按档案工作的常识判断，这个名单，尤其是除中央委员、候补中委外的其他 15 人名单的顺序，系会议记录的原貌。陈原道排名第三。

陈原道能列席会议，显然主要是因为他坚决反“立三路线”，并受到了“立三路线”的打击。

①《中国共产党组织史资料》第二卷（上），中共党史出版社 2000 年版，第 49 页。
②《中国共产党组织史资料》第二卷（上），中共党史出版社 2000 年版，第 49 页。

一篇题为《王明同志的几件历史事实》的文章，说到陈原道开会前几分钟的情况。文章说："决定我去参加四中全会，首先是王明告诉我的。当四中全会开会前三数分钟，陈原道来告诉我两件事情：一件是说罗章龙是右派，要我发言反对；另一件是说'右派'坚持要开紧急会议或预备会议，反对开四中全会，但国际代表与中央都主张开四中全会，要我反对开紧急会议的主张。所谓'右派'问题，当时对我不仅是一个突然的问题，而且我自己根本无法理解。那时我只觉得罗章龙他们有两个意见我是不赞成的：一是说中央过去没有做任何工作；另一个是中央全部改造。但我思想中绝无他们是右派的感觉，所以我没有发言。"① 这篇文章没有署名，存王明档案。

会议开始后，向忠发主持选出了由向忠发、徐锡根、罗登贤、任弼时、陈郁五人组成的主席团，主要是向忠发主持会议。

向忠发首先宣布：六届四中全会扩大会议是共产国际批准召开的。并宣布会议的八项内容，主要是：向忠发作中央政治局报告；讨论；国际代表作结论；改选政治局委员等。这时，韩连会、王凤飞、罗章龙等人起来发言反对召开四中全会，要求改期召开紧急会议。这就引起了是否召开紧急会议的激烈争论。这时，国际代表说话了，说：四中全会已得到共产国际来电批准，坚决要求四中全会立即开始。夏曦、沈泽民等人也支持国际代表的意见。大会还就此进行表决，结果赞成召开四中全会的十九票，赞成召开紧急会议的十七票，以两票之差，否定了韩连会等人的意见②。韩连会等人又以立刻退席相威胁，被国际代表制止，

① 见郭德宏等著：《王明传》，人民出版社 2014 年版，第 153 页。

② 参见吴葆朴、李志英：《秦邦宪（博古）传》，中共党史出版社 2007 年版，第 80 页。郭德宏等著的《王明传》，则认为反对召开四中全会的是零票。

强调多数同志同意，要马上向中央政治局报告。

向忠发向大会所作的《中央政治局报告》，强调共产国际路线的正确性，批评“立三路线”是“反马克思列宁主义的，是反共产国际的，给了党很大的损害”；说“立三路线的领导对于拥护国际路线的同志实行压迫制度，抑制他们对立三同志对中央的自我批评，取消或监视他们的工作，如对陈绍禹等四同志及对何孟雄同志的处罚，这就使党的生活引导到非常的状态”。报告还指出：“三中全会的调和主义立场，与对国际代表的不尊重，最主要的责任是要秋白同志负的。”“中央政治局提议取消三中全会补选的赞助立三同志方面的中央委员，引进在反立三主义斗争之中拥护国际路线的同志，尤其是工人同志到中央委员会来，并且重新审察政治局的成分，以保障党的正确领导。”①

向忠发报告后，会议进行讨论。在张金刃、韩连会、王明等发言后，何孟雄提议让政治局的同志先发言，听听他们是否改正了错误。何孟雄的提议得到了一些人的支持。于是，周恩来、关向应、瞿秋白、向忠发、李维汉等人发言，不少人作了自我批评，承担了责任。政治局的同志发言后，何孟雄、王稼祥、罗章龙等十几人又发了言。总共在讨论中发言的有30多人。

陈原道在会上有没有发言？由于目前档案材料尚未完全公布，暂不能确定。但他拥护共产国际的意见，则是确定无疑的。

国际代表团看到已有不少同志发了言，就说，为保证扩大的四中全会安全地举行，今晚七时半必须结束讨论，十时半必须结束会议。随即由国际代表作会议结论。国际代表在会议结论中讲了三个问题：1. 李立三主义；2. 调和主义；3. 四中全会和党以

①《中共中央文件选集》第七册，中共中央党校出版社1983年版，第2—10页。

后应该如何去工作。他批评李立三说：他的路线是反马克思列宁主义的。“国际批评他，并不是因为他是一个热血的革命家，而是因为他是一个盲动主义的英雄——一个披着冒险主义外套的颓废的小资产阶级。”他批评三中全会，说：“三中全会党的领导很聪明的，他一方面向共产国际行鞠躬礼，另一方面向立三主义行鞠躬礼，这样行鞠躬礼的时候，将国际路线推到立三路线后面去了。”他还解释为什么现在不能召开紧急会议。说：“现在党到了一个混乱状态，迫切需要全党如一个人一样的一致在国际路线之下来斗争。”“如果召集紧急会议，能从工厂支部中选出代表来参加，但是这决不是目前马上能作到的，须四五月后才能作到，这样的会议我赞成，但他不叫紧急会议而是七次代表大会”，“过去中央号召较弱，但还不是根本不能领导，如果他根本不能回到国际路线上来，那我们早就运用‘八七’会议的方式来解决，不待同志们的要求了。现在同志们要求紧急会议是不对的，大家应该认识四中全会他是可以解决了我们目前急待解决的任务”①。这个解释是比较合理的。

关于人事问题，国际代表批了一些人，表扬了一些人，保了一些人。除了批李立三、瞿秋白外，还批了罗章龙等人。说：“锡根、于飞、章龙，反对立三路线是对的，但不能掩饰自己的错误”。警告他们不要“撕裂党”：“如果全总党团再继续下去，那将要可以成为一小组织。”也温和地批评了何孟雄，说他“放松了右倾”。点名表扬了王明、沈泽民，说“他们是坚决的与站在国际路线上面来反对立三路线的”，这些同志从莫斯科学习回来以后，“将他们所学习的东西应用出来，坚决的先执行国际路

①《共产国际代表在四中全会上的结论》，《中共中央文件选集》第七册，中共中央党校出版社 1983 年版，第 20—27 页。

线”。保了向忠发、周恩来等人。他批评有错误就应该滚蛋的观点，说：“在工作中哪个同志没有错误，如果有错误就应当都滚出去，那么大家都出去，让我们家中的三岁小孩子来，因为他没有从事过政治运动，没有什么错误的”。“忠发、锡根、向荣（应）、温玉成他们是工人同志，他们虽有错误，我们现在决不让他们滚蛋，要在工作中教育他们，看他们是否在工作中纠正自己的错误，如恩来同志自然应该打他的屁股，但也不是要他滚蛋，而是在工作中纠正他，看他是否在工作中纠正自己的错误。”①

这个会议结论无论是米夫作的，还是艾伯特作的，代表共产国际远东局的意见是肯定的。

会议的最后一项议程是补选中央委员和改选政治局。首先，由周恩来宣读共产国际远东局和中共中央政治局共同提议的名单②：

1. 三中全会补选的中央委员应退出的：罗迈（李维汉）、贺昌；

2. 新加入的中央委员：韩连会、王荩仁、沈先定、刘少奇、夏曦、陈绍禹、徐畏三、沈泽民、曾炳春；

3. 政治局应退出的：李立三、瞿秋白、罗迈；

4. 新加入政治局的：陈郁、任弼时、陈绍禹、王克全、刘少奇。

这个名单一公布，立即遭到罗章龙、余飞、史文彬等人的反对。罗章龙派的韩连会另提出一个政治局委员候选名单，史文彬也提出一个补选中央委员名单。经过争论和表决，在国际代表的

① 《共产国际代表在四中全会上的结论》，《中共中央文件选集》第七册，中共中央党校出版社 1983 年版，第 26—29 页。

② 见郭德宏等著：《王明传》，人民出版社 2014 年版，第 152 页。

干预下，远东局和中央政治局提出的名单获得通过。

这样，六届四中全会后的中央政治局委员共九人：向忠发、项英、周恩来、张国焘、徐锡根、卢福坦、陈绍禹、陈郁、任弼时；

中央政治局候补委员七人：罗登贤、关向应、温裕成、毛泽东、顾顺章、刘少奇、王克全。

1 月 10 日，中央政治局召开会议，讨论政治局成员分工和中央常委人选，决定向忠发、周恩来、张国焘为中央政治局常委，常委会主席仍为向忠发。

中共六届四中全会后的中央机关组成如下：①

秘书处秘书长：余泽鸿

中央组织部部长：康生

中央军事部部长：周恩来

中央宣传部部长：沈泽民（沈到鄂豫皖苏区后由张闻天接替）

中央职工部部长：卢福坦

中央妇女部部长：周秀珠（女）

陈原道在中央组织部任组织干事②（中央组织部秘书为孔原），并没有进入中央委员会担任要职。

新中国成立初期，中共中央组织部整理的一份“十九人传”中有陈原道的小传。其中写道：陈原道在六届四中全会后为“后补中央委员”。这个“后”是“候”字之误，还是说这个中央委员是后来补选的？不得而知。但目前出版的有关组织史资料中，均无此记载。2001 年，笔者在中央组织部档案室查找此材料，无

① 见《中国共产党组织史资料》第二卷，中共党史出版社 2000 年版，第 84—85 页。
② 见王建英：《中共中央机关历史演变》，中共党史出版社 2004 年版，第 180 页。

果。姑且存疑。

六届四中全会后，共产国际和中共中央政治局一方面要求犯错误的同志作出深刻检讨，同时，中央也纠正了一些过去的错误处罚。1月29日，中央政治局讨论通过了《解决争论问题及取消陈原道等同志处罚决议案》。全文如下：

解决争论问题及取消陈原道等同志处罚决议案①

（中央政治局通过）

（1931年1月29日）

过去中央立三路线的领导，使河南省委在工作上陷入严重错误。去年7、8月间省委中以长荣同志为代表的少数拥护立三路线的同志认为河南全省暴动形势已经成熟，应当争取河南省的首先胜利，于是不顾客观形势到处举行盲动冒险的行动。甚至三个人也要示威，一个同志没有的地方也要派人去立即组织暴动。这种错误意见当时曾受到以陈原道同志为代表的省委中多数同志的反抗，这些同志提出反对盲动冒险和真正革命的群众工作的任务。一般地讲来，河南省委内的争论是多数同志的合乎国际的指示的正确路线，对反共产国际的立三路线的争论。不幸当时北方局的领导依照立三路线去“解决”了这个问题。北方局加陈原道等同志以“一贯右倾机会主义”与小组织行动的罪名，取消多数省委同志的工作。由于这种错误措置之结果，河南群众工作受到极严重的损失。三中全会以后，中央继续对立三路线调和，因此在河南问题上除开对北方局关于河南问题的措置加以肯定外，并给原道以留党察看三个月的处分，徐兰芝等同志撤消省委工作，在中央告同志书上又认为原道同志是破坏党的无原则派别。四中

① 中共安徽省委党史研究室编：《陈原道百年诞辰纪念文集》，中共党史出版社2004年版，第316页。

全会后，新中央政治局认为过去中央和北方局这一切措置都是错误的。现在一方面对于河南问题工作另有决议指示方针外，特决议取消以前一切对河南错误处置，取消对原道同志的处罚，通告全党，号召河南省的全体布尔什维克团结在国际路线之下进行革命工作。

陈原道终于等来了中央给他的一个可以接受的结论！

六届四中全会及此前党内反“立三路线”的历史，呈现的是一种复杂的状况。由于王明后来走上了错误的道路，更增加了这一段历史的复杂性。党内对这一段历史的认识，也有一个过程，其间也有着诸多分歧。陈原道是这一时期党内的重要人物，又恰恰在这个历史的交叉点上和王明、秦邦宪（博古）、沈泽民、王稼祥等留苏学生走到了一起。由此，对六届四中全会包括对王明的认识和评价，直接涉及陈原道，对陈原道的一些误读也由此产生。这里，有必要对相关的历史情况作一梳理，以求对陈原道有一个正确的认识。

首先看一下有关著作经常引用的共产国际和米夫的两个论述。这直接涉及陈原道。

六届四中全会是在共产国际远东局的直接领导下召开的，贯彻的是共产国际的思想和意图，它自然得到共产国际的充分认可。1931 年 2 月 22 日、23 日、25 日、28 日，共产国际执委会远东局在给共产国际的信中陈述四中全会的作用时说，四中全会前，“旧的领导被排挤到了一边，整个党内斗争实际上是由其他两派人在进行。第一派当时号称‘青年共产国际派’（戈卢别夫、科穆纳尔、吉德科夫、梅塔洛夫、涅夫斯基等），公认这一派在共产国际来信前早就对李立三路线进行了原则性的斗争；另一派包括［工会］总委员会的几名工人，以何孟雄和罗章龙为首，在四中全会前夕活跃起来”[①]。这里所说的“青年共产国际派”的几人名字为俄文名，分别是陈绍禹、王稼祥、沈泽民、夏曦、陈原道。共产国际远东局的信赞扬了他们。

陈原道列名其中。

无独有偶。五年之后的1936年，米夫在《英勇奋斗的十五年——中国共产党成立十五周年纪念》一文中，重复了几乎同样的观点。他在叙述到中共六届三中、四中全会这一段历史时写道：“立三路线的实施结果，给予党以很大的损失，……上海党的组织在陈绍禹（王明）同志领导之下，首先开始了反半托洛茨基的李立三路线的斗争，为正确路线而进行的斗争，获得了完全的胜利。在绍禹同志——中国共产主义运动最有威望和最有天才的领袖之一，周围团结了党的最好干部，他协同党内其他优秀的领导者——秦邦宪、王稼祥、何子述（于1933年因遭受虐待得病死于北平陆军监狱内）、沈泽民（因积劳成疾而死于鄂豫皖苏区）、陈原道（于1932年被国民党秘密枪决于南京）等同志，在两条战线斗争上，坚持了正确的列宁斯大林关于中国革命问题的路线，可是，因为三中全会（1930年9月）采取了调和立场的结果，党在当时，还未能走上正确的道路。”[②]

在这里，米夫又把陈原道和王明等人捆在了一起，对他们尤其是对王明，给予了热烈的赞扬。米夫对王明评价的不客观是不言自明的。

---

①《共产国际、联共（布）与中国革命档案资料丛书》第十卷，中央文献出版社2002年版，第117页。

② 中国现代革命史资料丛刊：《米夫关于中国革命的言论》，人民出版社1986年版，第523页。

于是，有的论著据此把陈原道划入了王明教条宗派。

问题并不是这么简单。

由于王明教条主义曾经在党内统治四年之久，给中国革命造成了极大的危害，也由于王明本人顽固地坚持自己的错误，并在错误的道路上越走越远，因而人们对王明采取了批判和否定的态度；又由于王明是共产国际东方书记处，尤其是米夫扶持上台的，王明打的又是国际的旗号，因而人们对共产国际和米夫的此类言论又持批评的态度。一些党史著作、口述历史甚至说在莫斯科中山大学中时，王明就和米夫“勾搭”，“互相吹拍，彼此利用”，甚至是“蝇营狗苟，吹、拍、拉、打，无所不用其极”。以致形成以人划线的做法：凡是米夫赞扬的就是站在国际一边的教条主义宗派。这种做法可以理解，但并不科学。这是把复杂的问题简单化了。正确的做法应该是具体问题具体分析。

其实，无论是远东局给共产国际的信还是米夫纪念中共成立十五周年的文章，陈述的都是六届四中全会期间的一段历史事实，这就是王明、秦邦宪、王稼祥、沈泽民、夏曦、何子述、陈原道这几个人是坚决反“立三路线”、坚决拥护共产国际路线的，而他们又有着共同的留苏背景，因而被称作“青年共产国际派”。其实，拥护国际路线，这是当时中共党内的共识，连李维汉这样老资格的革命者起初表示要和王明斗争，知道是共产国际支持他，于是只能表示要服从共产国际。周恩来也是如此。因为中国共产党当时是共产国际的一个支部，其组织原则如此。至于这种组织方式的优劣，是另外一个问题。陈原道反“立三路线”，拥护国际路线，这和当时多数人的思想是一致的，而他的政治观点是他一贯秉持“独立分析”的结果，并不依附于某人，只因为他身上有着留学莫斯科中山大学这个标签，因而被人自觉或不自觉地划入“青年共产国际派”。而在张国焘的记忆中，陈原道却是“反米夫派的重要分子”。对于陈原道而言，有的只是革命的利益、党的利益，这从他的一生可以看得更加清楚。至于以共产国际或米夫赞扬某人来划线，更是不科学。同样是在共产国际远东局的信中，远东局就认为他们召开四中全会的成绩是“将旧领导中的优秀分子、罗章龙派的工人部分和年轻的共产国际派联合起来，使他们完全协调一致地工作”①。米夫在《英勇奋斗的十五年》中，不仅赞扬了王明，同样以极大的热情称赞了毛泽东、朱德、方志敏……称赞了英勇的红军战士，称赞了中国革命烈士。他以热烈的口吻写道：“在建造中国红军的事业上，毛泽东同志、朱德同志、彭德怀同志、黄公略同志、彭湃同志，以及贺龙、林彪同志有着特别伟大的功绩——他们真是英勇卓绝的战士，不折不挠的布尔什维克，他们不怕任何牺牲与艰苦，他们无时不为共产党的事业，为全中国人民的切身利益而奋斗。”他还热烈地赞扬林祖涵、吴玉章、徐特立、何叔衡，称他们是“中国革命的老战士与有名的政治家”。他也热烈地赞扬红军：“红军之所以强大有力，就是因为他与劳动人民有不可分离的联系；红军之所以强大有力，就是因为他是有铁的自觉的纪律团结一致的革命军队”。文章还热烈地赞扬了“为中国人民事业而英勇牺牲了的许多最著名的人物：有苏兆征，向忠发（向被捕后叛变的事实很长时间不被党内知晓——引者注），杨殷，王荷波，刘华，许白昊等这些工人阶级最有名的领袖；有自第三次党代会以后历届连任的中央委员，中华苏维埃人民共和国中央政府的教育人民委员瞿秋白同志；有著名的党的领袖与全国闻名的政治家李大钊同志；在反革

①《共产国际、联共（布）与中国革命档案资料丛书》第十卷，中央文献出版社2002年版，第120页。

命的屠刀下慷慨就义的，有中国劳苦群众的最有才能的卓绝的领袖陈延年同志和赵世炎同志；有极广阔之眼界及极坚定之意志的罗亦农同志；在伟大斗争中英勇牺牲的，有青年团的创造者与广州公社的领导者张太雷同志和最受中国青年爱戴的恽代英同志；惨遭敌人屠杀枪毙而光荣牺牲的，还有中央政治局委员蔡和森同志和罗登贤同志；以及中国农民运动伟大的领袖‘农民大王’彭湃同志”[①]。

较多地引述米夫的这些言论，是为了使人们对此有个全面的认识，避免一叶障目。读米夫的这些言论，你会深深感叹：那个曾经被众多研究者和王明绑在一起的米夫，原来对中国革命、中国革命领袖和革命先烈有着一腔深情！共产国际和东方书记处负责人米夫把王明扶上了台，这是他们的一大失误。但是，人们却不能因此就对米夫赞扬的人物一概持负面评价的态度。共产国际把王明扶上了台，也是共产国际在了解到中国革命的真实情况后，转而对毛泽东采取了支持的态度：“1938 年，季米特洛夫在王稼祥回国前同他谈话，指出中共要以毛泽东为中心，王明不要另搞一套。”[②] 这就为毛泽东在党内领导地位的确立起到了重要作用，也为中国革命作出了贡献。

陈原道留苏时的同学屠庆祺的一段回忆应该值得重视。他说：“1930 年秋，陈原道回上海，参加了四中全会。但陈原道不是陈绍禹的私人，他是站在反对李立三盲动主义的立场上参加了四中全会。陈原道当时也曾设想，把张闻天、王稼祥等留苏同学和国内老干部周恩来、项英、关向应等结合起来抵制陈绍禹。但

① 中国现代革命史资料丛刊:《米夫关于中国革命言论》，人民出版社 1986 年版，第 520—548 页。

②《胡乔木回忆毛泽东》(增订本)，人民出版社 2003 年版，第 49 页。

因为当时国际代表米夫大力支持陈绍禹，所以陈原道没有这样做，因而被许多人看作陈绍禹派，其实骨子里，陈原道、张闻天、王稼祥都不是陈绍禹派。”①

屠庆祺这里所说的陈原道关于联合周恩来等国内老干部的“设想”，目前尚未发现其他佐证材料，只能录以备考。但说“陈原道不是陈绍禹的私人”，则是符合陈原道一贯的思想品格的。

还是回到对六届四中全会的评价上来。

首先对六届四中全会引起巨大争议的是在四中全会甫一结束，共产国际充分肯定了它，罗章龙等人却持激烈的反对态度，擅自成立了“第二中央”“第二省委”“第二区委”，走上了分裂党的道路。这一点，本书下面还要说到。

再一次对六届四中全会引起热烈讨论甚至争论的是在延安整风时期。自 1931 年六届四中全会王明上台到 1935 年遵义会议，以王明为代表的“左”倾教条主义错误在党内统治四年之久，给中国革命造成了巨大损失。1935 年的遵义会议以后，党在军事上、政治上纠正了以教条主义为特征的王明“左”倾错误，但是还没有来得及从思想上系统地彻底地清算这种错误，党内的主观主义特别是教条主义，还在经常作怪。1940 年 3 月 19 日从莫斯科回来的王明在延安再版他于六届四中全会前写的《两条路线》（该书再版时名称改为《为中共更加布尔塞维克化而斗争》）一书，继续打着国际的旗号唬人。此后，毛泽东发动了延安整风，以求在全党确立一条正确的思想路线，这就是坚持把马克思主义和中国革命实际相结合，或曰坚持马克思主义中国化，彻底打倒教条

① 杜畏之：《关于陈原道同志历史的几点事实》，中共安徽省委党史研究室编：《陈原道百年诞辰纪念文集》，中共党史出版社 2004 年版，第 76 页。

主义，纯洁党风、学风、文风。整风运动首先从高级干部研究党史、讨论党的政治路线开始。1941 年 9 月和 1943 年 9 月的两次政治局扩大会议，是中央领导层整风中起关键作用的两次会议。

1941 年的九月政治局扩大会议，主要是研究六届四中全会以后中央的领导路线问题。张闻天、博古（秦邦宪）、王稼祥等同志都作了检讨，博古甚至作了两次检讨。但是，王明在会上丝毫不作自我批评，把责任推到博古、张闻天身上，并表示决心与中央争论到底，到共产国际去打官司。后又借口有病，长期不参加中央整风会议。在经过 9 月 10 日、11 日、12 日、29 日和 10 月 22 日五次会议以后，毛泽东为 1941 年 9 月政治局会议起草了《关于四中全会以来中央领导路线问题结论草案》，通称《结论草案》或《历史草案》（毛泽东在这个文件的封皮上题写了“历史草案”）。据《胡乔木回忆毛泽东》一书介绍，在第一个问题“三个时期的路线”中，毛泽东开宗明义，说：“中央政治局在收集详细材料经过详细讨论之后，一致认为四中全会及其以后一个时期，中央领导路线虽有缺点、错误，但在基本上是正确的。”在第二个问题中，毛泽东又写道：“四中全会的成功方面”在于，指出立三时期的错误是路线错误，打击了罗章龙为首的反党右派，恢复了共产国际在中国党内的信任，克服了“立三路线”反国际的性质。此外，那时的中央放弃了组织城市暴动和攻打大城市、解决富田事件的争论，以及在粉碎第二次和第三次“围剿”中都作了工作，这些都应肯定。同时，毛泽东也论列了四中全会的五条错误：（一）四中全会没有揭发“立三路线”的思想根源是与马克思主义的辩证唯物论水火不相容的主观主义与形式主义，埋下了后来“左”倾路线的思想根源。（二）四中全会没有对当时的国际关系和国内阶级关系作出任何具体的马克思主义的分析，没有具体指出中国革命特点的极大的不平衡性和长期性，因而没有具体规定当时苏区和白区的策略任务。（三）四中全会在组织路线方面犯了类似“立三路线”“压迫政策”的错误，打击了太多的人，如瞿秋白、关向应，还有何孟雄、林育南等，这些同志在本质上都是好的，这就埋伏了后来的“左”倾路线采取宗派立场的根源。（四）四中全会认为“右倾是目前党内的主要危险”，对反罗章龙来说是对的，但对全党来说是错的。（五）四中全会“全靠共产国际”，只克服了当作政治形态（其主要部分）的“立三路线”，不能克服当作思想形态的“立三路线”，这是后来形成新的“立三路线”的最主要原因①。

从1931年的六届四中全会到1941年的中央政治局扩大会议，时间上相隔十年后，毛泽东在政治局讨论的基础上形成了这个《历史草案》。《胡乔木回忆毛泽东》一书指出：这个草案“是理论的升华”，“比较全面、系统、深刻地总结了党的历史经验，为科学地评价六届四中全会以后的中央领导路线提供了一个很好的文件基础”②。

然而，认识还没有停止。

1943年9月，在经过全党1942年的普遍整风以后，中央政治局再次召开扩大会议，按照1941年九月会议的方式，继续讨论党的路线问题。这一时期，王明声称抗战以来中央的路线错了，他要到国际去告状，这就使认识的分歧加剧了。1942年底刘少奇从华中局回到延安，1943年张闻天从农村调查归来，王明向他们宣传中央路线有错误的观点，并要他们主持公道。为了统一干部的思想，于是有了这一次九月会议的召开。这次会议整风检

① 见《胡乔木回忆毛泽东》，人民出版社2003年版，第224页。
②《胡乔木回忆毛泽东》，人民出版社2003年版，第230页。

查与党史学习穿插进行，断断续续开到年底，实际上直到六届七中全会才完全结束检查。这次会议“对于错误路线的批评，在基本方向和内容上无疑是正确的，但是言词上要比1941年‘九月会议’尖锐，涉及的人更多一些，会议的空气有时也紧张一些。这是1943年‘九月会议’的一个特点”①。《胡乔木回忆毛泽东》一书这样说。杨尚昆参加了这次整风会议。他回忆说：“会议的气氛相当紧张。一方面，从大家揭发的事实来看，‘左’倾教条主义对革命的危害确实十分重要，而王明的态度又令人十分气愤。另一方面，不可否认的，会上也出现了‘左’的偏激情绪，有人把教条宗派说成是反革命集团，说王明是特务，让他讲怎样出卖党的利益。”②

毛泽东、刘少奇、周恩来、朱德、博古、叶剑英、康生等人都在会议上发了言。如果说1941年九月会议主要是清算苏维埃运动后期即九一八事变至遵义会议期间的错误，批判的矛头主要是博古，对六届四中全会问题并没有展开，如《王明传》作者、中央党校教授郭德宏所说，对王明还是采取了十分宽容和爱护的态度。那么，这一次的九月政治局会议，批判的矛头是王明、博古了，并且把王明的错误上升到路线错误进行清算。究其原因，王明的拒不承认错误和两面派行为，是其中的缘由之一。毛泽东在政治局会议上数次发言，批判“两个宗派”，即教条宗派和经验宗派，主要是批判教条宗派。据《胡乔木回忆毛泽东》一书介绍，在9月13日的政治局会议上，毛泽东发言说，党从四中全会后，就有两个大宗派，一是教条宗派，一是经验宗派；教条主义宗派最主要的是王明，四中全会后是博古，教条宗派只有罪恶

①《胡乔木回忆毛泽东》，人民出版社2003年版，第280页。
②《杨尚昆回忆录》，中央文献出版社2001年版，第211页。

无功劳，超过了李立三、陈独秀。又说，教条宗派穿了马列主义外衣，利用“国际”名义来称雄吓人，与经验宗派中的不正派的人结合起来，危害最大。反对整个宗派主义，要从破坏教条宗派开始，在全党揭露，对犯错误的“将一军”。整风以来就是反教条宗派。毛泽东的“这个发言实际上为 1943 年 9 月政治局会议的整风定下了基调”①。

同时，针对会议中出现的一些“左”的偏激的情绪和言词，毛泽东在发言中强调不要否定一切，要具体问题具体分析，要实事求是。杨尚昆在回忆录中写道：“对教条宗派，毛主席公正地说：教条主义还是革命的，不过是搬教条就是了。他们同我们有三点相同的地方：第一，要打倒帝国主义；第二，反对蒋介石；第三，主张分田地给农民。”“在关键时刻，毛主席这么一说，有利于抑制那股‘左’的情绪。”②《胡乔木回忆毛泽东》一书也具体说道：毛泽东在 1944 年 3 月 5 日政治局会议上就党史上几个重要问题发言时指出：不要反对一切。四中全会到遵义会议这一段历史，也不要一切否认。当时我与博古等一起工作时，有共同点，都要打倒蒋介石；分歧点是如何打倒蒋介石，这是策略上的分歧。如果把过去一切都否认是一种偏向。我们要分析，不要笼统一概否定。保留好的东西，这才是实事求是③。在 1944 年 5 月 21 日扩大的六届七中全会上，还一致通过了毛泽东代表政治局提出的关于党内历史问题的六项意见，并形成了正式的决议文字。其中第一、第三项是：“中央某些个别同志曾被其他一些同志怀疑为有党外问题，根据所有材料研究，认为他们不是党外问题，而

①《胡乔木回忆毛泽东》，人民出版社 2003 年版，第 284—285 页。
②《杨尚昆回忆录》，中央文献出版社 2001 年版，第 212 页。
③ 见《胡乔木回忆毛泽东》，人民出版社 2003 年版，第 298—299 页。

是党内错误问题”；“自四中全会至遵义会议期间，党中央的领导路线是错误的，但尚有其正确的部分，应该进行适当的分析，不要否定一切。”[①]

毛泽东在延安整风中对王明教条宗派的分析，为分析陈原道这一时期和王明的关系提供了一把钥匙。反对帝国主义、反对蒋介石、主张土地革命这三个共同点，也是陈原道在反“立三路线”这个历史交叉点上和王明等人走到一起的一个重要原因。

1945 年 4 月 20 日，扩大的六届七中全会举行最后一次会议，原则通过了《关于若干历史问题的决议》。毛泽东在讲到决议时还说明：决议现在还有缺点，还需要修改，故只要求基本通过，我想他的基本思想是不错的，至于整个历史叙述是否完全正确，那是不一定的。如果二三十年后看来，还是功大过小，就很好了[②]。对六届四中全会，决议的评价是：“这次会议的召开没有任何积极的建设的作用”[③]。

从 1941 年九月会议到 1943 年九月会议、1944 年至 1945 年六届七中全会，毛泽东和中共中央对六届四中全会历史的认识有了很大的变化。这是一种新的升华，是正确的。

1991 年 11 月 7 日，胡乔木和协助自己写作的同志谈历史决议和七大。有同志问：毛主席在 1941 年曾经肯定四中全会，后来改变了，是否在最初有意作一种照顾？胡乔木回答：“同遵义会议的情况有些类似”，“历史是发展的，人的认识也是发展的。这里也可能有某种考虑的因素”。就在这次谈话中，胡乔木还说道：“在七大会议上，师哲讲过一段话。因为大家批评过去的错误同

① 见《胡乔木回忆毛泽东》，人民出版社 2003 年版，第 300—301 页。
② 见《胡乔木回忆毛泽东》，人民出版社 2003 年版，第 319 页。
③《建党以来重要文献选编》第 22 册，中央文献出版社 2011 年版，第 82 页。

共产国际、苏联有关系。他就说，我们还是要强调共产国际对中国革命的贡献，苏联的援助。他讲的话不长。毛主席说对。”[①] 师哲这个发言也是对片面性的一个纠正。因为王明是共产国际扶上台的，因此有的同志就对共产国际过多地采取了否定的态度。这是不客观的。

毛泽东和中共中央这样一个历史认识过程说明，六届四中前后的历史是一个十分复杂的历史现象、历史问题。人们要想真正地认识它，并不容易。“立三路线”给中国革命造成的严重危害是人们有目共睹的，而在反“立三路线”的旗帜之下，又聚集着不同的力量。作为明确地要以马克思列宁主义指导中国革命斗争实践的陈原道来说，他在实际斗争中却遭到了“左”倾错误的无情打击，如何选择正确的斗争方针和斗争方式？不啻为一道难题。同时它也说明，对于后世的历史研究者来说，则应如毛泽东指出的，要着重于当时环境和历史背景的分析，坚持具体问题具体分析，反对否定一切，防止简单化。那种简单地以人划线，以一两句话就轻易划线、定是非的做法是不可取的；不对历史的复杂性做全面的考察，站在今天的认识高度和结论上自以为是，苛求前人，也是不可取的。

三、中央党报委员会成员

六届四中全会以后，陈原道只是中央组织部干事，但有一个

①《胡乔木回忆毛泽东》，人民出版社 2003 年版，第 74—77 页。

任职，却应该在他的历史上记录下来，这就是任中央党报委员会成员。

1931 年 1 月六届四中全会后，中共中央在组建中央组织部、中央军事部、中央宣传部这些重要的中央工作机构时，同时设立新的党报委员会，直接对中央政治局负责。党报委员会主任（主席）为政治局常委张国焘，2 月，中央决定张国焘到鄂豫皖苏区后，主任由政治局常委周恩来代理。

党报委员会（1931.1—1931.3）由下列成员组成：

张国焘　周恩来　沈泽民　陈原道　王稼祥　秦邦宪　曾弘毅　罗绮园　军委 1 人（不详）　王明　夏曦　刘昆　李富春　关向应　任弼时　毛泽东　潘汉年　张闻天　秘书王稼祥

这个名单照录于由中共中央组织部、中共中央党史研究室、中央档案馆共同编写的《中国共产党组织史资料》第二卷。这是目前权威性的中共组织史资料。

从这个 18 人名单可以看出，这是中共党内理论界一个强大的阵营，其中政治局委员和候补委员六人，中央委员二人；其成员几乎都是当时中共理论界的翘楚和精英，尽管有的人后来走上了错误的道路，那是另外一个问题。

中共中央为什么要组织这样一个强大的理论阵营？从 1931 年 1 月 27 日《中共中央政治局关于党报的决议》可以看得很清楚。《决议》提出："在立三路线之下，党报形成一个单纯的对外的宣传品，失却其对党的工作及群众工作的领导作用。过去党报对于各种工作未曾给予指示，没有整顿各种斗争的经验，没有发展党内的讨论（自然在站在国际与党的路线上的讨论）。同时，文章偏于理论问题和策略问题，而不能带有最大限度的具体性，来指示实际工作，尤其是关于党的组织问题、党的建设问题，差不多完全没有注意到。”总之，“党报没有起领导的指示的作用，所以党员群众认为党报乃是‘空谈理论’的刊物，或者是对外的宣传品”；同时，“直接参加实际工作的同志没有把自己的经验整顿起来，以供献党报，来教育全党。结果，党报的工作完全落到党报的编辑身上（这些编辑又脱离群众工作），使党报不能回答一切实际工作中的问题，使理论问题的文章不能很好的联系到实际工作。”[①] 这就是说，过去的党报理论脱离了实际，成了“空谈理论”。

这个批评是很深刻的，尤其是在当时教条主义开始盛行的情况之下。

为了纠正这一偏向，中央政治局的决议强调，今后要注意理论联系实际，使论文带有“指示文件的性质”。《决议》指出：

以后党报必须成为党的工作及群众工作的领导者，成为扩大党在群众中影响的有力的工具，成为群众的组织者。党报不仅要解说中国革命的理论问题、策略问题，解说党目前的中心口号，同时要极可能的多收集关于实际工作的文章，特别是关于党的组织任务的文章。论文要带有指示文件的性质，要带极高限度的具体性，应当给与实际工作中的同志以具体的建议。同时，各级党部应当解说党报的作用，使同志来正确的认识党报，来实际的帮助党报，写文章帮助发行。

《决议》还向全党宣布：“成立中央党报委员会，负责中央党报一切领导。”[②]

强调理论联系实际，中央政治局的这一思想无疑是正确的。强调“论文要带有指示文件的性质”，也给了党报极高的地位和

①《建党以来重要文献选编》第八册，中央文献出版社 2011 年版，第 29 页。
②《建党以来重要文献选编》第八册，中央文献出版社 2011 年版，第 29—30 页。

赋予了重大的责任。陈原道能够成为中央党报委员会的一员，说明中央政治局对他理论和政治素养的认可。对于陈原道来说，也是实至名归的。还在莫斯科中山大学时期，他就系统地学习了马克思列宁主义，尤其是对列宁主义更是了然于心；更重要的是，他提出要“以马克思列宁主义为指导来研究中国问题（历史的、个别的）”，研究中国的国情和中国革命的特殊性这样一个极其重要的正确的思想方法；在回国以后的革命斗争实践中，他又努力地贯彻这一思想方法，坚持调查研究，从实际出发，探讨中国革命的正确道路。可以说，他具备了革命理论家的特质。如此，他又多么想在党的思想理论和宣传战线上，为中国人民的革命事业贡献自己的力量啊！

然而，革命正处于一个十分艰难的时期。六届四中全会以后，由于罗章龙等人加紧进行分裂活动，使党出现了一个新的危机，陈原道又受命赴天津，解决北方党的问题，很快又被捕入狱；中共中央由于顾顺章、向忠发等高层领导人的相继被捕叛变，使领导机关很快被迫迁入苏区。从目前的档案资料来看，中央党报委员会的存在是短暂的，但在陈原道的历史上，却是重要的一笔。

四、受命赴天津，解决中共河北省委问题

六届四中全会以后，中共中央面临的一个重大而紧迫的问题，就是处理以罗章龙为首的一部分人严重分裂党的行为。

还在六届四中全会上，罗章龙等人就极力反对召开六届四中全会，力争召开紧急会议，把执行“立三路线”的中央领导人统统换掉和彻底改造，以选举他们这样的反“立三路线”的“斗争干部”。在补选中央委员和政治局委员时，罗章龙因没有达到自己的目的，甚至以退出会议相要挟，被人拉住，因而在会上受到国际代表的批评和警告。但是，六届四中全会后，他们继续一意孤行，召开“反对四中全会代表团”会议，通过了《力争紧急会议反对四中全会报告大纲》，走上了有组织地分裂党的道路。报告大纲宣称：“四中全会是没有解决党的政治上的组织上的主要任务并且保证立三派的继续领导。”“周恩来向忠发项英任弼时等仍旧继续中央局的领导，李立三瞿秋白仍使其隐藏中央委员会之内，对于毫无工作经验同样犯有立三路线错误的陈绍禹等，使其加入政治局负领导重责。”因此，他们认为，四中全会“是比三中全会更可耻的会议”，“应站在国际路线之下立即推翻他的全部决议”，“要求国际重派正确的代表领导坚决反立三路线调和主义的中央委员，成立临时中央，主持全国紧急会议，解决党的政治上组织上的迫切问题”①。更有甚者，他们竟然成立“第二中央”，派遣被他们煽动的同志到各省，如满洲、顺直、山东、广东等，成立“第二省委”“第二区委”。在北方，则成立了“北方紧急会议筹备处”，成为“第二党”分裂活动的重点地区。

党内斗争，这种分裂活动是党的纪律决不允许的！1931年1月21日，中共中央发出第二〇四号通知——《关于与党内右派小组织斗争》，公开点名批评罗章龙、王克全等人：“公开的组织第二区委第二省委，阻断党的正确组织的关系”，“障碍着党在实

①《中共中央文件选集》第七册，中共中央党校出版社1983年版，第58—59页。

际工作中的真正转变”，“客观上完全是帮助敌人”[①]。1月25日，又发出《中央委员会为肃清李立三主义反对右派罗章龙告全体党员和青年团员书》，揭露罗章龙等人分裂党的活动，号召共产党员和共青团员要维护党的铁的纪律。1月27日，中央政治局通过了《关于开除罗章龙中央委员及党籍的决议案》。

中共中央的这一决定，是完全正确的。李维汉在回忆1977年罗章龙和他的一次谈话时说：“罗章成对这段历史的态度，我是很不满意的。1977年他来北京后，我同他谈过一次。他说在四中全会上，他们是反对王明教条主义的，是反对米夫的。我说：你们搞第二党是实实在在的。当时，如果你们只是反对王明教条主义，那是对的。但我们党在当时是共产国际的一个支部，四中全会的召开是经过共产国际批准的，其结果又为共产国际所承认，因此从组织原则上来说召开四中全会是合法的。你们对四中全会不满，另外建议召开紧急会议也是可以的，但你们单独搞会场开会组织‘中央非常委员会’，成立‘第二省委’、‘第二区委’、‘第二工会党团’等组织，则是不对的。可是他却认为这样做不是分裂党。我说你们‘第二中央’的具体情况我不清楚，但你们‘第二省委’、‘第二区委’的情况我是清楚的。在江苏省委我是当事人。当时我的省委书记职务虽然已被撤销，但还没有离开省委。那时王克全、徐锡根等人参加了你们的组织，他们到江苏省委来闹事，要我们让出省委机关给你们的省委，我们没有让，并与你们进行了斗争。这是实实在在的。我是当事人，可以做证明。我说：你们是在分裂党的组织，这是党所不允许的。罗章龙说，他们搞第二组织，是要与共产国际发生关系。这种辩解也是

①《中共中央文件选集》第七册，中共中央党校出版社1983年版，第40页。

说服不了人的。即使他们想与共产国际发生关系，也不能说另立中央就是对的。这个问题是他们的要害。”①

李维汉和罗章龙的这次谈话虽然是在40多年之后，却真实地反映当时党内大多数人的思想状况，也说明了党内斗争的复杂性。

对于罗章龙的右派面目，陈原道在六届四中全会开会之前就有认识，所以有了前述他和一位与会者的对话。对于中央在罗章龙一意孤行的情况下开除他的中央委员和党籍，陈原道是衷心拥护的。

就在这时，陈原道接到中央交给的一项重要任务。针对罗章龙分裂主义在北方党造成的混乱状况，1月下旬，中央政治局作出《中共中央对河北党的问题的决议》，决定停止河北省委职权，取消“筹备处”，组织临时省委领导北方党的斗争。同时决定：组成以陈原道为首，由徐兰芝、贺昌（一说周启敦）参加的中央代表团，赴天津执行中央的这一决议。

这是陈原道继1929年赴河南重建中共河南省委后，又一次临危受命。20多天后，中共中央在给共产国际执行委员会的报告中说：“惟顺直党中，机会主义根基较深，而右派一些领袖又多在顺直做过工作……所以那里的斗争还很艰苦，中央现在更派负责同志去巡视。”②

这里有一个问题需要首先说明，这就是六届四中全会后，王明掌握中央领导权是有一个过程的。四中全会后，中央政治局常委是向忠发、周恩来、张国焘三人，常委会主席仍是向忠发。有

① 李维汉：《回忆与研究》（上），中共党史资料出版社1986年版，第329—330页。

②《共产国际、联共（布）与中国革命档案资料丛书》第12卷，中央文献出版社2002年版，第526—527页。

党史学者正确地指出，这时，“就中共中央自身而言，无论是名义上还是实际上，负责中央领导工作的是政治局常务委员向忠发、周恩来、张国焘组成的‘三驾马车’，这在远东局成员与中共主要负责人的几次谈话中可以得到证明”[①]。1931年2月19日，代表共产国际远东局与中共联系的雷利斯基在上海与向忠发、周恩来谈话，内容涉及苏区的军事斗争、政权建设、土地路线，也涉及白区的工人运动，还有具体的人事安排，事关全党。直到3月31日和4月2日，远东局的另一名成员盖利斯在上海与周恩来、向忠发、张国焘召开了两次会议。这两次会议决定了中共党内的一系列人事安排，“比较典型地反映了当时远东局与中共的关系以及‘三驾马车’在中共的领导地位”[②]。而这时，王明尚是中央政治局委员兼江南省委书记，进入中央常委则是张国焘4月到鄂豫皖以后，由此可以推测，陈原道奉命率中央三人代表团赴天津，是中央政治局常委和共产国际远东局共同研究决定的，陈原道此行并不是作为王明的“钦差

★ 中共顺直省委旧址——天津市和平区耀华里耀华中学校园内

① 戴茂林:《六届四中全会前后有关王明研究的几则史实辨析》,《中共党史研究》2011年第11期。

② 戴茂林:《六届四中全会前后有关王明研究的几则史实辨析》,《中共党史研究》2011年第11期。

大臣”。

★ 旧天津

1931 年 1 月 28 日，陈原道一行到达天津。

这时，罗章龙分裂主义在北方党系统中的活动是凶猛的。还在六届四中全会之前，共青团天津市委书记曹策就利用北方局书记贺昌派他到上海和中央联系所掌握的一些情况，开始进行分裂活动。1 月 3 日，曹策等人利用天津市委开会之机，以突然袭击的方式，改为召开紧急会议，罢免了市委书记童长荣的领导职务，成立了天津临时市委，曹策自封为书记，宣布脱离中央和省委的领导。1 月 4 日，中共京东特委派代表到天津，要求中共河北省委召开紧急会议，改造省委。中共河北省委是由原顺直省委演变而来。1930 年 7 月中共中央以顺直省委为基础，重建北方局，以贺昌为书记。六届三中全会以后，停止了全国武装暴动的计划。年底，中央决定撤销北方局，在北方建立河北省委，管理顺直和京东、保属两特委，以及晋陕甘及河南北部的工作。5 日，省委代理书记阮啸仙召集联席会议，讨论京东特委的意见。

结果会议在曹策煽动下，成立了“河北省紧急会议筹备处”（亦称“北方紧急会议筹备处”），以执行召开河北省紧急会议的任务。并决定筹备处的活动不受中央和省委的领导，实际上成了第二省委。筹备处为曹策控制，他们要求“省委自动解散”。在曹策等人的煽动下，省委机关相当一部分工作人员参加了筹备处，省委的工作陷于瘫痪状态。这时，罗章龙又派在北方工作过的张金刃、韩连会、叶善枝等人来到京津一带进行活动。张金刃等人到北方后，立即与曹策等人联合，进一步扩大分裂党的活动。1月下旬，“北方紧急会议筹备处”改组，由张金刃任书记，韩连会负责组织，曹策负责宣传，并接受罗章龙的“第二中央”的领导，派出大批人马到北平、陕西、山西、直南、保属等地进行煽动，散布罗章龙起草的反四中全会的小册子。

罗章龙的分裂主义活动，在北方的党组织中引起了极大的混乱。从天津到北平、唐山、山西、陕西，莫不如此。1931 年初任北平党铁路支部代表的平杰三几十年后回忆了 1931 年 1 月 23 日他参加的北平市委在清华大学召开党代表大会的情形：

这次党代会斗争很激烈，主要是拥护四中全会与反对四中全会的斗争，会上分成了两派，但在反立三路线上是一致的。市委书记任国桢靠边站了，因为他是执行立三路线的。当时，反四中全会的人搞了个筹备处，拥护四中全会的人说他们是“右派筹备处”。市委秘书长肖明是这个筹备处的头头，他们的中心力量在北大、女师大。当时北大是个大支部，活动中心在沙滩。拥护四中全会的头头是刘锡五，他是全国铁总派到北平市委的，也是市委负责人之一。我与冷楚是和刘锡五站在一起的，那时的团市委书记小罗（赵霖，原吉林省委第一书记，现山东省委书记），也是和我们站在一起的。

代表大会挤在清华大学学生宿舍一间房子里开了一天，中午大家只吃了点面包，接着又开会。参加会议的代表都是知识分子，工人农民代表一个也没有。这个会选举了北平新市委，共选出了五个委员：刘锡五、我（代表铁路工人）、冷楚（代表门头沟煤矿工人）、王定南、赵作霖（代表北大）。市委选出后，在北大三院召开第一次委员会来商量分工的问题。五人中两人是反四中全会的，三比二，谁当书记争论不下。我们拥护刘锡五当书记，他们不赞成，吵得一塌糊涂。我们事先准备好了，如果搞不好，就退出会议。结果，刘锡五带头退出，接着冷楚也退出了，他俩一走，我也走了，把王定南、赵作霖两人搁在那里了。这样，新常委选出后，第一次研究分工就分裂了①。

刘锡五后来也回忆了当时北平市委与“紧急会议筹备处”斗争的一些情况。他说，张慕陶（张金刃）他们打听到我在北方局扩大会议上是反对立三路线的，就派人找我谈话，拉拢我。我对他们说：我从根本上就反对你们的非组织活动。这种做法是不对的。反立三路线是党内问题，不能拿到党外解决，结果谁也没有说服谁。“他们在知识分子中到处活动，我和任国桢、平杰三等人就在工人中活动。当时，北平北大、燕京、平大法学院支部被拉过去了，清华支部也一度动摇。”②

据《中国共产党北京历史》记载：第一次市委代表大会选举的市委分裂以后，“1 月 25 日，刘锡五等四人发表意见书，否认并退出这届市委，要求河北省委迅速召集中共北平市委第二次代

① 《关于“紧急会议筹备处”的问题》，《北京党史资料通讯》，1983 年 1 月，增刊（1）。据《中国共产党北京历史》第一卷记载，此次北平市党的代表会议，选出市委委员七人。在讨论分工时，因意见分歧，退出会场的是四人，剩下三人分工，赵作霖任书记。北京出版社 2001 年版，第 211 页。

② 刘锡五：《北平市委与“紧急会议筹备处”的斗争》，《河北党史资料》1992 年第 12 辑。

表大会解决一切问题，同时建立了以刘锡五为书记的中共北平临时市委”[①]。

“在第二次代表会还没开的时候，中央派代表团来河北工作，当张慕陶、×× 召开北平的二次代表会时，中央代表团陈原道也到了北平。”[②] 刘锡五后来回忆说。

“北平，从市委到支部，也都分裂了。”[③]

当陈原道一行到达天津的时候，他面临的是北方党内一片混乱的形势。薄一波后来回忆说：“原道同志虽然不完全赞同四中全会的某些决定，但在反对立三路线，维护党的统一团结上，态度很坚决，旗帜很鲜明。”[④]

一到天津，陈原道便和坚持工作的省委、铁总党团的阮啸仙、安子文、张友清等同志取得联系，交换情况，研究解决问题的方针、方法。在充分调查研究的基础上，陈原道指出，由于“紧急会议筹备处”欺骗性大，所以我们在方针策略上，既要对非组织的小派别的阴谋活动进行斗争与揭露，又要团结其中受蒙蔽的多数同志，教育他们分清是非，团结在中央的周围，共同战斗。这是克服目前混乱状况的两个关键。这个问题不解决，改组省委、配备干部都谈不上。显然，这是一个解决党内混乱状况的正确方针。

---

① 中共北京市委党史研究室：《中国共产党北京历史》第一卷，北京出版社 2001 年版，第 211 页。

② 刘锡五：《北平市委与“紧急会议筹备处”的斗争》，《河北党史资料》1992 年第 12 辑。

③ 黎玉谈话记录，《关于“紧急会议筹备处”的问题》，《北京党史资料通讯》，1983 年 1 月，增刊（1）。

④ 薄一波：《领袖元帅与战友》（图文本），中央文献出版社 2008 年版，第 355 页。

情势紧急。在经过三天的紧张工作后，1 月 31 日夜，陈原道和徐兰芝联名就旧河北省委的错误及今后措施致信中央。信中首先报告：旧河北省委领导已破产，“人员正已大部分到筹备处工作，自由脱离省委工作”，这是一方面；另一方面，“自张金刃来后，又更积极工作起来，已四出派人到各地去发动反四中全会的工作”，唐山、北平，“其他各地几乎都有人去，对旧省委是封锁起来。在各地党部大部分是不满意筹备处的，反对筹备处的，但同时也反对旧省委，对四中全会还是不了解”。信中还报告了准备立即采取的四项措施：

1. 立即宣传停止旧省委职权，暂由中央代表团进行工作，但建筑在旧省委上面。

2. 对筹备处立即停止工作。四中全会后之筹备处，已经是反国际领导的四中全会的小组织行动，客观上是在全总党团右倾机会［主义］领导下的小组织行动，与王克全分裂江苏省委不谋而合的道路。我们以中央代表团经过说服斗争取消筹备处。如不接受就是分裂党之右倾机会主义的反国际的第二党组织。

3. 由中央代表团在最短期间用这二办法成立临时省委，吸收正确反立三路线之干部参加。

4. 由临时省委在一月期间左右准备河北紧急代表大会，成立正式省委。①

陈原道、徐兰芝在信中还报告，现在中心工作是党员群众工作。已派人去唐山、北平、直南、山西与陕北，以实现实际工作的真正转变。

2 月 1 日，代表团决定立即停止河北省委的职权，暂由代表

① 《许兰芝、陈原道关于旧河北省委的错误及措施给中央的信》（1931 年 1 月 31 日），中央档案馆、河北省档案馆编：《河北革命历史文件汇集》（甲）第七册，第 12—14 页。

团代行省委职权。代表团的分工是：

省委书记：徐兰芝，贺昌协助。（一说书记为陈原道[①]）

组织：陈原道，阮啸仙协助。

宣传：晓野（余泽鸿）。

秘书长：安子文。

与此同时，代表团迅速筹备成立临时省委，准备月内成立正式省委。

2月5日，中共河北临时省委成立，由徐兰芝任书记，陈原道负责组织，陈复负责宣传，周启敦负责职运。据薄一波回忆："徐兰芝是铁路工人。当时从中央到地方，第一把手大都是工人出身的党员，这是中央的决定：共产党是无产阶级先锋队，中央省市委第一把手都应该是工人成分的同志担任。实际上有不少是挂名的，名为一把手，实权并不在他们手里。徐兰芝也是挂名的，工作主要是由陈原道主持。"[②]实际工作中真正出头露面的也是陈原道，以致有的当事人几十年后仍认为省委书记就是陈原道。

2月6日，临时省委召开第一次常委扩大会议。参加会议的人员是：徐兰芝、陈原道、周启敦、阮啸仙、胡锡奎、陈复、刘锡五，以及贺昌、晓野等。会议首先听取了中央代表团《关于四中全会总结及中央政治局根据四中全会总方针对河北党工作的指示》的报告，通过了《河北临时省委关于拥护四中全会与接受中央对河北工作指示的决议》和《河北临时省委第一次全体扩大会议政治决议案》。还通过了解散筹备处的决议，发出了《河北临时省委告同志书——反对右倾机会主义分子分裂党组织》等

① 见王健英编：《中国共产党组织史资料汇编》，红旗出版社1983年版，第153页。
② 薄一波：《七十年奋斗与思考》上卷，中共党史出版社1996年版，第110页。

文件。

这些决议和文件反映了陈原道和中央代表团、河北临时省委在这场斗争中的基本立场和基本思想，主要表现为两个方面：一是拥护四中全会，二是坚决反对右派分裂活动。

关于第一个问题，《决议》指出："四中全会是在国际直接领导之下与党内广大群众不断的拥护国际路线（表现党的进步）及立三路线完全破产情形之下完成的"①。《告同志书》说："现在是革命高潮生长的紧要时期！阶级敌人已经动员了一切力量实行对于我们的党和革命作残酷的进攻！使党与革命受到严重损失的立三路线，被国际领导下的四中全会宣告了他的破产；四中全会完全接受了国际的指示，新中央政治局已在国际路线之下坚决的领导反对与肃清各种工作中立三路线与调和主义，使党走上布什维克化的道路！"②

关于第二个问题，《决议》指出："在反立三路线斗争掩盖之下，所产生的'河北省紧急会议筹备处'是以右倾观点进行反组织原则的行动。四中全会后，筹备处完全变成右倾机会主义进行分裂党的行动，在自由行动的张金刃、韩连会及曹策、张××领导之下，从政治上、组织上反国际代表与四中全会，与上海右派机会主义者何××、罗章龙的行动无丝毫的差别。"③《告同志书》指出："现在摆在河北省面前的严重问题，是右倾机会主义的筹备处，障碍反立三路线斗争，以造谣蒙蔽着少数同志进行机会

① 中央档案馆、河北省档案馆编：《河北革命历史文件汇集》（甲）第七册，第45页。

② 中央档案馆、河北省档案馆编：《河北革命历史文件汇集》（甲）第七册，第54页。

③ 中央档案馆、河北省档案馆编：《河北革命历史文件汇集》（甲）第七册，第46—47页。

主义第二党（筹备处）的工作，天津已经成立了筹备处下的临时市委，在北平、京东、保属、太原都有了筹备处破裂党的活动。”为此，“在四中全会领导下而改造的现在的河北临时省委，坚决的在国际路线下执行实际工作的转变，很坚决的领导全党深入反立三路线的斗争，同时指出右倾机会主义筹备处破坏党的主要危险，已经决定解散筹备处，对筹备处主要分子执行组织上的制裁，并号召全党加强反右倾的斗争。”①

两个重大问题，均旗帜鲜明。那么，能不能像有的论者那样，据此认为中央代表团和河北临时省委一方面反对了右倾分裂活动，一方面拥护六届四中全会，就是执行了王明“左”倾路线呢？如果这样看问题，就把问题表面化和简单化了。事实上当时这两个问题实际上是一个问题，罗章龙和北方筹备处搞分裂的主要原因就是否认四中全会。要反分裂，维护全党的集中统一，就必须维护四中全会后中央的合法性，维护中央的权威。看一下当时筹备处在 2 月 6 日给第二中央干事局的信就非常清楚。他们在信中提出，现在党有“两个绝不相同的鲜明旗帜”，一面是他们的“真正布尔什维克的营垒”，“一面是小资产阶级的集团——由十九个人所领导的立三及陈绍禹派的小组织”。矛头直指四中全会后的中央。他们认为：“目前全党没有领导中心”，“中央非常委员会的组织，应立刻公开号召全党，它是目前党的最高领导机关”，“中央非常委员会干事局应确定执行中央临时政治局职权”②。由此可以看出，要反分裂，就必须维护四中全会后中央的

① 中央档案馆、河北省档案馆编:《河北革命历史文件汇集》(甲）第七册，第 56—57 页。

② 中央档案馆、河北省档案馆编:《河北革命历史文件汇集》(甲）第七册，第 49—51 页。

合法性和中央的权威。至于这个中央执行的是一条“左”倾教条主义方针和政策，那是在后来的实践中逐渐被人们认识的，直到1941年的九月会议的《历史草案》，仍然对四中全会持基本肯定的态度。还是那句话，应该具体问题具体分析。

临时省委成立后，立即派人去各地巡视，开展反右倾分裂的斗争。陈原道去了唐山，阮啸仙去了北平，直南、保属都派了人。刘亚雄是奉中央指示到山西传达六届四中全会精神后，返回时路过天津，被中央留在河北省委工作。唐山的问题很快解决，“经过坚持斗争与说明，才把特委反四中全会的意见转为拥护四中全会，反对筹备处”[①]。新的唐山地委以胡锡奎为代理书记。紧接着，陈原道又来到北平。这时北平党内经过阮啸仙的工作，“以赵作霖为书记的中共北平市委认为继续工作将形成第二党，后果是分裂党，对中国革命不利，决定解散市委”[②]。2月24日，中共北平市第二次代表大会召开。出席会议的代表十六人。陈原道到会讲话。代表大会表示拥护四中全会，选举了以刘锡五为书记的中共北平市委。

鉴于张金刃、韩连会、曹策、叶善枝等人不听劝告，继续暗地进行反中央、反临时省委的情况，2月28日，临时省委作出《河北临时省委关于反右倾及开除张金刃、韩连会、曹策、叶善枝等党籍的决议》。

同时，对筹备处“领袖”以下的分子，逐一谈话，促其觉悟，“并每个人要写声明书，给党一个保证”[③]。在临时省委的耐心

① 中央档案馆、河北省档案馆编:《河北革命历史文件汇集》(甲)第七册，第69页。

② 中共北京市委党史研究室:《中国共产党北京历史》第一卷，北京出版社2001年版，第212页。

③ 中央档案馆、河北省档案馆编:《河北革命历史文件汇集》(甲)第七册，第157页。

工作下，一些人承认了错误。对承认错误的同志，分配工作。至于“关于领袖如张金刃、韩连会等，只有到群众中工作后才能决定恢复党籍与否的问题”[①]。

从天津到唐山，到北平，陈原道到处奔走，找人谈话，苦口婆心，甚至争论得面红耳赤。当时和他一起在天津工作的刘亚雄后来回忆说：

从 1 月下旬到 4 月初，短短两个半月的时间里，在叛徒到处追踪、搜寻的情况下，原道夜以继日地奔走于各机关和各旅馆之间，反复工作，有斗争，有团结，终于初步解决了河北党组织的混乱情况。维护了党的团结和统一，在极其复杂的环境里，取得了出色的成绩。

原道同志不仅是一个善于接近群众的人，也是一个很有涵养的人。他平常寡言少语，不喜聊天，但不论和同志或群众谈论问题时，却是津津乐道，循循善诱，从不厌倦；有了分歧意见时，往往反复耐心讲解，务使听者悦服。他待人接物一贯和气，不急不躁；而工作起来，往往忘寝废食，夜以继日，不论遇到什么艰险，均能处之泰然。有一位和他交谈过的同志说：“我没有看出原道有这样的说服力，他的平心静气讲道理的方式，使人开窍。我佩服他。”另一个对他比较熟悉的人说：“他是一个真诚的人。”[②]

在陈原道和河北临时省委的艰苦斗争和耐心说服下，筹备处被迫宣布解散，一些受了蒙蔽的同志纷纷站到了临时省委一边。

亲身经历过右派筹备处分裂活动的原河北省委委员晓野于 3 月 14 日在向中央的报告中，详细汇报了筹备处的活动情况，并认为：中央代表团与临时省委领导下的全省情形是：“一、中央代

① 中央档案馆、河北省档案馆编:《河北革命历史文件汇集》（甲）第七册，第 158 页。

② 刘亚雄:《忆原道》，1981 年 11 月 19 日。

表团与临时省委一般的指导与决定都完全是正确的，尤其是解决对立三路线残余反新领导的倾向，对右派斗争的深入，整个路线实际转变的具体办法，省委的组织与工作方式诸问题，有更深刻更有效的指示，对北方工作有极大帮助。”[①]

在陈原道和河北临时省委反右派分裂的斗争中，有一个问题需要略加叙述，这就是如何对待犯过“立三路线”错误和右倾分裂错误的人？对于后者，前文略有叙述，下面还要说到；对于前者，则主要表现为对待贺昌问题。

贺昌，1906 年出生，山西离石人，比陈原道小四岁，却是一个老资格的共产党人。他早年深受高君宇的影响，1921 年在太原加入社会主义青年团，成为山西第一批青年团员。1923 年春，在上海团的第三次全国代表大会上选为团中央委员，任团中央工农部长。1927 年，参加了上海工人第二次和第三次武装起义，并在中共五大上当选为中央委员。大革命失败后，参加了南昌起义。1928 年，出席了在莫斯科召开的中共六大。年底，调回上海中央机关工作。翌年春，被派往香港，任中共中央南方局宣传部长。1930 年 2 月，中央调贺昌到北方，任中共顺直省委书记，聂荣臻任组织部长，陈复任宣传部长。1930 年 6 月“立三路线”在中央占统治地位以后，8 月，中央根据贺昌的建议，重建北方局，并成立由贺昌、温裕成，余泽鸿三人组成的北方局总行动委员会，由贺昌任北方局书记和行动委员会书记。此时的北方局，管辖的范围很大，陈原道所在的河南省委正是在北方局的领导之下。这时的贺昌，用薄一波的话说：“推行‘左’倾路线非常积极”[②]。他

① 笑影：《最后一个月的河北情形》，中央档案馆、河北省档案馆编：《河北革命历史文件汇集》（甲）第七册，第 133 页。

② 薄一波：《七十年奋斗与思考》上卷，中共党史出版社 1996 年版，第 88 页。

和李立三提出的“会师武汉，饮马长江”的口号相呼应，提出要组织十万红军打到北平去，建立鲁豫苏区。陈原道在河南党的工作中抵制“立三路线”，自然受到贺昌的指责，中央给陈原道留党察看三个月的处分，也与贺昌关系很大，以致陈原道在1931年1月5日给中央的信中，点名批评贺昌。

贺昌出席了六届三中全会，开始认识到“左”倾错误的危害，在会上被补选为中央委员。会后，贺昌即赶回天津，召开为时三天的北方局政治会议，传达贯彻六届三中全会精神。12月，中央决定撤销北方局，在北方成立河北省委，阮啸仙为代理书记。六届四中全会上，贺昌的中央委员被撤销，会后留在中央进行反省。1931年1月20日，贺昌向中央递交了《我的政治态度》书，承认在“立三路线”占党的统治地位时期，自己“在顺直省委和北方局发挥扩大了立三路线”。并表示:“我完全拥护四中全会的召集及其所通过的一切决议，和已经改造了的中央委员会及其政治局。”“反对当前的主要危险——右倾”，反对罗章龙等人“进行分裂党组织第二党的活动”①。同时向中央递交声明书的还有瞿秋白、李维汉等人。但是，中央对他们的政治声明仍不满意。1月27日，中央政治局通过了《关于贺昌等同志的决议案》。决议案说:“最近更发现立三主义者贺昌同志与右派李震瀛同志谈话后，贺昌同志公然向关向应同志表示对右派活动的公开调和情绪。在关向应同志对贺昌同志批评过后，贺昌同志虽承认错误，但尚不向中央报告和表示态度，且继续对右派斗争消极。”因此，决议案认为“贺昌同志在四中全会口头上承认错误，而实际上并未真正认识与承认自己错误，在四中全会后态度不明，所写的声

①《共产国际、联共（布）与中国革命档案资料丛书》第12辑，中央文献出版社2002年版，第488—489页。

明书对错误承认极不彻底”，“这种态度，是依然保持立三路线，改变了方式反抗党和国际的路线”[①]。政治局决定给贺昌一个警告，要他明白地表示态度，即刻在实际上去改正错误。

中央的批评不可谓不严厉。同时中央在派出以陈原道为首的中央代表团时，贺昌仍列名其中。虽然他是否是代表团三人成员有不同说法，但他和代表团几乎同时到达天津则无疑，并且当中央代表团行使省委职权时，贺昌仍为省委书记的协助者，以致当时筹备处的人以为中央代表团是以贺昌为首。正如贺昌在1931年4月3日《声明书》中所说：“我1月27日到天津，在中央代表团和临时省委领导之下参加工作。”[②]但是，很快贺昌和陈原道在工作中发生了分歧，分歧表现在对右派筹备处的估量上。陈原道认为，四中全会前，筹备处是个别问题的右倾观念与组织方式错误，发展下去，必然是右派小组织。也就是说，筹备处发展为右派小组织是有一个过程的。贺昌提出了不同的分析，认为右派筹备处一开始就是右派小组织、第二党，根本违反了布尔什维克的组织原则，“认为原道同志在当初对右派筹备处估量不够，客观上必然的得出原道同志与右派‘调和’的结论”[③]。贺昌后来说明，他“存在着对原道同志的派别成见”[④]。这一时间，批评陈原道对筹备处存在“调和”倾向的还有原省委的陈复等人。

事实上，如前所述，陈原道和中央代表团、临时省委对筹备

---

①《共产国际、联共（布）与中国革命档案资料丛书》第12辑，中央文献出版社2002年版，第495页。

②《贺昌对自己执行立三路线及调和主义错误的声明书》，中央档案馆、河北省档案馆编：《河北革命历史文件汇集》（甲）第七册，第168页。

③《贺昌对自己执行立三路线及调和主义错误的声明书》，中央档案馆、河北省档案馆编：《河北革命历史文件汇集》（甲）第七册，第170页。

④《贺昌对自己执行立三路线及调和主义错误的声明书》，中央档案馆、河北省档案馆编：《河北革命历史文件汇集》（甲）第七册，第171页。

处的斗争是旗帜鲜明的。中央政治局在1月27日的政治决议案中批评贺昌对右派有“调和情绪”，现在贺昌却批评陈原道与右派“调和”，这是陈原道不能接受的。陈原道和临时省委认为：中央代表团与临时省委的路线是正确的，贺昌的批评是反对执行国际路线的新领导，动摇新的正确领导，这是不能允许的。3月5日，河北临时省委常委通过《对贺昌等同志的决议》。决议认为：“根据贺昌同志这一错误的观点，只有得出反对临时省委领导的结论，他发展下去，无疑的有可能重复立三路线的错误，而成为反党反国际路线的行动，及走到帮助右派或与右派联盟的前途。”决议还批评贺昌在会议上同意省委决议，会后又不同意的“两面派态度”。决议最后强调：“临时省委认为以贺昌同志所代表的立三路线残余观念，反对正确执行国际路线的原道同志，这就是反对国际路线的新领导倾向，绝不是个人的问题。因此：临时省委不仅要求这些同志口头承认错误，而且要求他们从事实上改正错误，否则临时省委只有采取组织方法制裁他们，并要求中央反对两面派之任何企图与行动，动摇新的正确领导！”决议还同时批评陈复对于反省委领导的不正确倾向“采取了调和态度”，批评晓野对于贺昌、陈复的错误“采取了调和态度”[①]。

这个决议措辞是十分尖锐的！显然是过火了。

对于这个严厉的批评，贺昌的态度是虚心的，加上他2月15日在天津才接到中央政治局1月27日《关于贺昌等同志问题决议案》，经过认真思考，于4月4日向临时省委和中央政治局写下了《贺昌对自己执行立三路线及调和主义错误的声明书》，全面接受了中央和临时省委对自己的批评，接受中央政治局对他的

① 中央档案馆、河北省档案馆编：《河北革命历史文件汇集》（甲）第七册，第109—110页。

警告处罚，表示完全拥护临时省委在两条战线上的斗争，党员群众要团结在新的领导机关之下，为国际路线而斗争。关于对右派筹备处估量问题上和陈原道的争论，他承认“对原道同志的派别成见”，“对于巩固新省委的帮助工作做得不够”。他写道：“当党正集中火力反对右派筹备处的时候，对执行国际路线同志的这种不正确的批评，客观上是反对新的领导的倾向，阻碍反右派筹备处的斗争发展下去，有可能走到与右派联盟反党。经过中央巡视员与省委对我的批评之后，我完全承认自己的错误。”“现在我坚决从事实上去纠正自己的错误，并与一切反对新省委领导的不正确倾向作斗争——也就是为四中全会的路线而斗争！”①

贺昌的这个检讨是诚恳的，面对一些过火的批评，他的胸怀是坦荡的。陈原道对这个检讨怎么看？目前尚无资料，但从他和临时省委对筹备处分子都分配工作的政策推测，应该是允许贺昌在实践中去表现、去改正的。

几十年后，有的党史著作对陈原道和临时省委的此类工作作出这样一个评价：“中共河北临时省委在排除‘筹备处’分裂活动干扰的同时，以‘肃清立三路线’的名义，对执行过立三路线的省委主要领导人进行了过分打击。他们认为‘顺直省委以及后来的河北省委在立三路线统治全党时期，从理论到实际工作上都是扩大了立三路线和调和主义’；四中全会后，‘从对反立三路线斗争消极怠工，又对右倾机会主义筹备处调和，走到帮助筹备处及反四中全会’。责令原省委主要领导人写出声明，揭发和批判自己的错误，否则将‘采取组织方法制裁’。这些同志多次公开检查自己的错误，表示愿意在实际工作中改正，最后仍被斥为‘立

① 中央档案馆、河北省档案馆编：《河北革命历史文件汇集》（甲）第七册，第171页。

三路线的残余观念及派别观念至今仍然没有完全肃清’，对省委采取了‘两面派态度’，对‘筹备处’表现了‘调和态度’。从而将贺昌、余泽鸿、张昆弟等人先后调离北方到苏区工作。”①

这样的批评在其他著作和有的老同志的回忆录中也有类似的表述。

这个批评不无道理。就河北临时省委《对贺昌等同志问题的决议》来看，言词比较尖锐激烈。“组织方法制裁”“指斥”之类今天听起来十分刺耳的党内斗争用语，在当时是党内政治生活中一种常用的词汇。这一些，直到延安整风，毛泽东提出整顿“三风”，倡导批评与自我批评后，党内才逐渐形成一种良好的风尚。但是，需要指出的是，在贺昌向临时省委和中央政治局写出声明书三天以后，陈原道等人已经被捕入狱，上述引文中批评贺昌的某些语言是在贺昌写出声明书之前，而不是如有些著作所说，是在此之后。贺昌到中央苏区是 1931 年 11 月，由吴德峰护送。据《中共党史人物传》第 12 卷《贺昌》一文记载，贺昌到苏区是“为了更好地锻炼自己，他请求到苏区去搞武装，打游击。组织上批准了他的请求，决定要他到中央苏区的兴国县，协助县委书记李坚真进行工作”②。此时，陈原道被捕入狱已经半年，中共河北省委已经经历了以阮啸仙为代理书记（1931.4—5），以殷鉴为书记（1931.5—6），以马星荣（马辉之）为代理书记（1931.7—11）几个时期。说将贺昌调离北方到苏区工作是陈原道主持工作时期的河北临时省委所为，与事实不符。同样，余泽鸿（晓野）到中央苏区是 1931 年 8 月③，张昆弟以中央特派员身份到湘鄂西

①《中国共产党河北历史》第一卷，河北人民出版社 2001 年版，第 291—292 页。
②《中共党史人物传》第 12 卷，陕西人民出版社 1983 年版，第 240 页。
③《中共党史人物传》第 17 卷，陕西人民出版社 1984 年版，第 172 页。

苏区是 1931 年 5 月[1]，均与陈原道无涉。

陈原道、贺昌都是英勇的共产主义战士。1933 年 4 月 10 日，陈原道在南京雨花台唱着《国际歌》就义，时年 31 岁。贺昌到中央苏区后，先是在兴国县开展革命斗争，1932 年 2 月调任红军总政治部副主任。1934 年中央红军长征后，贺昌奉命留在中央革命根据地，与项英、陈毅、邓子恢、张鼎丞等组成党的中央分局和中华苏维埃共和国中央政府办事处，继续坚持游击战争。1935 年 3 月，贺昌在一次突围中不幸中弹牺牲，年仅 29 岁。同时牺牲的还有赣南省委书记阮啸仙。在革命的过程中，陈原道与贺昌之间包括与阮啸仙，也有不同意见的争论和矛盾，但那是一种如何更好地坚持正义的革命事业的方针、政策或方法之争。他们没有任何个人的私利。他们都将永远受到后人的景仰！

陈原道在天津期间，中央政治局常委张国焘曾来北方巡视。这里略作记述。

1931 年 2 月，鉴于北方是右派分裂势力造成的重灾区，中央政治局决定派张国焘到天津，会同中央代表团，召开一次紧急会议，研究解决的办法。2 月中旬，张国焘从海路到达天津。他后来这样回忆：

我到天津后，立即去找设在日租界的中共秘密交通站，这是我们知道的惟一联络点。……第二天一早，我首先到达这个开会地点，应邀来的同志接着陆续来了。参加会议的连我在内共有九人，聚在楼上的卧室内，围着一张方桌，桌上还摆有麻将牌九等道具，以备必要时作为掩护。那对充当主人的青年夫妇，则在楼下应付。

①《中共党史人物传》第 35 卷，陕西人民出版社 1987 年版，第 127 页。

担任会议主席的是北方区委书记陈原道，他在1927年，任过中共河南区委的组织部长，曾在莫斯科中大就读，也是反米夫派的重要分子，于1929年初回国，参加北区工作，后来升到区委书记。其余到会的多是从北京来的，太原开封各有一人参加，济南西安等地的同志则未赶到①。

张国焘这里说陈原道1927年担任中共河南区（省）委组织部长，明显有误，应该是1929年，1927年陈原道尚在莫斯科。但张国焘的这一回忆传递出两个重要信息，一是陈原道主持会议，身份是中共北方区委书记。是不是“书记”当存疑，但说陈原道主持工作是无疑的。二是陈原道“也是反米夫派的重要分子”。前已述及，张国焘1927年是中共驻共产国际代表团成员，亲身经历了中大支部局和中共代表团关于江浙同乡会问题的那场风波。张国焘对陈原道有这个印象，不会没有缘由，但仅是孤证。

张国焘还回忆，会议开始后，与会者自由发言，有的诉说了北方各地组织自李大钊被害以后遭受敌人的种种摧残；有的诉说“立三路线”不顾北京实情，乱发命令；有的对曾任顺直省委书记的张金刃利用托派口号，选成分裂局面表示愤怒。“他们对于四中全会是否克服了立三路线，颇有怀疑；对于陈绍禹等的当权，深感恐惧。曾有人询及四中全会后，是不是中央完全为米夫派所控制？周恩来是不是成了米夫派的傀儡？”在经过几个小时讨论后，张国焘作了总结。“我们的会议到夜晚才结束，到会者所提出的个别的具体问题，都一一获得适当解决，分别离去。我和陈原道最后才离开那里。临行他向我表示今天一切都圆满解决了。他要我尽早返沪，他将根据今天的结论分别作成书面决议，

① 张国焘:《我的回忆》，东方出版社2004年版，第166页。

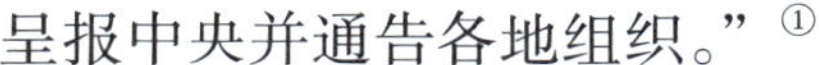

呈报中央并通告各地组织。”①

关于这次张国焘来天津巡视工作，时任河北临时省委秘书长安子文后来在回忆中也说道：“张国焘到天津，决定调我去中央特科工作，顺直省委秘书长职务由刘亚雄接替。”② 只是，安子文很快被捕。张国焘这次来天津的其他更多情况，只能有待档案资料的进一步挖掘了。

陈原道在天津期间还有一事，应该记录下来，这就是经组织批准，与刘亚雄结为夫妇。

刘亚雄，1901 年 10 月出生于山西省兴县黑峪口村一个没落的地主家庭。父亲刘少白是山西著名的开明和进步人士。他是清末的最后一届贡生，但却积极投身于推翻清帝的斗争。他曾与阎锡山等一起就读于山西武备学堂，投身辛亥革命；民国后担任首届山西省议会议员，但痛心于官场的腐败，愤然退出官场，到山西工业专科学校担任一名教员。他积极支持自己的几个子女投身民族解放事业，后来成为中共的一名秘密党员，对外是著名开明士绅，对内却是党内同志。1947 年晋绥土改中受到党内“左”倾错误的冲击，此事曾经惊动了毛泽东和中共中央高层。

正是在父亲进步思想的影响下，刘亚雄在学生时代便倾向革命。1917 年，刘亚雄在太原女子师范学校就读期间，就为反对封建宗法思想，争取学生的正当权利和民主自由，和学校的反动势力进行斗争。五四运动爆发时，她和同学石汝壁、王淑英等一起，马上办起了墙报，声援北京的反帝爱国斗争，大胆地喊出“自己解放自己”的口号。

① 张国焘：《我的回忆》，东方出版社 2004 年版，第 168—169 页。
② 安子文：《我的一段经历》，《革命史资料》（1），文史资料出版社 1980 年版。

1923 年，刘亚雄考入北京国立女子师范大学，和中共北方党的领导人赵世炎的姐姐赵世兰同一宿舍，形同姐妹，深受赵氏姐弟共产主义思想的影响。通过赵世兰，刘亚雄结识了许广平、陆晶清等高年级学生，成为志趣相投的好友。在北京女师大，刘亚雄思想十分活跃，积极从事反对帝国主义和封建军阀的革命活动，站到了学生革命运动的前列。前已述及，1924 年至 1926 年，她参与发起和领导了与女师大校方和北洋军阀政府教育部反动当局的斗争。并在斗争中认识了鲁迅等人，鲁迅日记中有刘亚雄来访的记载。这场斗争得到了鲁迅及各界进步人士的支持，粉碎了反动当局为镇压学生运动而解散女师大的反动行为，重新恢复了女师大，斗争取得了胜利。为庆祝复校的胜利，许广平、赵世兰、刘亚雄、刘和珍、郑德音、蒲振声等 24 名斗争骨干在校门口合影留念，鲁迅先生欣然在照片顶端题词：

民国十四年八月一日，杨荫榆毁校，继而章士钊非法解散。刘百昭率匪徒袭击，国立北京女子师范大学蒙从来未有之难。国人等敌忾同仇，外御其侮。诗云：修我甲兵，与子偕行。此之谓也。既复校，因摄影，以资纪念。十二月一日[①]

刘亚雄在斗争中得到了极大锻炼。她不止一次地听赵世兰讲革命道理，还有幸在北京大学几次见到了中国共产主义先驱李大钊。由此，刘亚雄坚定了为中国人民求翻身解放的信念，1926 年 2 月，加入了中国共产党。并以女师大代表的身份，进入北京学联的领导机构。

奉系军阀张作霖进占北京后，残酷迫害进步人士，查抄北京学联，刘亚雄被开除，处境十分危险。党组织原准备派刘亚雄去

① 转引自徐冲:《刘亚雄传记》，吉林人民出版社 1989 年版，第 38 页。

武汉参加北伐军，后为了更好地培养她，改派她去莫斯科中山大学学习。中共北方党领导人陈乔年亲自和刘亚雄等人谈话，交代任务。

1926 年 9 月，刘亚雄离开她曾经战斗了三年的北京女师大，前往莫斯科。和她同行的有同时被教育部开除的女师大同学郑德音、蒲振声、雷瑜，途中又遇到后来成为草岚子监狱中难友的孔祥桢。十多天后，刘亚雄一行到达莫斯科，成为中山大学的第二批中国学生。

在莫斯科中山大学，刘亚雄得到了先她到达的第一期学员陈原道在语言和政治理论方面的帮助，建立了深厚的友谊。

1928 年底，刘亚雄回到国内，先是在中共江苏省委宣传部任干事。1931 年 1 月底，在赴山西传达六届四中全会精神后，留在了天津，和陈原道战斗在了一起。

陈原道一直在紧张、有序地忙碌着。

陈原道和临时省委在斗争中还有一个重要思想，就是要把反“右派筹备处”的斗争“深入到支部中去”，“以巩固党的布尔什维克化”[①]，真正实现工作的转变。这也是临行前中央的要求。之所以如此，是因为右派分裂活动曾经在支部和广大党员中引起极大的混乱。要使全党意志统一，团结得像一个人一样，就必须从省委到各级党部、各个支部清理思想，纯洁组织。

为此，1931 年 3 月 23 日，临时省委发出《河北临时省委紧急通知第一号——关于右派小组织筹备处问题》。通知指出，反四中全会反国际的右派筹备处已自动宣布解散，有的人真诚地希

① 中央档案馆、河北省档案馆编:《河北革命历史文件汇集》(甲)第七册，第 112 页。

望回到党内，但有些人还未放弃原来的右派政治主张，仍在党内有组织有计划地准备下次的右派反党反国际的活动，因此，各级党部必须对筹备处及其保留分子采取下列方法：

1. 对筹备处领导影响下的同志或支部同志必须用个别谈话，写声明书承认错误。声明书内容必须：

（1）完全承认四中全会及中央、临时省委及地方党部路线之完全正确。

（2）右派小组织的反国际的政治主张之错误。

（3）加入筹备处或其第二市委……分裂党的详细经过。

（4）要保证以后在党的正确路线之下进行工作，不再重复反党反国际右派小组织的错误。各级党部决不允许右派分子对党四中全会及省委地方党部有任何批评。

2. 对分裂党的领袖或负责的还未开除党籍的同志，必须首先写声明书承认错误，党部才能和他们谈话，并要他们负绝对不告密的责任（因为筹备处分子已有数人告密叛变，如叶善之……）。

3. 对已开除的领袖，他愿意写声明书是可以的，但必须在实际工作中考查其成绩才能恢复党籍。

4. 对他们采取的步骤，主要是：迅速解决第一种分子，至于其他主要分子，只有放在最后解决。

5. 回到党的同志，考查承认错误与其过去参加反党工作程度，给予处罚与分配工作。但分配工作总的原则是做开辟工作，如当兵、参加生产、自找职业等等，从实际工作中去考查他们，决不允许一承认错误，即参加指导机关工作及指导机关重要技术工作，并时常考查他们工作成绩及其有无反党的右派行动！

通知最后强调：“各级党部执行上述工作中，决不允许有忽视反右派的工作，还要加紧在工作上、思想上、组织上肃清右派影响与对右派调和的任何企图，使右派无从活动之可能。”①

这个紧急通知所说，主要是清理各党部、支部中筹备处“领袖”以下人员的政策方法，其中也包括前面说到的对“领袖”人物的处理。较多地引述临时省委紧急通知的上述内容，是想说明：面对右派筹备处给党内造成的混乱状况，如何纯洁组织，清理思想，正确处理犯错误的干部，是一件十分复杂、政策性很强的工作。在集中力量重建省委、市委组织以后，清理支部，明确政策，就是十分重要的了。对此，通知做了明确的说明和区分，是有政策水平的。

这是破，还有立。还在 2 月 12 日，临时省委就作出了《关于组织问题决议》。决议首先指出组织工作中存在的问题，主要是：党的组织力量远远落在群众斗争后面，党的无产阶级基础太薄弱，产业支部几乎没有一个；干部太缺乏，尤其是工农干部太缺乏；党的生活太不健全；党的组织不严密，泄密，有些同志和叛徒有密切的往来；等等。为此，决议提出了以下组织任务：严密组织是现实必须的，包括同叛徒的往来，注意一些可疑分子的行动；大胆地向工农兵士开门，要在最短期内吸收大批工农兵入党；建立集体的领导与巡视制度；提拔新的干部，尤其是工农干部；加紧领导支部和建立支部生活；号召同志参加生产，解决困难与掩护秘密工作，密切党和群众的关系；认真征收党费，执行铁的纪律，建立秘密工作行动的检查工作，发展自我批评；一切组织的中心方向要放在产业工人的一部分；等等②。

① 中央档案馆、河北省档案馆编:《河北革命历史文件汇集》（甲）第七册，第150—152 页。

② 见中央档案馆、河北省档案馆编:《河北革命历史文件汇集》（甲）第七册，第59—68 页。

陈原道在莫斯科中山大学填写调查表时，在关于今后工作的愿望中曾表示：愿意做宣传工作和组织工作。回国以后，他主要从事的也是这两项工作。对于组织工作，他正在实践中按照列宁主义的建党原则，努力摸索一套适合中国共产党的方针、方法。

由于大革命的失败，原由李大钊领导的中共北方区委遭到破坏，中央在建立顺直省委后党内又纷争不断，中央曾数次派人巡视，解决问题。顺直问题曾经是中共中央一个十分棘手的问题，以致革命力量的发展十分艰难。更由于六届四中全会后右派筹备处的分裂活动，使北方党的组织一时间从上到下，“乱糟糟的”（薄一波语），以致这种恢复和发展的工作十分不易。尤其是在各党部、支部中清理右派小组织的工作，更是一时间造成一种紧张的气氛。

一位当年参加反筹备处斗争的中共北平西城区委宣传干部后来这样回忆：

我个人知道非常委员会事件，是从党内文件（那时叫“通告”）中看到的。北方紧急会议筹备处事件，是听到党内传达。那时在同志中，引起了一阵风声鹤唳，时时传来某某、某某是“右派筹备处分子”，弄得昨日同志，今日要“戒备了”，许多支部都瘫痪了，找不到支部书记，有些连支部成员都找不到了。

反右派筹备处斗争开展以后，北平市的党团员除了坚持（临时）中央路线者外，大部分都跟着筹备处跑了，剩下一部分同志受到震动，感到迷惘，既不愿跟着筹备处跑，也不愿站在（临时）中央一边，怎么办？干脆消极了，或埋头读书，或回老家避风。到现在我还记得，当时北大支部整个瓦解了。跟着筹备处跑的不少，消极的也很多。其中有的同志本是非常活跃的党员，工作也很展得开，在反筹备处的斗争中，忽就不见了。当时受到冲击而消极的同志，为数不少。

新的省委组成后，我曾被派到各校恢复组织工作，各校有我的熟人，有上级交给我的线索，经过我多日的日夜奔走，虽说曾经恢复了平大技术学院、平民大学、中国大学的支部，但其他各校大都没有什么结果。态度好一些的同志表示：党内斗争，他们一时分不清是非，感到疲惫。或伤感于同志间忽然翻脸的迷惘；或表示今后要埋头读书，学好本领再干革命，或说一两天即回家结婚，如此等等。态度差一点的同志，则借口环境有问题，侦探时常暗访，劝我以后千万不要再去他的住处。态度更差的同志，则三言两语把我堵回去，推我出门[①]。

大浪淘沙。革命在走着一条艰难、曲折的路。有的人落伍了，有的人彷徨了，更有人重整思想以后，以更加昂扬的姿态走向新的斗争！

陈原道深知，自己的责任，就是要廓清党内的迷雾，努力以一条正确的思想路线和组织路线，动员更多的同志，继续为党的事业、革命的事业、人民的事业而战斗！前路漫漫，任重道远！

就在陈原道紧张地思考着下一步工作思路的时候，敌人却已经盯上了他们。

不幸发生了！

---

①《关于紧急会议筹备处的问题》，《北京党史资料通讯》，1983 年 1 月，增刊（1）。

‖ 第六章 ‖

在草岚子监狱

一、第一次被捕

陈原道率中央代表团到天津以后，敌人很快就知道了消息。大革命失败后，国民党政权对共产党人实行疯狂的屠杀政策，特务遍布国中，到处抓捕共产党人和革命者。当时任中共河北临时省委交通科科长的周仲英几十年后回忆说："1931 年春，我在天津法租界同中央联络时被捕。当时敌人已经知道我党中央派代表团到天津，团长是陈原道。同时，在我的转信中又有陈原道、李有才（系筹备处成员——引者注）的名字。"①

北方党内混乱的状况，频繁的讨论、争论，甚至是争吵，也增加了共产党人的风险。周仲英回忆说："新省委成立后，积极开展工作，找那些消极的人谈话。河北各地如北平、保定、唐山等地方党内的思想也都很混乱，有些人消极不干了，有些人苦于不了解情况，不知怎么办。有很多人跑到天津来问情况，来来往往人不断，使党组织有些暴露。在这种情况下我们本来不应再出去活动，但陈原道急于要找李有才谈话，1931 年 2 月初要我找李有

① 米田主编:《纪念周仲英同志》，经济管理出版社 1999 年版，第 16 页。

才联系，结果到接头地点就被捕了，判了六年徒刑。”[①]

明知地下斗争充满风险，环境险恶，为了完成中央交给的任务，陈原道已经顾不上这些了。几乎与周仲英被捕的同时，临时省委秘书长安子文被捕。

本来党的六届四中全会后，中央准备调安子文到上海中央特科工作。就在安子文交代工作之际，敌人把叛徒张开运调来天津担任国民党警察局的侦缉队长。叛徒，这是对党组织威胁最大的一个东西。临时省委决定安子文在离开天津前负责这项除奸任务。在北方局时，安子文根据贺昌的指示，曾成功地带人除掉了一个叛徒。

★ 英工部局旧址

安子文接受任务后，立即从党员中物色队员，侦查张开运的活动规律。2 月的一天，安子文带着一个同志到临时省委设在法租界的一个以“垦业公司”作招牌的机关里办事，哪知一进门就被敌人逮捕。原来敌人已经发现了共产党的这个秘密地点。

安子文起初被关在法租界工部局，三天后引渡到天津市警察

① 《关于“紧急会议筹备问处”的问题》，《北京党史资料通讯》，1983 年 1 月，增刊（1）。

局，关进了监狱。在监狱里，他遇到了几乎是同时被捕的省委交通科科长周仲英。

安子文等被捕后，刘亚雄担任了临时省委秘书长，交通科长由刘元士担任，曾经在 1926 年北京“女师大风潮”中走在前列，后又到莫斯科中山大学学习的蒲秋潮担任省委交通员。

中共河北临时省委反分裂的斗争仍在继续。为了进一步统一思想，实现党的团结和统一，临时省委决定召开一次省、市、地方党委负责干部的联席会议。时间定在 4 月 8 日，地点是临时省委的一个新的秘密据点，设在英租界集贤里的一个巷子里的两栋楼房里。

★ 陈原道被捕地址——天津集贤里

这个秘密据点的两栋楼房由蒲秋潮一人负责。蒲秋潮，四川广安人，在女师大读书时叫蒲振声，现化名蒲秋潮。她个头不高，工作起来勇敢、泼辣，就是眼睛高度近视。

敌人的跟踪在加紧，陈原道等人的工作也在紧张地进行。明知道敌人在跟踪，但陈原道没有畏惧，没有放下手中的工作。4 月 7 日，北平、保定、唐山等地党的负责干部大都秘密来到天津，住进集贤里楼内，不外出，不会客，准备第二天开会。这天下午，恰是蒲秋潮去天津火车站联络箱取件的日子。也许是蒲秋潮行色匆匆，也许是她眼睛高度近视，当她取回信件返回集贤里的时候，被国民党特务盯上了。

当天深夜，国民党大批宪兵特务突然包围了这栋房子，逮捕了楼内所有的人。然后，又不动声色地悄悄潜伏了下来。

第二天，是预定开会的日子。当陈原道、徐兰芝、刘亚雄等人先后进来的时候，一个一个被捕了。同时被捕的还有从上海来河北省委协助工作的刘宁一、陈伯达，从北平市委调到省委机关工作的郑亦虹、胡锡光等人。除去省委宣传部长陈复和负责农运的阮啸仙因在外地幸免外，其余全部落入敌人手中，总共 13 人。

就在同一天，右派筹备处也在秘密开会，张金刃等 11 人也同时被捕。

这一事件，被当时的河北临时省委向中央的报告称为"四八"事变。5 月 1 日，临时省委在向中央报告事变经过时说："事变由石恪同志首先发觉的。他于 8 日上午 12 时半赴招待处开会，便看到该处有两个武装巡捕出来，即知有变，乃镇定地渡过难关，跑去找原、兰两同志，至则两人早已出去，后又去找市委，在中途小白楼巡捕房便发觉原等四人铁锁琅珰（锒铛）而入，知事变证实，便转回原兄家，准备取出一切文件，讵他家房东不熟，两重房门，两三重锁，无法开脱，即找廖划平同志商量办法。廖除军委机关处，一概不知天津市有何种可寻的线索。石恪同志因新从直南巡视回去，除原、兰两家及招待处外，一概也不知道，乃约同廖及两位巡视同志开一会议：1. 报告中央。2. 省委迁移北平。"①

这就是 1931 年中共河北省委遭受的第一次大破坏。也是陈原道革命生涯中的第一次被捕。

令人吊诡的是，省委书记徐兰芝，这个工人出身，曾经和陈

①《河北临时省委关于省委被破坏经过及目前各地情形给中央的报告》，《中共天津历史档案选编（1921—1949）》，天津人民出版社 1991 年版，第 119 页。

原道一起在河南工作，也曾经和安子文等一起用斧头砍死过叛徒的候补中央委员，很快叛变。

★ 国民党天津公安局看守所旧址（现为职业高中）

徐兰芝首先指认了陈原道。陈原道鄙夷地骂了句“卑鄙”，便从容地走进了天津公安局看守所。“徐兰芝叛变，我们的党员身份将会暴露，但绝不允许牵扯别人。”① 陈原道在看守所中很快将消息传给了其他被捕的难友。

一场新的战斗开始了！

在上海的中共中央得到陈原道、刘亚雄等人被捕的消息后，一方面于5月上旬组建了新的河北省委，以殷鉴为书记，省委机关迁北平；另一方面，立即对陈原道、刘亚雄等人展开了营救工作。

中央的营救工作首先由刘亚雄的父亲刘少白进行。前面已经

① 参见徐冲:《刘亚雄传记》，吉林人民出版社1988年版。据刘亚雄回忆，这是陈原道所写传到女牢的字条。

介绍，刘少白是一个追求进步的人士，对女儿刘亚雄投身革命取赞成和支持的态度。刘亚雄到中共河北省委工作后，刘少白在北京的住所——虎坊桥的“刘公馆”，便成了中共中央和北方党组织的一个秘密联络点，担负的主要任务是：中央给河北省委的经费，由刘少白中转。此时，刘亚雄已和陈原道结为夫妻。得到女儿、女婿同时被捕的消息，刘少白自然是焦急万分。

★ 参加营救陈原道的刘少白

刘少白是辛亥革命后山西省首届议员，在山西是个正直清廉的人士，虽不谙官场之道，却在社会上颇有名望。他曾受好友温寿泉之邀，到温寿泉任厅长的天津建设厅下面担任一名科长，后又受温的推荐担任傅作义管辖下的天津商检局副局长，后又任局长，与傅作义私交甚笃。1930 年蒋冯阎大战后，阎锡山战败，身为晋军将领的傅作义退军绥远，刘少白也“封金挂印”，回到北平虎坊桥家中。得到消息后，刘少白带上家中尚有的 2000 块银元，急忙赶到天津，住到国民饭店，专事营救事宜。

刘少白利用傅作义的旧交和曾任天津商检局局长的身份，奔走于天津上层人物之间，终于和天津市警察局局长张学铭接上了关系。张学铭是张学良的胞弟，知道刘少白是傅作义的旧部，而傅作义与其兄关系也不错，便答应帮忙。几天后，天津法院方面向刘少白传来消息：如能给出 5000 块银元，刘亚雄这批人便可保释。

这又让刘少白着实为难起来。他在天津商检局局长的位置上，傅作义虽然给他俸禄较为丰厚，每月有500银元，但他供职仅一年多，而他一向清廉，加上他这次到天津多方打听关系，家中费用已所剩不多。

正在这时，中共中央由上海派来营救陈原道、刘亚雄的胡鄂公、杨献珍来到天津，并且和刘少白接上了关系。

杨献珍后来在回忆材料里这样写道：

1931年春，中央要在华北开展情报工作。胡鄂公，北洋军阀时代当过国会议员，社会关系很多，中央派他负责这一工作。他要我当他的助手，中央同意了。1931年4月中旬，从上海出发到华北来。临出发前，中央给了他一个临时任务，说河北省遭受破坏，书记陈原道和省委其他同志都被逮捕，关在天津法院，要他先到天津，利用他的社会关系，对他们进行营救。陈原道的爱人刘亚雄当时也一同被捕了。刘亚雄的父亲刘少白也当过北洋军阀时代的国会议员，同胡鄂公熟悉。陈原道等被捕后，刘少白已经到天津，住在国民饭店，正在进行这一工作。中央也把这个关系交代给他，叫到天津后，同刘少白联系，共同进行这一工作。我们到天津后，我住在当时的日租界大同公寓，胡鄂公另住在一个地方。我们当即找到了刘少白。河北省委还派互济会书记赖德同我们接头。赖德为此事到天津几次，每次去时，都是先到我处，由我把胡鄂公找来同他谈，他一直不知道胡鄂公的住处。这次营救工作进行的结果，有了些眉目。据刘少白说，天津法院方面要一笔钱，可以把陈原道这批人放出来。这时已经是1931年7月了。这事须向中央请示，胡鄂公便回上海去①。

就在营救陈原道等人的工作即将完成的时候，又发生了两件事。一是1931年4月，中共中央政治局候补委员、参与领导中

①《杨献珍自述》，1967年5月。手稿。

央特科工作的顾顺章在武汉被捕叛变。二是6月底，刚刚建立才一个月的中共河北省委机关在北平遭到破坏，省委书记殷鉴、军委书记廖划平、互济会书记赖德、秘书长郭亚先等被捕。这是1931年中共河北省委遭受的第二次大破坏。当时敌人把河北省委视为“中共全国组织中的第二个重要阵地”，要“集中力量，予以镇压”。

殷鉴被捕后表现十分坚强，敌人没有从他口中得到任何有用的情报。但是，廖划平、赖德、郭亚先却很快叛变，供出了更多的党内线索，由此带来更多同志的被捕。

在这种情况下，杨献珍很快被捕。

杨献珍是被赖德出卖而被捕的。北平虎坊桥刘少白的住所“刘公馆”是河北省委和中央的秘密联络点，这个情况只有省委书记殷鉴和秘书长郭亚先知道。郭亚先叛变后供出了这个联络点，互济会书记赖德叛变后供出了杨献珍。于是，杨献珍在和刘少白联系的过程中，被蹲守在“刘公馆”的国民党特务逮捕了，并被叛徒赖德所指认。

杨献珍在1967年5月这样回忆：

顾顺章被捕后，形势很紧张，他们（指中央特科的人员——引者注）在上海一时不能立脚，陈赓便带了这个部门的几个人来到天津，还分派了一个姓王，名字记不得了（80年代得知即陈养山——引者注）住在我那里。这时，河北省委又遭受了破坏，省委书记殷鉴和其他许多人被捕了。那时，反动派破坏了我们的机关，很快就在报上发表了消息。大概是7月中旬，一天早晨起来看“大公报”，报上登了一条消息，说北平汀洲会馆破获了共产党的机关云云。赖德是福建人，就住在汀洲会馆。我就把这条消息指给姓王的同志看，告他说赖德可能被捕了，并告他说，赖德到我这地方来过几次。王同志便说，赶快找地方搬家。于是我们两人立即出去找房子，搬了家。原来我住在大同公寓时，刘少白知道我住的地方，搬家以后，我告诉姓王的同志说，把新搬的地址告诉刘少白，以便他有事时好找我。王同志不同意，说不要告诉他这个地方，叫我多往刘少白处去。这样，刘少白便不知道我这个新搬的地方[①]。

刘少白的家被国民党特务“蹲坑”以后，刘少白的女儿刘竞雄（后成为安子文的妻子——引者注）机警地托邻居家的佣人给在天津的父亲送去消息，刘少白便匆匆地离开天津国民饭店，化装成商人模样，乘船到达大连，旋即又到达山西大同，在一好友家中隐蔽起来。

就在刘少白离开天津的第二天，陈赓、杨献珍去国民饭店，扑空后只好焦急地等待消息。杨献珍回忆：

过了几天，胡鄂公从上海回到天津，说中央同意花一笔钱把他们营救出来，并说钱也带来了，叫我赶快找刘少白。我便把刘少白急促离开天津的消息也告诉了他，说不知道是不是出了什么事。他说不会出什么事，说天津找不到他，可到北京他的家里去找，说他一定是回家了。那时估计，营救陈原道等出狱这个任务快完成了，要花一笔钱，钱也带来了，只要找到刘少白，一切事情就办妥了。这个任务完成以后，我们要在华北展开政治情报的工作，就要着手去做了。他的安排是，他就住在天津，叫我住在北平，他交了五家关系给我，叫我到北平后同他们联系。他知道刘少白在北平的地址，把地址门牌号码也交给了我[②]。

7月下旬，杨献珍来到北平，找到位于虎坊桥的刘少白的家。一进门，只见国民党的两个宪兵坐在那里。杨献珍一看，什么都明白了。

---

①《杨献珍自述》，1967年5月。手稿。
②《杨献珍自述》，1967年5月。手稿。

随后宪兵就把我捆送到宪兵司令部，晚上就提我审问。一到法庭，就给我钉上脚镣。审问我的人是一个叛徒，叫李天民。他一上来就问我要胡鄂公，叫赶快把胡鄂公交出来。那时只好硬着口说不知道什么胡鄂公。他用手向供案桌上坐的一个人指着说，你看他是谁？我一看是赖德，我才知道赖德叛变了。这时也只好硬着口说不认识。随即把我拉到一个密审室，这是一个刑讯的地方，把我用绳子捆起来，单挂膀悬到屋梁上，吊了一个多钟头，放下来时，我的左腕已经骨折了，我没有任何口供。第二次又在密审室刑讯一次，叫我坐在地下，两个宪兵扯住我的两臂，两腿伸直在地上，一个宪兵用粗大的拳头在我的大腿板上用力的来回槌擂，这样捣鼓了好久，还是追问胡鄂公的住处，我还是说不知道[1]。

随着“刘公馆”的被“蹲坑”，刘少白的避走，杨献珍的被捕，中央营救陈原道等人的计划宣告失败。胡鄂公又回到上海。

二、建立狱中中共支部，出任第一任支部书记

在天津公安局看守所，陈原道组织难友采取的一个斗争方法是：各人打各人的官司，不牵涉他人。敌人用皮鞭、双腿压板子等酷刑，除徐兰芝和筹备处的韩连会先后叛变外，其他人都坚持了下来。为了改善生活待遇，陈原道还组织了一次绝食斗争。1931 年 9 月初，陈原道、刘亚雄和先前被捕的安子文、周仲英等人一起从天津被解往北平，关押于张学良的东北行营军法处，很快又被移送国民党“北平军人反省分院”，又称草岚子监狱。

①《杨献珍自述》，1967 年 5 月。手稿。

★ 被转押至北平草岚子监狱

在这里，陈原道和在中共河北省委遭受第二次大破坏中被捕的殷鉴等一批人会合在了一起。在 1931 年中共河北省委遭受的三次大破坏中，这一批被捕的人最多，包括省军委书记廖划平、省军委常委薄一波、天津市委书记张友清、北平市委书记刘锡五、唐山市委书记胡锡奎、参加营救陈原道的杨献珍，以及一大批共青团员和革命青年，总计有 300 人之多。起初，出现了一股“叛变浪潮”，曾经留学莫斯科东方大学的廖划平等人首先叛变，但在殷鉴、薄一波、胡锡奎等人的领导下，顶住了这股“叛变浪潮”。1931 年 8 月末，殷鉴、薄一波、胡锡奎、杨献珍等 39 人，被认为是“共产重要分子”，判了重刑后关进了“北平军人反省分院”。九一八事变后，又陆续关进了冯基平、徐子荣、廖鲁言、张漫萍等人，以及转押而来的冀南、冀中被捕的张玺、侯振亚、夏富海、马玉堂等人。

20 世纪 30 年代的北平，国民党政府关押犯人的监狱主要有四座：北平河北第一监狱（简称一监，主要关押普通犯）、第二监狱（简称二监，主要关押刑事犯）、北平陆军监狱（又称炮局监狱，主要关押军事犯）、“北平军人反省分院”。此外，还有大大小小几十个公开或秘密的看守所[①]。

“北平军人反省分院”专门关押被捕的共产党人和革命者，是国民党政权企图“软化”和“诱降”共产党人的一种手段。反省院总院设在南京，各省设立分院。

★ 北平草岚子监狱旧址——原监狱当局办公室

“北平军人反省分院”位于西城区府右街草岚子胡同的西段，故又称草岚子监狱。监狱占地约3000平方米，是一个大院子。从监狱大门进去，是一座灰色的二层楼房，那是监狱当局办公的地方。监房设于后院，是一长筒形大房子，以中间过道为界，划为南北两监，亦称南号筒、北号筒，各有牢房40间，每间牢房关押4个人。南监全部关着男犯，女犯关在北监3个牢房内。监房的后面还有一个小院子，是犯人“放风”的地方。监狱的围墙足有三米高，上面装着挂有灯泡的电网，监狱的四周和大门外右

① 参见中共北京市委党史研究室:《中国共产党北京历史》第一卷，北京出版社2001年版，第266页。

侧都设有岗楼，哨兵昼夜监视着牢房，夜里派出巡逻队，士兵还配有长杆铁钩，意在如果发现企图爬墙越狱的犯人，可以及时用此将人钩下来。

管辖草岚子监狱的起初是张学良的国民党陆海空军副总司令行营军法处，1933 年张学良下台后是何应钦的国民政府军事委员会北平分会军法处。无论哪个军法处管，其组织法没有变，宗旨没有变，也基本上还是那班人马。国民政府颁发的《反省院条例》规定：反省院设上校院长一人，院长之下设上尉管理员、训育员、总务员各一人。管理员专事管理事项，包括指挥警卫、看守、犯人的收进与释放，以及犯人的“接见”亲友和放风等。除以上职员外，还有一个班的警卫人员，即看守。看守班有中士班长一人，下士副班长一人，看守上等兵十六人，传达上等兵二人，军医上等兵二人，差役上等兵二人，伙夫一等兵四人。其中，训育员是很重要的职务，“专事训育事项”，“由院长呈请中央党部指派”。

敌人设立“反省院”的目的，就是实施政治围攻，从精神上、肉体上摧残共产党人，企图动摇他们的革命意志和革命信仰，从根本上打垮这些共产党人。为此，敌人进攻的策略和方法是：第一，从政治上、思想上进攻，打攻心战；第二，从肉体上摧残。这里的政治犯都被戴上脚镣。脚镣分大、中、小号三种，大号的重七八斤，中号的重四五斤，小号的三斤重。大号脚镣一般都是扎死镣。活镣是用锁锁着，换裤子、洗澡时可以打开。扎死镣不能打开，洗澡时要戴着脚镣下水，换裤子时要把裤子先脱一边，从脚镣贴脚的铁环里取出，再脱另一只脚。监狱放风时间很短，一天只能放两次，伙食费被克扣，米饭里常伴有沙子，以致病号逐渐增多。

陈原道一年后在向中共河北省委的报告中曾这样描述监狱的情形：

这是在军阀的直接统治下而且时常加政治进攻企图软化人们的监狱。它在去年9月初才正式新成立的。一开始是打算为感化院，后因满洲事件发生才作罢，到了今年3月间又改为反省院。

这里人们的刑期概不宣布，这就留给他们当局者，可在某种条件之下随意轻率的加免。但在人的生活上按照伙食费每人每月四元五角，这与普通监狱是稍为好些，可是伙食经理人扣囚粮太厉害了，二天三顿米饭一顿馒头，一人一中碗菜汤，就是如此伙食而已。把一切费用算进去，每人每月至多也不过吃二元的伙食，其余二元半就被管理伙食人放在口袋中去了。每月洗一次澡，理发一次，这在三月后才实现的，并且是要求得来的，在这一点上比普通监狱就更坏了。

散步与放风的时间，开始每天二次（中午与晚六时），每次半小时，所有犯人一块放，后来改为分班放，分班吃饭，每次仍为半点（因大家要求生活改良，当局对付的方法），不让彼此谈话，并防止甚严。到了夏天大家要求才延长为一小时，均在一块放了，但监视谈话更加严厉起来。每人均带着铁镣，开始多是头等镣，总在七八斤重，后来要求才改为二号镣，也有四五斤重，三号的现在是比较多了，病人如何沉重开始也不下镣，后来因要求的结果才下了一些，但不下的仍是很多。

陈原道在报告中还说到狱中犯人的政治状况：“所谓犯人们，一向总有70多人（也能容下如此数量）。去年开始时均是政治犯，但现在不同了，也送来15名军事犯，并且与C无关系的政治犯及在组织上已叛变的也送进来了，因此成分就异常复杂。现在可分为二种，政治犯与非政治犯。”“政治犯分为两个对立的营垒”，这里所说的两个营垒，一是筹备处分子张金刃、曹策等人，一是陈原道、殷鉴等中共河北省委的共产党员。“这种成分的复杂，这是决定斗争策略的要素之一。”陈原道说。

陈原道还报告说：“我们近40人（指狱中的共产党和共青团员数——引者注）的生活（物质的），多半外边是有接见及亲朋送东西的，但是无亲朋接见或有而无力送东西的，亦属不少。因此他们缺乏衣服和必需品特别厉害，尤其是病人，总在十数人以上，其病多系关节炎及胃、肺等症”，这些病人急需用药，而狱方又不给医治。

面对敌人政治上的软化和生活上的虐待、摧残，陈原道认为：

根据这些特别情形，我们的任务是：反对反省政策，加紧政治教育，武装我们的理论与实际，改善生活待遇及互相救济。中心是反对反省政策下进行我们一切工作[①]。

★ 国民党监狱设立的刑讯室及各种刑具

① 陈原道：《玄涛关于监狱中情形的报告》，1932年9月，中共安徽省委党史研究室编：《陈原道百年诞辰纪念文集》，中共党史出版社2004年版。个别文字根据档案原件进行了订正。

1996年，在历史经过六十多年的沉淀后，陈原道当年狱中的难友薄一波在回忆录中对狱中敌人的虐待和阴谋又作了深刻的揭示：

这里实行的是军人法西斯专政。除女犯外，都带脚镣。……如果违反了所谓“院规”，要给予体罚，关进独居监房。吃饭、放风，南北监分批进行。病号监房有时随南监，有时随北监。亲朋来探望，每月一次，每次给十分钟。政治犯手中不能有现钱，亲属朋友送来的钱，由监狱当局保管。政治犯每周可以号子为单位买一次小菜。菜单有号子政治犯自己开，狱中代买，这是狱卒克扣钱财的好机会。伙食标准，规定是每人每月三元八角，这在当时是过得去的，但一半以上被“反省分院”管理员克扣去了。

监狱负责人姓王，是军法处长颜文海的干儿子，我们一到，他便宣布：这里是“反省分院”，来这里就是要你们反省，要放弃共产主义。反省是有期限的，每六个月为一期。每期经评判委员会审查，反省得“好”的，在报上登几天《反共启事》就可以候保释放；反省得“不好”的和不肯反省的要继续反省。三期还不反省，那就枪毙。这就决定了我们在“反省分院”对敌斗争的头等任务，就是反对敌人的“反省政策”①。

的确，这是一场十分艰苦的斗争！主动权在敌人手里，敌人可以用政治的、刑事的、经济的各种手段来折磨、打击共产党人。共产党人要打破敌人的“反省政策”，保持革命的纯洁性，绝非易事。正所谓“慷慨赴死易，从容就义难”。如何更好地进行斗争？陈原道和殷鉴、薄一波等人秘密商量，决定建立狱中中共支部，作为领导狱中共产党人和敌人斗争的核心，将经过考验合格的共产党员编入支部。

于是，草岚子监狱中的中共支部——支部干事会，在经过反

① 薄一波：《七十年奋斗与思考》上卷，中共党史出版社1996年版，第130—131页。

复酝酿、充分准备后成立。

那么，草岚子监狱中的第一任中共支部书记是谁？当年狱中难友后来的回忆说法不一。

薄一波在回忆录中写道：

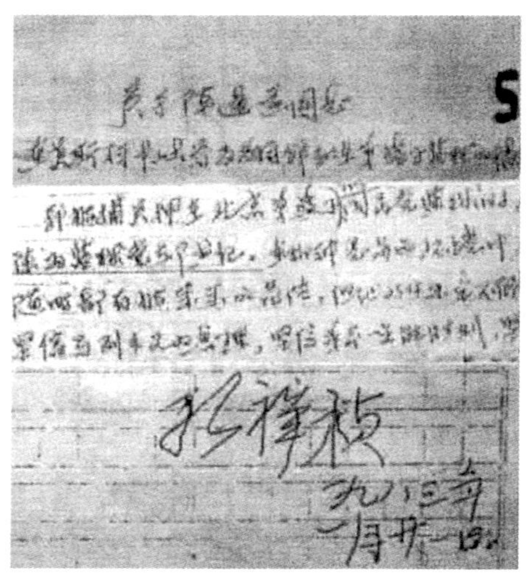

★ 孔祥桢关于陈原道任草岚子监狱第一任支部书记的回忆

由谁来担任支部书记，才能更好地团结全体党员共同战斗？起初，我提议由陈原道担任，因为他是四中全会后中央派来顺直省委（亦称河北省委、北方局、名称不一，但工作范围完全相同）主持工作的。但陈原道坚决不干。经过酝酿，意见总算一致了，由孔祥桢担任支部书记。孔曾经留学苏联，中央派来的那批干部，多是留苏的，可以通得过；而且他较长时期在北方工作，又称“地方干部”。因此，他是一个两方面都可以接受的人物[①]。

但是，后来任国家交通部和轻工业部党组书记和副部长的孔祥桢却一直坚持认为第一任支部书记是陈原道。1968 年 10 月，他在《自传》中写道：

（1932 年）七八月间，伪国民党大赦。陈原道一天在放风时突然找我与刘子久、胡锡奎说，支委决定，让你们三人组成新支委，我为支书，刘为组织，胡为宣传，刘子久熟悉支部人员，因大赦他们要出去了。我当时感到突然，要想辞退，但陈已经回号

① 薄一波:《七十年奋斗与思考》上卷，中共党史出版社 1996 年版，第 132 页。

房了①。

狱中难友个人所写的回忆材料，还有三位说到第一任支部书记是陈原道。一是杨献珍。曾任中共中央高级党校校长的杨献珍在 1967 年 5 月亲笔所写的“交代材料”中写道：“大概是在 1931 年底，张学良为这批政治犯成立了一个‘北平军人反省分院’，把我们都关在里边。到了‘反省院’，由陈原道与殷鉴领导着，成立了党支部，陈原道任支部书记，把所有关进反省院的，都进行了审查。把被捕受审的没有问题的人，都编入了支部。我是编在支部的。”②

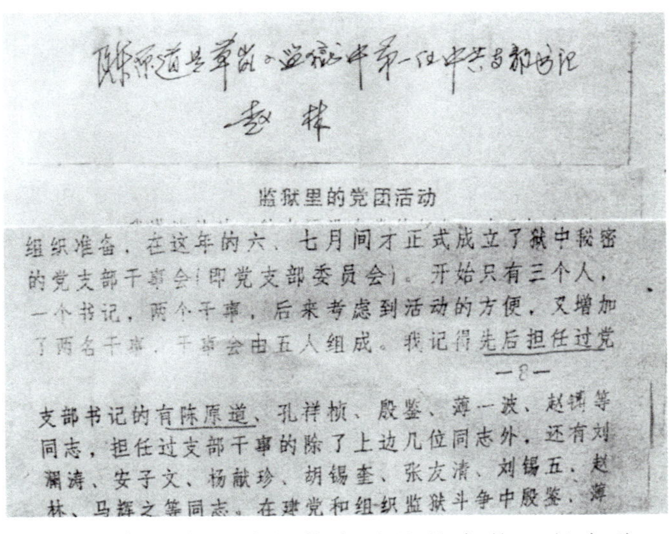

陈原道是草岚子监狱中第一任中共支部书记

赵林

监狱里的党团活动

组织准备，在这年的六、七月间才正式成立了狱中秘密的党支部干事会（即党支部委员会）。开始只有三个人，一个书记，两个干事，后来考虑到活动的方便，又增加了两名干事，干事会由五人组成。我记得先后担任过党

—8—

支部书记的有陈原道、孔祥桢、殷鉴、薄一波、赵镈等同志，担任过支部干事的除了上边几位同志外，还有刘澜涛、安子文、杨献珍、胡锡奎、张友清、刘锡五、赵林、马辉之等同志。在建党和组织监狱斗争中殷鉴、薄

★ 赵林关于陈原道是草岚子监狱中第一任中共支部书记的回忆

二是赵林。赵林是 1931 年 3 月在共青团唐山市委书记任上被捕的，先后经过天津市公安局看守所、北平行营军法处的残酷折磨，最后被判五年徒刑关进草岚子监狱的。新中国成立后曾任

① 孔祥桢：《自传》，1968 年 10 月 20 日。手稿。

②《杨献珍自传》，1967 年 5 月 18 日。手稿。

中共吉林省委书记、山东省委常务书记。他在1990年5月所写的《历史的回顾》中这样说：

我进监狱时，狱中还没有党的组织，党员都是“各自为战”，分散活动。过了大半年的时间，在1932年的上半年，才在极少数党员中酝酿建党的问题。但是在狱中建党是很不容易的。这不仅因为敌人的压迫与监视，更重要的是政治犯的情况很复杂，被捕前互不了解，每个人的入党情况以及当前的政治思想表现如何，一时难以弄清，因此在建立前经过了较长时间的思想酝酿和组织准备，在这年六七月间才正式成立了狱中秘密的党支部干事会（即党支部委员会）。开始只有三个人，一个书记，两个干事。后来考虑到活动的方便，又增加了两名干事，干事会由五人组成。我记得先后担任过党支部书记的有陈原道、孔祥桢、殷鉴、薄一波、赵镈等同志①。

三是周仲英。1981年11月，他回忆说：“为了同敌人长期作斗争的需要，经过一段酝酿，建立了监狱斗争的战斗堡垒——党支部。陈原道、孔祥桢、殷鉴、薄一波和赵镈同志相继担任过党支部书记，支部委员会（当时叫支部干事会）在五年之内，改选过三四次，我记得刘澜涛、安子文、杨献珍、胡锡奎、张友清等同志都先后担任过支部干事。”②

为收集草岚子监狱中共产党人的历史资料，笔者曾于2003年9月走访了孔祥桢的夫人姚汝安（孔祥桢已于1986年去世）。当问及狱中第一任支部书记时，姚汝安明确地说：“第一任支部书记肯定是陈原道。这一点老孔在太行的时候就和我说过。说，有一次放风的时候，陈原道找到他说，我马上要出狱了，下面的支

① 赵林：《历史的回顾》，1990年5月。手稿。

② 周仲英：《草岚子监狱的几次重大斗争》，吴林泉、彭飞编：《草岚子反省院斗争史料》，1981年11月。打印稿。

部书记你来干吧！”[①] 这个说法与孔祥桢的回忆材料相吻合。

时隔多年，当事人的记忆难免有误。这里，多数人回忆第一任支部书记是陈原道，尤其是孔祥桢的回忆更有说服力，因为他是最直接的当事人。孔祥桢 1926 年留学莫斯科中山大学，和刘亚雄同为一个班的学员，陈原道对他也比较了解。1931 年 7 月，孔在中共唐山市军委书记任上到北平汇报工作时被捕。这是一。第二，陈原道是中央代表团的负责人，一直负责组织工作，由他牵头建立狱中中共支部，并担任支部书记也合乎逻辑。

党支部建立后，对狱中的共产党员逐个进行严格的审查，审查合格后接入狱中的组织关系。支部下面建立党小组。党小组主要以牢房为单位，一间牢房一般是四五人。若同牢房的人中有党和党外群众或未被党支部接受的，则把不同牢房的共产党员混合编组，在“放风”时开小组会。

如何应对和反击敌人的“反省”政策，击破敌人的阴谋，狱中党支部总的工作方针或指导思想应该是什么？这是这些已经久经锤炼、有着比较深厚的理论素养和丰富实践经验的共产党的高级领导干部首先考虑的问题。

一开始，党支部曾讨论一个口号——“把敌人牢底坐穿”。这当然是一个具有对敌人绝不妥协的斗争精神的口号。但党支部反复讨论后认为，这个口号带有一些消极色彩，决定将其改为“红旗出狱”，以此作为狱中党支部的指导方针。

“红旗出狱”的含义或内容是什么？薄一波继殷鉴之后曾较长时间担任狱中党支部书记，他后来对这一内容作了回顾：

“红旗出狱”口号的含义有:(1) 决不向敌人屈服。什么

---

① 2001 年 9 月 2 日，访问姚汝安记录。

“反省”、“悔过”、登“反共启事”之类的事，绝对不干;（2）想尽一切办法争取改善生活环境，锻炼身体，以求得最大限度地保存自己;（3）狱中时间多，要好好学习，尽可能地用马列主义理论武装自己，把监狱变成学习马列主义的学校，在思想上、理论上不断提高自己，以便出狱后能对革命事业作出更多贡献。总之，这个口号是能动的，是要求大家在斗争中生存，在斗争中提高，在斗争中有所作为。也就是说强调的不仅仅是只有牺牲的决心，保持名节，死而后已，而是要通过斗争使敌人设立“反省分院”的目的彻底破产[①]。

“红旗出狱”的口号在草岚子监狱中的共产党人中是深入人心的。许多狱中难友回忆，坚持“红旗出狱”，就是要坚持斗争，坚持学习，直到红旗插满全中国的一天。或者是革命形势不断高涨，迫使敌人释放出狱。即使坚持不到这一天，被敌人杀害，但也始终是一个高举红旗的共产党人!

在狱中党支部的坚强领导下，一场“反省”与反“反省”、迫害与反迫害的斗争开始了！起初，党支部之下还建立团支部，不久，考验合格的团员全部转为党员。

1932 年 9 月陈原道因大赦出狱以后，接任支部书记的是孔祥桢，孔因病保释后接任支部书记的是原中共河北省委书记殷鉴，其后是薄一波、赵镈。从 1931 年入狱，到 1936 年集体被北方局营救出狱，斗争五年之久。五年中，先后担任支委的是：殷鉴、薄一波、孔祥桢、刘子久、胡锡奎、杨献珍、刘澜涛、安子文、张友清等人[②]。在中共支部周围，则形成了一批骨干力量，主要是：李楚离、张玺、刘锡五、马辉之、赵林、王德、董天知等

① 薄一波:《七十年奋斗与思考》上卷，中共党史出版社 1996 年版，第 134—135 页。

② 参见熊怀齐:《天地有正气》，北京出版社 1982 年版，第 25 页。

人[①]。在这场艰苦的斗争中，虽然仍有一些人经不起敌人的威逼利诱，“反省”出狱了，但更有一批意志坚定的共产党人在中共党支部的领导下，同敌人进行了坚决的斗争，坚守了共产党人的信仰和名节。

陈原道为草岚子监狱中共产党人的斗争，打下了坚实的基础。

三、反“反省”：应对与反击

国民党反动当局设立“反省院”的目的，就是想通过生活上、身体上的虐待、折磨，政治上的感化、软化，来摧残这些共产党人的信仰，诱使其转向反动营垒。陈原道和狱中党支部针锋相对，领导狱中难友从两个方面反击敌人的阴谋。正如前引陈原道所说：“中心是反对反省政策下进行我们一切工作。”

首先是反虐待、反迫害，改善日常生活的斗争。

国民党监狱当局对狱中政治犯生活上、肉体上的虐待是多方面的。例如：戴镣、克扣伙食、放风时间短、长时间不能理发等等，以致病人逐渐增多。

狱中党支部则通过日常斗争来反对敌人的虐待，以达到最大限度地保存自己，实现“红旗出狱”。在这些斗争中，向狱方提出的主要条件是多放风散步，改良伙食，洗澡，理发，下镣，病人出外就医，反对虐待等。陈原道后来在给河北省委的报告中说：

① 薄一波：《七十年奋斗与思考》上卷，中共党史出版社 1996 年版，第 133 页。

关于这些要求的斗争，今年共做过数次，择其重要的来说：一次为不吃冻坏馒头而斗争。首先有很多人说，后来管理人竟把说话的数人关闭独居，于是大家一致要求反对错误处罚，一顿饭一顿馒头，处罚宪兵，结果由管理人召集大家说话，公开承认处罚错误，不吃坏馒头，允许多吃馒头，这些要求都允许了。

一次为下镣斗争。这斗争是长久的。院长来要求过一次，其他法官讲演、科长考试，均不断要求，文章上写的是下镣，口头说的是下镣，这样的斗争结果仅得到病人普遍的下，重镣都换成小镣，只是少数人还带着头号镣，这也算是部分的胜利。

一次为洗澡的要求。一冬未洗过澡、未理过发，在新干会（即党支部——引者注）成立之时，即提出要求，结果也胜利了（每月一次，理发也是一次）。

玄涛关于监狱中情形的报告

——关于监狱斗争、对反省政策、日常斗争及上海抗日问题的争论*

（一九三二年九月六日——七日）

一般环境与生活特点

1.这是在军阀的直接统治的而且时常加政治进攻企图软化人们的监狱。他在去年九月初才正式新成立的，一开始是打算为感化院，后因满洲事件发生才作罢论，到了今年三月间又改为反省院。

这里人们的刑期概不宣布，这就留给他们（当局中）可在某种条件之下随意轻重的地步。但在人们生活上按照伙食费每人每月四元五角，这与普通监狱是稍为好些，可是伙食经理人扣囚粮太利害了，二天三顿米饭一顿馒头，一人一中碗菜汤，就是如此伙食而已。把一切费用算进去每人每月至多也不过吃二元的伙食，其余二元半就被管理伙食人放在口袋中去了。每月洗一次澡，理发一次，这在三月后才实现的，并且是要求得来的，在这一点上比普通监狱就更

323

中共北京市委档案

玄涛是陈原道当时的化名

★ 陈原道出狱后给中共河北省委《关于监狱中情形的报告》

一次为放风的斗争。暑天当局把我们分批放风，每班只有30分，在小小屋中4人共居，如何受得了呢？于是提出要求延长时间，开始允许40分，我们认为不行，结果吃饭后就自动不出来，这样实行了二、三次，结果延长放风时间为一点至一点半，南北号合放，这是完全胜利了。

又一次为洗澡时间的斗争。本来的时间为15分，后来被改为10分，后来又改为8分，一人要求被闭于独居室，于是大家

一致要求，在饭厅上请管理人撤回命令，延长时间，结果也胜利了。

总而言之，在干会领导之下，进行的日常斗争是不断的发展……而且斗争均有相当成绩[①]。

一位和陈原道几乎同时出狱、署名鸣虎的向中共河北省委的报告中，在讲到狱中日常斗争情况时，除了陈原道报告中的内容外，还讲到平时和看守斗争的情况。其中说道："反对看守打某，结果胜利，将看守记大过一次，罚薪半月。"[②]鸣虎报告里说的这个看守，当时狱中难友叫他"勾尔登提氏"，对政治犯态度很恶劣，装着金牙。金牙的英文名发音是"勾尔登提氏"，所以难友们给他起了这个外号——"勾尔登提氏"，都很恨他。和"勾尔登提氏"发生打架冲突的是狱中难友刘聚奎。几十年后，刘聚奎在《自述》中详细地回忆了这件事：

1932年春，一天早晨吃罢饭，在放风期间，我与勾尔登提氏打了两架。勾尔登提氏在英文上意思是金牙，有一个看守装的金牙，这个人比较坏，大家给他起个名号，叫勾尔登提氏。情况是这样的：当时我们南号筒，东一排尽南头靠近厕所，那一间房住着四个人，有张慕陶、刘明甫、胡锡奎、杨璞，他们四个人刑期满了。他们这间房子房门可打开，叫做反省号，其余的都叫紧闭号。有一天，除我的房间外，其余房的人都回来了，只有我们的房间还未锁门，反省号当然也未锁。当时我们的方针是反对反省而不反对开门，这个勾尔登提氏大概还不大清楚反省号是不锁门的，他要上锁，胡锡奎他们不让上锁，勾尔登提氏就关他们的

① 陈原道：《玄涛关于监狱中情形的报告》，1932年9月，中共安徽省委党史研究室编：《陈原道百年诞辰纪念文集》，中共党史出版社2004年版，第325—326页。

②《鸣虎关于监狱中支部状况的报告》，1932年10月，吴林泉、彭飞编：《草岚子反省院斗争史料》，1987年11月30日。打印稿。

门，他们当然不让，就打起来了。

这时我最后一个解手回来，看见这种情况，就大声喊叫：“看守打人了！”我的嗓门特别大，声音特别高，整个号筒振动，全号筒都跟着叫起来。这时勾尔登提氏来打我，我往后一闪，他来得太猛，没打着我，一下扑倒在铺上。我顺手把他按住打他，再加上王鹤峰拉偏架，董天知在门口放风，勾尔登提氏确实挨了打。由于整个号筒都喊起来了，看守班牛班长、副班长姓关都来了。董天知给我使眼色，我一下子跳上了床，躲在墙角。这时两个班长因在门外看着，但勾尔登提氏不知道，首先拿起枕头甩我一枕头，接着又拿痰盂想打我，被王鹤峰拦住夺走了。他还想拿什么东西打我，一扭脸，看见班长，就说我打他了。我说你们二位班长在这里看着，明明是他打我，反说我打他了。那个关副班长说，我就不相信犯人敢打看守。牛班长也说，我们看着你打人，怎么说人家打你。

第三天吃罢早饭的时候，在饭厅上开了大会，管理员老王把勾尔登提氏着实地骂了一顿，把我们着实地恭维了一番。管理员大意是这么说的：×××，你这个看守你竟敢打他们，你不要看他们现在都在守法，第一他们有人格，第二他们有本领，他们都是些军事家、政治家、文学家、学问家，还有大写家，他们一出去不知可以干出多少大事。你不要看不起刘聚奎、打刘聚奎，刘聚奎还是文学家呢。你太可恶了！竟敢打他们，还不跪下！结果勾尔登提氏在院中跪下了，并宣布罚勾尔登提氏半月薪金。

斗争到这种时候，狱中党支部认为要讲点策略，有理有节，要做点争取看守的工作。刘聚奎继续回忆：

我们认为不管怎么样，我们不能和看守弄得太过不下去了。第一，他们是士兵，是被压迫的；第二，他直接管我们，如果真正和看守弄翻了，那对我们很不利。于是我们有些同志（指陈原道、薄一波、张友清——引者注）站起来讲：打我们是不对的，念他是初犯，他家里还有老婆、孩子，他老婆、孩子没犯错，扣了他的薪金，他老婆、孩子吃什么。因此我们请求第一不要罚跪，第二不要扣他的薪金。管理员说，你看人家多宽宏大量，打了人家，人家还为你讲情。现在宣布不罚跪了，可以起来，也不扣薪金了。

一场“犯人打看守”和“看守打犯人”的风波就这样结束了。刘聚奎是个正直、无畏而又机警的共产党人。他的这一巧妙而又有力的斗争，如同《说岳全传》中所描写的牛皋骑到了金兀术的背上，打得解气、开心。从此，狱中的难友们给刘聚奎起了个外号叫——“牛皋”，并说他是有勇有谋的“牛皋”。这一外号，直到他到太行山八路军总部见到八路军副总指挥彭德怀的时候，彭老总还笑称他是“牛皋”。疾恶如仇、憎爱分明、刚正不阿的品格，也由此伴随刘聚奎的一生。

同监狱当局的这种日常斗争是拉锯式的。共产党人斗一次，斗得有理，狱方退让一步。过一段时间，敌人又死灰复燃，因为这是他们实施“反省”政策的需要，是他们或镇压、或软化共产党人的本质使然。于是狱中党支部领导难友们继续进行斗争。

经过斗争，难友们在生活上有所改善，可以让看守或来探视的亲友从外面买一些小菜、药品等。但是，难友们家里的经济情况不同，一些职业革命者长期在外，已经和家里失去联系。于是，监狱党支部组织了一个“生活公社”，将难友家中送来的钱物集中管理，统一使用。“生活公社”由支部生活委员负责。刘聚奎具体回忆了“生活公社”的建立情形：

关于经济生活，一开始进牢时基本上以房间为单位过着共产主义式的生活。党支部每月向有的房间抽一些钱回来买报纸、交通费，和对某些没有经济来源的老同志的某些补助等等之用。第一，这种办法苦乐平均。比如我住的房间，我、王锡德、王鹤峰，每月从家里有三四元的收入，董天知他的姐夫是个小军官，偶然也有接济，故比较宽裕。我们隔壁薄一波、张友清、刘子久都是长期的职业革命者，和家庭的社会关系隔绝了，根本没有收入，只有殷光善每月有三四元的收入。每次向外买东西，我们可以买若干好吃的东西，他们不行，只能买些柿子，这种东西便宜。薄一波有时把柿心吃完了，把柿皮隔着两房之间共用电灯的方洞扔过来。第二，支部没有更多机动，常常入不敷出，而且进牢时间一长，收入比初进去少，但是病号增多，报纸费用增贵等等，支出一天天要求增多，所以进去没有多久，不到一年功夫，支部就改变这种情况，办法是把所有寄来的钱票一起交支部，支部有计划地支出①。

这就是草岚子监狱中共产党人的"生活公社"。这种"生活公社"，对难友们在极度困难的生活条件下，共渡难关是起了很重要的作用的。刘聚奎还回忆，后来由于病号增加等原因，"有时一百一、二十元（收入）相当紧张，支部就采取紧急措施，就是谁在一般收入之外弄到钱以后，抽十分之一奖励他。记得一次，周仲英病得很厉害，没办法，支部发出号召时我就给家里发了信，说我病得要死，无论如何要立即寄二十元钱来。结果家里信以为真，寄了二十元来，支部就奖励发给我们这个房间两元作为奖励。除了这种办法以外，对于从别的牢狱解过来的同志，只要是衣着有困难，不要多久，就有大批衣物送到困难者的身边。这完全是自动的。"②

对于这种狱中"生活公社"的情况，狱中难友唐方雷也有

①《刘聚奎自述》，1980 年。手稿。

②《刘聚奎自述》，1980 年。手稿。

回忆。不妨引录如下，以作为上述刘聚奎回忆的一个佐证和补充——

为了坚持长期斗争，保证每个人的身体健康，在支部领导下，成立了生活委员会，并指定赵镈同志负责。参加绝食斗争的政治犯，都加入了生活委员会，叫“共产主义生活公社”。一切钱物统一归生活委员分配、安排。如衣着问题，许多人住监狱时间长了，衣被已破烂，需要补充，但家里无钱寄来，生活委员就给予安排，有计划有组织地动员外面亲友、家属送或买。对病患者需要药、营养品，也是组织外面买或送，保证了病号的需要。每月要花多少钱，作出最节约和最低限度的计划，经支部审查批准，再动员难友根据每人的实际情况向家里和亲友要钱，有钱的多寄，一般的少寄（钱寄来后一直是由监狱管理员登记存放，需要时去取，不把钱交给犯人）。总之尽个人的努力。谁寄来多少钱，把数目告知生活委员统一管理分配。如我从家里寄来二十元，也告知赵镈统管。使用分配的原则是：先病号、特殊费（秘密），后困难者，再一般。寄来钱的人，留百分之二十作为本屋人购买东西之需，寄钱多，留的多。这样保证了一部分家庭经济困难战友继续坚持长期斗争①。

唐方雷这里所说的“特殊费（秘密）”是什么？作者没有说。根据其他难友的回忆，应是打点管理员和看守员的经费。事实上，“生活公社”所掌握的经费，主要用在照顾难友中的重病号上。

从生活上、精神上关心重病号，是狱中党支部十分重视的一项工作，也是狱中共产党人自觉的行动。只有这样，才能更好地打破敌人的摧残，粉碎敌人“反省”的阴谋。在给河北省委的

---

①《唐方雷自述》，2003 年 6 月。打印稿。

报告中，陈原道曾写道，现在的病人有黄健纯（殷鉴）、李烈飞（李力果）、万去非（魏文伯）、周斌（周仲英）、胡锡奎、刘锡五、郝清玉等十数人，他们都无钱，无药，“奄奄待毙的情形实令人痛心”[①]。

在这种情况下，党支部采取的措施是组织难友们“互相救济”。除“生活公社”从大家积累的钱中抽些钱给病人买药，在狱中，则由身体比较好的同志轮流到病号房照顾患病的难友。

魏文伯就是得到陈原道精心照料的一个人。

魏文伯，狱中化名万去非。1905 年出生，湖北黄冈人。1925 年 12 月加入中国共产主义青年团，翌年 8 月加入中国共产党。1927 年 8 月随贺龙部队参加南昌起义。起义失败后回到湖北，任共青团宜昌县委组织部长。1930 年 10 月任中共山西省委宣传部长兼省委秘书长。1931 年到北平，与省军委书记廖划平、省委秘书长郭亚先等商讨兵变和建立秘密通讯机关等问题。由于省委机关突遭破坏，廖划平、郭亚先被捕后相继叛变，魏文伯旋即被捕，在经过敌人宪兵司令部严刑拷打后，押至张学良副总司令行营军法处看守所，被判刑八年，很快又转入草岚子监狱。“月余后，肺结核病发作，常大口大口吐血，身体异常虚弱，被送至重病号囚房”[②]。正是在这种情况下，陈原道和杨献珍在争取狱方同意后，来到重病号囚房，照顾魏文伯，每天打水、喂饭、帮助大小便……

魏文伯的祖父是清同治时的秀才，文伯从小熟读“四书”“五经”，善诗词，在狱中有几十首诗作，其中有一首《两地

① 陈原道:《玄涛关于监狱中情形的报告》，1932 年 9 月，中共安徽省委党史研究室编:《陈原道百年诞辰纪念文集》，中共党史出版社 2004 年版，第 323 页。

②《魏文伯大事记》，《魏文伯纪念册》，法律出版社 1992 年版，第 47 页。

相思》，就是写陈原道、刘亚雄夫妇的。新中国成立后，魏文伯先后担任司法部副部长、中共上海市委副书记、华东局候补书记兼秘书长、书记，20 世纪 80 年代任中纪委副书记、司法部部长。晚年整理诗集时，曾回忆写作《两地相思》时的情景：

1932 年春，病卧北平军人反省分院病室，每天得杨献珍、陈原道同志照料之。一日放风时，陈原道同志徘徊凝笑于号内，其妻刘亚雄同志徘徊凝笑于号外，彼此只能意传而不能言语。顷刻间，刘亚雄同志归原号而去。予睹当时情景有感，作此诗以赠之[①]。

《两地相思》共四行，照录如下：

徘徊复徘徊，
相见复相思，
相思不见人，
两地空依依。

这首诗短短四句，却写得很壮美。它把这对同在一个监狱却不能相见的革命夫妻的情怀表现得让人感慨唏嘘，顿生崇敬之心。本来监狱当局规定同为夫妻每月可团聚一次，但是为了更好地坚持狱中斗争，陈原道、刘亚雄都没有公开他们的夫妻关系。监狱中放风是男女分开的，所以刘亚雄只能用放风中“凝笑”这种方式表达自己对丈夫的关切之情。

狱中共产党人的这种互相救济、帮扶，使一些病重的同志得以活了下来。周仲英就是其中一位。周仲英，狱中化名周斌，1902 年出生，湖北襄阳人。1925 年加入中国共产主义青年团，翌年由团转党，经中共北方区委书记李大钊介绍，入黄埔军校学习，1931 年春在任河北省委交通科长时被捕。新中国成立后曾任中央公安学院副院长、国家经委副主任。他回忆自己在草岚子监

①《魏文伯诗钞》(续集)。铅印稿。

狱中身患重病，是狱中共产党人把他救过来的情形：

在监狱办公楼后面靠北墙有一间平房，是重病号住的地方。开始是我和魏文伯由于患有严重的肺病都住在那里，后来魏文伯取保监外就医，我又和殷鉴一起住在那里。他患腿病行动不便，我们二人是长住那里的重病号。杨献珍同志长期负责照顾病号，打水、打饭、喂药、倒马桶，给病号读书读报，无微不至。本来我在黄埔军校时身体是很好的，后来搞地下交通，饥一顿饱一顿，日子一长，便得了严重的肠胃病，身体瘦削异常。被捕后，身体抵抗力本来很差，加上肉体和精神上的摧残，不久便得了肺结核病，日复一日，发展很快。开始还只是痰中带血，后来便天天吐血，把身体便彻底摧垮了。按照一个偏方，说喝研浓的墨汁可以止血，不知喝了多少墨汁，但却没有什么生效。后来发展到两次大吐血。党支部生活干事赵镈同志，凑钱为病号买药和营养品，为我买了念珠，以治失眠，还为我买了止血针剂。但当时连血管都找不到了，针打不进去。第二次大吐血后，昏迷不醒，医治无效，狱中看守

★ 魏文伯《两地相思》（程传水　书）

把我抬到了停尸的房间，准备把我埋葬，但狱中难友发现我余息尚存，便立即向狱中抗议："人还没死，为什么要埋！？"迫使敌人不得不又把我抬回单监小监号中去。党支部组织同志们轮流值班，昼夜精心护理，病势才逐渐好转。党支部领导的生活委员会给我买药和营养品，关怀得无微不至。鱼肝油有股腥味，非常难吃，一次我偷偷地把它藏起来，支部生活干事赵镈同志按时来检查，问我吃了没有？我说吃过了，他不相信，从我的枕下搜查出来，便批评我，要我一定按时吃鱼肝油。难友们这种高度的阶级友爱精神，使我深受教育。回想没有这一切，像我这样的重病号，怎能够坚持活下来？还坚持为党工作了几十年，那真是不可想象的①。

狱中党支部的核心作用，陈原道和一些共产党人的带头作用，使狱中的共产党人在敌人的摧残面前，患难相依，团结得像一个人。一些患病的共产党人，称他们和狱中难友的友谊是"生死的交情"。

这是反击敌人生活上、身体上的虐待和摧残。对敌人思想上、政治上的软化，狱中党支部则以共产党人政治上的坚定性、思想理论上的先进性，以及斗争策略的灵活性来进行反击。

首先是反击敌人的三招。

为了实施"反省政策"，国民党监狱采取种种手法，来"劝诱"或"感化"共产党人。首先是三招：

第一招是法官上课。其内容无非是宣传"共产主义不适合中国"，只有国民党的"三民主义才是治国之根本"。薄一波回忆：

我们对付第一招的办法，就是找机会给来讲课的法官出难

① 周仲英：《草岚子监狱的几次重大斗争》，见吴林泉、彭飞编：《草岚子反省院斗争史料》，1987 年 11 月 30 日。打印稿。

题，或者提出反驳，特别注意用“以子之矛，攻子之盾”来制服他。

记得第一课讲的是“三民主义是治国之根本”。我们便问：孙中山先生的民族主义，是争取中华民族的独立与平等。现在日本帝国主义侵占我东北三省，国民党政府却采取“先安内后攘外”的不抵抗主义，把这么一大片国土拱手奉送给日本侵略者，这是否就叫实行三民主义？法官张口结舌，无以为答[①]。

周仲英也回忆了应对敌人法官讲课的斗争情况。他说，每次敌人法官来讲课，我们总是千方百计使讲课不能顺利进行。如尽量多提问题，以占据讲课时间。法官一散布反动谬论，有的同志就起来要求讲“中国历史”“古文”等，以转移其讲课内容。当法官要犯人回答一些挑衅性问题时，被问的人，可根据自己的案情，如未暴露身份，可装着不懂，或答非所问。如案情已暴露自己共产党的身份，则正面严词驳斥，有时反问法官（因他们多系奉系军人，东北籍），日本侵略东北，你说怎么办呀？沦陷了，人民变成了亡国奴，你想念不想念家乡父老？[②]“课堂”成了共产党人和狱方斗争的战场！

敌人的第二招是神父布道。他们从西什库教堂找来神父，同来的还有修女，企图用宗教信仰、有神论来取代共产党人的政治信仰，诱导“反省”。

对付第二招的方法同对付法官一样，狱中的共产党人机智、巧妙地和神父对话，提出反问。如：“人是上帝创造的，那上帝又是谁创造的？”“靠主保佑，你们看见过主吗？”“日寇侵略我国

① 薄一波：《七十年奋斗与思考》上卷，中共党史出版社 1996 年版，第 143 页。

② 周仲英：《草岚子监狱的几次重大斗争》，1981 年 11 月，见吴林泉、彭飞：《草岚子反省院斗争史料》，1987 年 11 月 30 日。

东北三省，你能叫主把日寇赶出中国国土吗？”“一部近代史表明，宗教是帝国主义侵略弱小民族的先锋队。这一事实请你转告上帝，要他也‘反省反省’！好不好？”[①]如此等等，问得神父瞠目结舌，十分狼狈！

敌人太小看这些政治犯了，以为靠给小学生讲课的方法便能奏效，殊不知他们面对的却是一些从莫斯科中山大学、黄埔军校，从艰苦的革命斗争中走出来的共产党人。薄一波后来回忆说：

敌人犯了一个错误，他们把我们这些政治犯想得太简单了，以为用几个法官讲课、神父布道，就可以给我们洗脑，改变我们的政治信仰。敌人们，不管是国民党蒋介石，还是日本帝国主义或者其他的帝国主义者们，他们的阶级本性和唯心主义的世界观、历史观，决定了他们总是过高地估计自己的力量，过低地估计共产党人和一切革命者的力量，结果不能不闹出许多笑话来，不能不屡遭失败。在战场上是如此，在监牢里也往往是如此。经过我们以轻蔑鄙视的态度同他们较量一番以后，当局发现用神父布道这一招也不灵，只好又收回去。他们的第二招又失败了[②]。

两招都不行，敌人又使出了第三招——要犯人写“反省”文章。如何应对？写还是不写？狱中出现了不同意见，甚至发生了激烈的争论（关于争论的具体情况，将在本章第五节中予以叙述）。

陈原道主张“有条件的写”，可以不写反省悔过的内容，而是借写文章的形式来述说人民的苦难和国家的危亡，可以提出改善我们生活际遇的要求。最后，支部同意了陈原道的意见，并作

① 参见薄一波、周仲英回忆文章。

② 薄一波：《七十年奋斗与思考》上卷，中共党史出版社 1996 年版，第 145 页。

了周密的安排，敌人从写文章中同样没有得到什么。

敌人的第三招又失败了。

然而，这只是和敌人斗争的“前哨战”（薄一波语），更艰苦的斗争还在后面。

进入1932年，国民党政权经过蒋冯阎大战、蒋介石的下野和重新上台以后，面对着日本帝国主义发动的九一八事变和一·二八事变，仍然奉行“攘外必先安内”的基本方针，疯狂地向中国工农红军发动“围剿”，进一步设立中统和军统特务机关，疯狂地镇压共产党人和革命人民。但是，在全国人民抗日情绪日益高涨的巨大压力之下，面对着社会各界要求停止内战、释放政治犯、枪口一致对外的强大呼声，他们又不得不对其政策做出调整。1932年6月，国民党政府颁布了《大赦条例》，对政治犯实行减刑。但仍然规定：“犯危害民国紧急治罪法或旧暂行反革命治罪法之罪，而经赦免之人犯，如认仍有危害民国之虞者，移送反省院。”[①]这样，草岚子监狱中仍不断有新的政治犯被关了进来。

根据中华民族已经面临着抗日救亡这一新的政治形势，陈原道和狱中中共支部决定发动一场要求“无条件释放政治犯，共赴国难”的斗争。

为了更好地进行这一斗争，陈原道认为，必须建立狱中政治犯的统一战线。当时草岚子监狱中不仅关进了陈原道、殷鉴、薄一波这些在1931年中共河北省委遭受的三次大破坏中被捕的共产党人，张金刃、曹策这些“北方紧急会议筹备处”的人也被作为政治犯关了进来。还有其他个别在党内斗争中被开除出党的人，如担任过中共六大候补中央委员，后被开除出党的王仲一

① 中华人民共和国司法部编：《中国监狱史料汇编》（下册），群众出版社1988年版，第158页。

等。狱中政治犯的成分是复杂的。但是在争取无条件释放、抗日救亡这一点上，却是共同的。因此，完全可以建立争自由的统一战线。陈原道的意见得到了支部其他成员和一些骨干的支持。于是狱中党支部决定，联合所有的政治犯，结成统一战线，共同向狱方递送要求无条件释放的呈文。

这时，陈原道考虑一个问题，就是为了团结和联合更多的政治犯一起参加斗争，打算将原筹备处中一些犯过错误但能承认错误的又未被开除党籍的人吸收到党支部中来。争取犯错误的同志一道工作，这一思想，陈原道在河北临时省委工作时就很明确。狱中党支部建立后，对吸收到支部生活的人是经过严格考察的，这就是必须是意志坚定者，而不能混入意志薄弱者。现在，经过一年的斗争，陈原道认为可以争取更多的一些人加入进来。在征求党支部和其他负责同志的同意后，陈原道经过一两个月的谈话，将其中一部分人争取了过来。陈原道后来向河北省委报告说："这一部分人均在我们领导之下，公开承认错误。除已被开除者、未恢复党籍而发生个人关系外，均编入支部。""这一工作，我们认为是有很大成绩。"①

但是，后来中共河北省委指责他们这是为叛徒恢复党籍，是与右派联合。陈原道不同意这一批评。他说："如果认为犯过右派错误业已承认错误又未开除过，难道就不要了吗？你们这种说法未免过于不合事实，未经过审查而做的结论。"②

这里对一个人的处理后来引起争议，这就是张金刃。薄一波

① 陈原道：《玄涛关于监狱中情形的报告》，1932 年 9 月，中共安徽省委党史研究室编：《陈原道百年诞辰纪念文集》，中共党史出版社 2004 年版，第 327 页。

② 陈原道：《玄涛关于监狱中情形的报告》，1932 年 9 月，中共安徽省委党史研究室编：《陈原道百年诞辰纪念文集》，中共党史出版社 2004 年版，第 327 页。

在他的回忆录《七十年奋斗与思考》(战争岁月)中写道:“张金刃在狱中,‘承认’了错误,经过陈原道‘审查’后恢复了他的党籍。他手下的曹策等几个人,仍然坚持原来的观点。”为张金刃恢复党籍事,陈原道后来在给河北省委的报告中没有说到,只说了恢复组织生活的几个人的名字,但符合陈原道思考和处理问题的逻辑。前面说到,陈原道在中共河北临时省委工作时认为,对筹备处的“领袖”人物,必须在实际工作中考察其成绩才能恢复其党籍。现在张金刃既然已被敌人逮捕关押一年多,且已承认错误,那么恢复其党籍,扩大狱中政治犯的力量,就是顺理成章的事了。至于曹策等人仍然坚持原来的观点,当然不在恢复党籍之列。

张金刃后改名张慕陶,1902 年出生,陕西旬邑县人。1924 年加入中国社会主义青年团,同年转党,是西安著名的学生运动领袖之一,文采口才俱佳。1927 年 7 月,共青团陕西省委成立,张任书记。1928 年 6 月,出席了在莫斯科召开的中共六大。同时,他还出席了在莫斯科举行的少共国际五大,并被推选为少共国际候补中央委员。1928 年 11 月,张金刃从莫斯科回到上海后,很快被中共中央派往天津,担任中共顺直省委组织部长。1929 年 9 月,又担任中共顺直省委书记,后被调到上海中央机关工作。六届四中全会后,和罗章龙等走到一起,进行分裂党的活动,被开除党籍。被关入草岚子监狱一年多后,于 1932 年 11 月出狱。出狱后,鉴于华北形势日益紧张,1933 年 1 月,中共中央北方特科派张金刃(此时改名张慕陶)赴张家口任特委书记,帮助冯玉祥建立察哈尔民众抗日同盟军,任察哈尔民众抗日同盟军总政治部主任,成为同盟军中重要的共产党人。1934 年 9 月,以张慕陶为首的中共张家口特委因与柯庆施为首的中共河北省委前线工作委员会发生重大意见分歧，再次被以“托派”“反党”等错误开除党籍。此后，他仍然四处奔走，后经人介绍充任阎锡山的高级参议。西安事变时，既鼓动反蒋抗日（西安事变时，极力主张杀蒋），又进行反共产党的小组织活动。为此，他在太原民族革命大学活动时，受到进步学生的殴打，还曾被押到共产党人李力果（李鼎铭之子）任团长的牺盟会少年先锋队的营房里，被作为“汉奸”“托派”声讨。薄一波一直认为，张慕陶当年“承认”错误是他的一个阴谋。“实际上他并没有真正转变，并没有放弃反对共产党的立场”，所以他到山西以后，一方面“帮助阎进行反革命活动，但在群众面前仍伪装革命”[①]。当张慕陶遭到学生殴打和民众反对以后，阎锡山不知如何处理时，薄一波利用和阎锡山的统一战线关系，向阎建言：驱逐张慕陶。“阎听了我的意见，把他解送到蒋介石的西安行营处，交给了胡宗南。”[②]1941年4月，被蒋介石下令秘密枪杀于陕南南郑县。

张慕陶是一个复杂的有争议的历史人物。陈原道为张慕陶恢复党籍的正确性如何，也成了一个有争议的问题。无论如何，陈原道关于允许犯错误的人回到党内，扩大政治犯统一战线的政策思想，是无可非议的。

为了有一个统一战线的组织形式，狱中党支部还建立了一种对敌人保密，对狱中政治犯却是公开的组织，代号叫“Speack”，即英文“说话者”，简称“spk”或“斯皮克”。意思是向监狱当局说话。每个牢房推出一名“斯皮克”，代表本牢房的难友说话，党支部事先指定一个总“斯皮克”。这个总“斯皮克”叫李楚离，新中国成立后长期担任中共中央组织部副部长。陈原道说：“反反

① 薄一波：《七十年奋斗与思考》（战争岁月），中共党史出版社1996年版，第139页。
② 薄一波：《七十年奋斗与思考》（战争岁月），中共党史出版社1996年版，第258页。

省政策及日常斗争、争自由斗争，均经过 speaker 之领导。这种组织已成了斗争领导的机关。”[①]

几乎是同时，狱中共产党人还争取了监狱的看守班长牛保正，为难友们购买外面的书报，也部分地争取了一位栾姓管理员，使这个原来“可恶至极”（薄一波语）的监狱管理人员，和政治犯之间达成“协定”：他经常给一些方便，“我们经常给他些好处。后来，干脆形成制度，每月给他四十元，这个数目，正好是他工资的两倍。”[②]

在狱中政治犯形成统一战线和争取看守的工作取得一定成效后，狱中党支部决定采取下一个行动——写一份呈文。内容主要是三条：一、控诉日本侵华罪行；二、谴责国民政府执行不抵抗主义，反对推行“攘外必先安内”政策；三、声明“我们都是抗日青年，现在却被无辜关押，强烈要求当局立即无条件释放，以便共赴国难”[③]。

呈文由文笔比较好的韩麟符执笔，全体政治犯签名、捺手印后上交“陆海空军副总司令行营”。

随后，党支部便领导政治犯发动了一次向当局递送呈文的斗争。1932 年 3 月的一天，中午开饭时，全体政治犯在饭堂一起拒绝吃饭。这时，一位斯皮克发言：“牛班长，请把栾管理员叫来，我们有话要说。”牛班长迅速叫来了栾。这时，又一位斯皮克站起来说：“现在国难当头，我们有话要对你们上司说，我们有个呈文请你负责转达，并请你告诉他要尽快答复。”栾管理接下呈文，

① 陈原道:《玄涛关于监狱中情形的报告》，1932 年 9 月。中共安徽省委党史研究室编:《陈原道百年诞辰纪念文集》，中共党史出版社 2004 年版，第 327 页。

② 薄一波:《七十年奋斗与思考》（战争岁月），中共党史出版社 1996 年版，第 158 页。

③ 薄一波:《七十年奋斗与思考》上卷，中共党史出版社 1996 年版，第 141 页。

立即表示："一定转达。"[①]

十多天后，呈文有了回音。他们在呈文上的批语是："按章核办。"并派第三处处长前来狱中给政治犯讲了一番话。他承认政治犯是"有为青年"，"心地纯洁"，但对"释放""抗日"的事却只字不提，显然是敷衍塞责。但也争取到一个积极的成果——监狱"当局把大赦条例及解释公布了"。"这种斗争进行一月之久。"[②]陈原道后来向河北省委报告说。

党支部决定寻找机会，继续向敌人进攻，最大限度地争取自己抗日的自由权。

1932 年 7 月，国民党政府颁布《大赦条例》的消息传到狱中以后，党支部决定发动全体政治犯第二次上呈文。这次上呈文，有的政治犯表现出消极和动摇，呈文改由杨献珍执笔，同样由栾管理员转交。

由于全国日益高涨的抗日浪潮的冲击，更由于狱中共产党人的正义斗争，张学良的行营终于有了松动：释放陈原道、刘亚雄、蒲秋潮、刘元士等刑期最轻者十多人，刑重者则酌情减刑。

1932 年 8 月，陈原道、刘亚雄等人走出了关押一年半之久的草岚子监狱。

这是草岚子监狱中共产党人坚持斗争取得的一个重大胜利，是狱中中共支部采取具有积极防御意义的"红旗出狱"方针的一个成果。薄一波后来回忆说，陈原道在这次政治斗争中起到重要作用，"原道同志在狱中期间，始终表现了一个共产党人坚贞不

① 薄一波：《七十年奋斗与思考》上卷，中共党史出版社 1996 年版，第 142 页。

② 陈原道：《玄涛关于监狱中情形的报告》，1932 年 9 月。中共安徽省委党史研究室编：《陈原道百年诞辰纪念文集》，中共党史出版社 2004 年版，第 326 页。

屈的革命气节和斗争智慧”[①]。

四、共产党人的“监狱大学”

1980年8月，复出后重新担任国务院副总理的薄一波率团访问加拿大。加拿大外长麦圭根问他：你是哪个大学毕业的？薄笑了笑，回答：我是监狱大学毕业的。

当年狱中难友，解放战争时期曾担任刘少奇秘书，新中国成立后又长时期担任农业部部长的廖鲁言，1967年在他的《自传》中回忆说：“可以说，我的理论和经验的修养，完全是在反省院中获得的，反省院是我的大学。”[②]

狱中难友，出狱后曾担任晋察冀军区第十三纵队政治委员，新中国成立后又长时期担任公安部常务副部长的徐子荣，常说：“草岚子监狱就是我的大学，我对马列主义基础理论的认识和了解，很多都在监牢内学到的。”[③]

狱中难友，新中国成立后曾任中国农业科学院副院长的贺致平在回忆草岚子监狱的斗争时说：“党支部的领导巧妙地把敌人的监牢变成一所培养干部的红色大学，也可以说是‘铁与血的大学’。……这里学员都是经过法庭、看守所和其他监狱的考验送

① 薄一波：《领袖元帅与战友》（图文本），中央文献出版社2008年版，第356页。
②《廖鲁言自传》，1967年5月。手稿。
③ 冯基平：《历史无情也有情》，见吴林泉、彭飞编：《草岚子反省院斗争史料》，1987年11月30日。打印稿。

进来的。”[①]

新中国成立后曾任交通部副部长的彭德，1930年参加唐山兵暴被捕，从天津第三监狱、北京第一监狱转入草岚子监狱。他回忆说：“监狱是真正的共产主义大学，我们每天都紧张地学习着。”[②]

从草岚子监狱中走出来的共产党人，几乎都异口同声地把当年的监狱生活看成是自己人生历程的革命大学。

的确，当年草岚子监狱中的共产党人在同国民党监狱当局的“反省”政策进行坚决斗争的同时，在十分恶劣的条件下，仍把革命理论的学习作为日常生活的重要的不可或缺的一部分。他们千方百计地阅读各种革命书刊；他们身处囚室，密切地关注着外界中国革命发展的每一个信息，热烈地讨论着革命的形势和方针、策略，甚至有时争论得面红耳赤。但是，他们心中共同跳动着的是一颗共产党人忠贞革命事业的赤子之心。他们满怀信心地希望自己在出狱时不但没有被敌人打垮，反而以更高的思想理论水平出现在革命队伍之中。

这一切，来源于狱中中共支部的远见卓识。

1931年被捕关进草岚子监狱的共产党人，年纪都很轻，陈原道29岁，殷鉴30岁，胡锡奎最大，35岁，薄一波才23岁，但他们中有中共省委书记、省委组织部长、市委书记，有的经过莫斯科中山大学严格的理论训练，有的经过艰苦的白区斗争的实际锻炼，从而具有了很高的理论水平和组织才干。这是当时中国共产党在北方的一批骨干人物。这就使他们在考虑问题时具有比较

---

① 贺致平：《铁与血的大学》，1987年11月15日，见吴林泉、彭飞编：《草岚子反省院斗争史料》，1987年11月30日。打印稿。

② 彭德：《在北平监狱中》，1985年。手稿。

长远的眼光。正因如此，当草岚子监狱中中共支部成立之初，在确立“红旗出狱”的斗争总方针时，就把学习马列主义、学习革命理论作为斗争总方针的内容之一。正如陈原道出狱后向河北省委汇报到理论学习时所说：“这一工作我们认为是很重要的，唯有加强这种工作，才能算达到我们真实任务，这就是武装我们思想与理论，出来时才会起更大的作用。”[①]

杨献珍曾在狱中担任支部学习委员，他回忆说：

为了在狱中更好地同敌人斗争，更为了给党培养革命之才，党支部成立后，便立即成立了学习委员会，组织狱中难友们学习马列主义和党的文件。支部分工由我负责学委会的工作。尽管敌人看管得十分严紧，我们还是在敌人的眼皮底下，办起学习马列主义的党校，办得十分有成效。难友们对学习都抓得特紧，特别自觉。学习的书刊材料都是通过秘密渠道想法从外面秘密地弄到狱中的。

我们这时已经和外面的党组织取得联系，又争取了几名看守人员，把报刊秘密地送进了监狱中。那些看守人员，几乎全是下等士兵，家境比较清苦。我们向他们宣传，并利用“重赏之下，必有勇夫”的办法打通了他们，让他们为我们作些工作。如让他们代买报纸时，多给他们一些钱，于是我们就可以很快读到天津《大公报》和北平的《华北新闻》。又让他们代我们往外送信，一封信给他两块钱。有时外面送钱来，先由监狱管理员登记存好，然后让看守班长来通知我说：“来挂号了！”我有时就说：“好，你取出来用吧！”

遇到狱中大检查，看守班长就跑到这里来，悄声通知我说：“明天检查号子……”我赶忙通知大家做好准备。

---

① 陈原道：《玄涛关于监狱中情形的报告》，1932 年 9 月。中共安徽省委党史研究室编：《陈原道百年诞辰纪念文集》，中共党史出版社 2004 年版，第 326 页。

在我住的病号床下，我曾经秘密地将砖扒开，挖了一个洞，把一些文件、稿件存放在里边。遇到狱中检查号子，我就把薄一波、安子文他们不便保存的东西藏在这里[①]。

在秘密传递一些图书、报刊到狱中的过程中，看守班长牛保正等起了重要的作用。事实说明，狱中共产党人分化敌人、建立统一战线的工作是很有成效的。

送到狱中的许多马列主义书刊，是外文本，这样，可以避人耳目。送到狱中后，由狱中的难友自己翻译。俄文方面，由陈原道、殷鉴、孔祥桢这几位莫斯科中山大学的学生翻译；英文方面，主要由杨献珍翻译。杨献珍在中学担任过英语教师，英文底子比较好。他回忆说："记得我翻译过英文版的书，有列宁的《卡尔·马克思》《帝国主义是资本主义的最高阶级》和《社会主义与战争》，斯大林的《论列宁主义基础》《列宁主义问题》《马克思主义和民族问题》，以及季米特洛夫的《论国际反法西斯统一战线问题》等有关文章，还有德国共产党总书记皮克、英共总书记等人的文章。"[②]

有意思的是，杨献珍狱中翻译的著作，有的竟在狱外的共产党人中流传。杨献珍后来回忆：

1937 年在太原，我和王若飞同志住在一个院子里，在他那里我看见一个油印小册子，书名叫《社会主义与战争》。王若飞同志将这个材料递给我看，我一翻，才知道是我在草岚子监狱里翻译的一本书。那是我送魏文伯同志的族侄王伯平保管的，不知

① 杨献珍:《狱中党校》，见吴林泉、彭飞编:《草岚子反省院斗争史料》，1987 年 11 月 30 日。打印稿。

② 杨献珍:《狱中党校》，见吴林泉、彭飞编:《草岚子反省院斗争史料》，1987 年 11 月 30 日。打印稿。

他怎么油印出来的[①]。

狱中共产党人对这些马列主义和革命理论书籍的学习是十分认真的。入狱前，他们一直忙于紧张的实际斗争，往往很难有时间坐下来系统地读一些书刊，现在有了这样一个机会，许多人感觉是“麻雀掉进米缸里”[②]，简直到了如饥似渴的地步。一个监狱房里有四五个人，一人读大家听，读完后将文件传到别的监房，就进行讨论，回忆文章的章节、内容。“有的同志学得好，能成章成节地把大意说出，有的更能全文背诵。”[③] 有的难友回忆：“(徐)子荣同志本来就热爱学习，在监狱里他学的更加刻苦，常常一个人在那里复述和背记马列主义著作。”[④]

这些书籍和文件的学习都是秘密的，必须避开敌人的视线，不能让管理员发现。“因此阅读时，东西两边监房都有人放哨。在东边牢房的人站在铁窗边放哨，监视敌人进监房。看到敌人来了，就向西面伸出一个拳头表示敌人来了。西边监房放哨的人见到东边拳头信号，就赶快把学习材料藏起来，大家佯装睡觉和靠在墙壁打盹、下棋。当管理员走了，就伸出五指，表示敌人走了，又把书拿出来再学习。同时又在隔壁上捶一拳，表示敌人滚蛋。”[⑤]

在狱中党支部的组织领导下，草岚子监狱中的共产党人把学

---

① 杨献珍:《狱中党校》，见吴林泉、彭飞编:《草岚子反省院斗争史料》，1987年11月30日。打印稿。

② 贺致平:《铁与血的大学》，见吴林泉、彭飞编:《草岚子反省院斗争史料》，1987年11月30日。打印稿。

③ 冯进乐:《我的一千天》，见吴林泉、彭飞编:《草岚子反省院斗争史料》，1987年11月30日。打印稿。

④ 冯基平:《历史无情也有情》，见吴林泉、彭飞编:《草岚子反省院斗争史料》，1987年11月30日。打印稿。

⑤《唐方雷自述》，2004年6月。打印稿。

习革命理论当成一种自觉的革命行动。为了多读书，有的难友之间还发生了冲突。刘聚奎入狱时是共青团员，理论基础差一些，因而学习得更加认真和刻苦，甚至认真得有几分“粗鲁”。他在自述中回忆了自己的学习情况，读来让人感慨。他回忆说：

我这个人看书爱抠，记得河上肇的经济学大纲一连抠了五遍。加上日常斗争和其他活动，这个时期我在政治上有一个飞跃。在这以前认为是参加革命就够了，现在觉悟到自己不仅是参加而且是要领导，这就是说要对革命负责了。为了读书我和×××曾打了一架。原因是这样，我弄进三本书，他就住在我隔壁，他说你反正看不完，可看一本把那本给我，我比你看得快，看后交换。我说那可以。我看完后他把我的书又给了别人交换看，就是不给我，我软的硬的，好话不知说了多少，他就是不还我的书。有一天中午放风时，我又问他要，他还是不给，我真发火了，我就揍了他一家伙。后来看守来了，我们就说闹着玩的。事后支部批评了×××并要他把书还给我，同时也批评了我，说你学习热情是好的，但不该打人①。

刘聚奎的“粗鲁”中透着几分可爱、可敬！

为了配合读书，狱中党支部还组织一些理论水平比较高的同志给年轻一些的同志“谈问题”——宣讲马克思列宁主义的一些基本观点，讲中国革命的基本问题。方法是：与同一牢房的难友谈，利用放风的时间谈，然后互相交流。

魏文伯住在重病号囚室时，陈原道不仅精心照顾他，而且给他讲中国革命的基本问题，使他终身受益。直到晚年，他对此还是记忆犹新。为此，《魏文伯大事记》还专门记上一条：“（1931

①《刘聚奎自述》，1980年。手稿。

年）秋 10 月，被移送到草岚子胡同北平军人反省分院监狱。月余后，肺结核病发作，常大口大口吐血，身体异常虚弱。被送进重病号囚室，作了长期坐牢的打算。在陈原道等同志的帮助下开始学习政治理论，并研究了中国革命的性质、动力、前途及列宁主义的特点等问题。”[①]

狱中难友，新中国成立后曾担任中共中央副秘书长、西北局书记的刘澜涛对陈原道给难友们讲列宁主义问题也一直“印象很深”。直到 1983 年还回忆说，在狱中，他给我们讲斯大林的《论列宁主义问题》，那时没有书，他记忆很好，一章一章给讲[②]。由此也可见陈原道对列宁主义熟悉的程度。

1932 年 9 月，陈原道在向中共河北省委汇报狱中理论学习的内容时写道：“原理方面东西：社会进化、经济学、哲学、革命根本问题及主要策略。”[③]

狱中党支部组织的这种理论学习，在陈原道出狱后一直坚持下来，直到 1936 年被中共北方局营救出狱。薄一波在狱中近五年。他回忆，五年中，狱中共产党人读过的革命书刊总数不下一千种。当时公开出版的马列著作，狱中全部有，还有一些中外历史著作和古典哲学、古典政治经济学以及文学方面的书籍。“大多数党员都精读了《共产党宣言》，马克思的《〈政治经济学批判〉导言》《路易·波拿巴的雾月十八日》，恩格斯的《反杜林论》《家庭、私有制和国家的起源》《路德维斯·费哈巴哈和德国

①《魏文伯纪念集》，法律出版社 1992 年版，第 47 页。

② 访问刘澜涛记录，1983 年 6 月 1 日。王玉芳主编：《陈原道生平历史资料汇编》第五册。

③ 陈原道：《玄涛关于监狱中情形的报告》，中共安徽省委党史研究室编：《陈原道百年诞辰纪念文集》，中共党史出版社 2004 年版，第 326—327 页。

古典哲学的终结》，列宁的《唯物主义和经验批判主义》《共产主义运动中的‘左派’幼稚病》《两个策略》，斯大林的《论反对派》《列宁主义基础》《论列宁主义问题》《马克思主义与民族问题》等。还读了博恰德的《通俗〈资本论〉》，河上肇的《政治经济学大纲》，摩尔根的《古代社会》和李达的《现代世界观》等书。”①

★ 1936 年 9 月，经党组织营救出狱后的薄一波

看这些书目，不能不让人们对他们的学习精神肃然起敬！今天，一些政治学专业的大学生，也未必认真系统地读过这些经典著作。

身陷囹圄，仍然不忘组织难友们学习马克思主义经典著作，不忘学习研究中国革命基本问题，陈原道把他在莫斯科中山大学养成的钻研革命理论的精神带到了草岚子监狱，带给那些没有系统接触过革命理论的年轻一些的难友，和狱中其他优秀的共产党人一起，使狱中难友上了一次“监狱大学”。在这里，陈原道不是为了让难友们记住一些“教条”，而完全是为了尔后的革命实践。

① 薄一波:《七十年奋斗与思考》上卷，中共党史出版社 1996 年版，第 173 页。

五、争论

根据狱中的斗争需要和狱外的政治形势，狱中中共支部组织难友们进行讨论，以致进行激烈的争论，是进行政治理论学习的一个重要方法。1943 年薄一波在延安向毛泽东汇报草岚子监狱中共产党人的斗争情况时，毛泽东对此也十分有兴趣。

在陈原道给中共河北省委的报告中，争论的问题是多方面的，有日常斗争的争论，有对反省政策的争论。这一争论，贯穿共产党人在草岚子监狱中斗争的始终。就陈原道在草岚子监狱中的一年半时间里，大的争论且有档案、口述史料可查的是两次。两种意见的代表人物分别是陈原道和殷鉴，都是莫斯科中山大学的优秀学生，也都曾被看成是王明教条宗派的成员，而不是所谓"吃洋面包"与土包子（即做实际工作的同志）之间的争论。

一次是前面提到的关于是否写"反省文章"的争论。

一种意见坚决反对写，"绝对不写"。他们认为"写文本身就是反省，或反省第一步"。因此无论如何不能写，"就是压迫也不写，至多也不过加大镣送陆（军）监（狱）"①。这种意见反对敌人"反省"政策的态度是十分坚决的。它以殷鉴为代表，薄一波也是这种意见。有意思的是，筹备处分子中多数赞成这一意见。

另一种意见以陈原道为代表，主张"有条件的写"。陈原道认为，写文章本身并不说明反省与否，"只是在文中表示反省与悔过的内容才是反省"。颜文海这伙人都是奉系军阀出身，封建

① 参见陈原道:《玄涛关于监狱中情形的报告》，1932 年 9 月，中共安徽省委党史研究室编:《陈原道百年诞辰纪念文集》，中共党史出版社 2004 年版，第 338 页。

意识很浓，好应付。如若不写，伤了他们面子，只会徒招无谓的压迫。问题在于怎么写。我们可以不按敌人的要求写，而利用写文章的形式来述说人民的苦难和国家的危亡，可以提出改善我们生活际遇的要求。总之，敌人进攻的方式是多种多样的，“我们反对的方法也是多种的”。“我们是反对压迫与逼迫我们照一定内容（反省的）的去写，按一定内容去写，我们就拒绝写，这才是为政治生命而斗争。”他们批评“绝对不写”的态度是一种“左倾空谈”。陈原道认为：“错误根源就是不了解在什么条件下怎样行动的，马列主义真理是具体的，就是以条件来说明一切的，无条件的话就变成抽象的真理道德律了。”[①]

胡锡奎、杨献珍赞成陈原道的意见。

双方讨论得很热烈，争论也很激烈。一开始，反对写文章的人认为主张写的人是有向敌人妥协投降的意向，因而对此表示出很大的义愤。刘聚奎是反对写文章的。他回忆了当时争论的一些情况。

记得我和王鹤峰二人为了此事同杨献珍进行了很激烈的辩论，虽然杨在坐牢前曾是我们老师。还有薄一波同志和胡锡奎同志辩论。胡锡奎说这也是同统治阶级办外交，苏联还和帝国主义办外交。……我就在一旁看着，看守过来干涉了，他们二人又哈哈大笑，说是打着玩的，把看守支吾走了[②]。

这实在是一群可爱、可敬的共产党人！为了搞清革命的理论、斗争的方法，即使身在狱中，仍然是那么认真执着。经过一番激烈的争论，双方都认识到大家都是在坚决地反对敌人的“反

① 陈原道：《玄涛关于监狱中情形的报告》，1932 年 9 月，中共安徽省委党史研究室编：《陈原道百年诞辰纪念文集》，中共党史出版社 2004 年版，第 338—339 页。

②《刘聚奎自述》，1980 年。手稿。

★ 1936 年 9 月，经党组织营救出狱后的殷鉴

省”政策，根本立场是完全一致的，不同的是方法。但是，到底写还是不写？双方仍然相持不下。

在这种情况下，殷鉴等将自己的意见写成书面报告，通过秘密渠道（主要是争取看守的同情）报告给中共河北省委，陈原道等人的意见得到省委支持（后来又表示不同意见，但狱中党支部并未看到指示）。最后狱中党支部决定：第一，工农分子、有病的或有适当理由可以推诿的人，就不写文章。第二，写文章决不损失我们的立场。“具体的办法是：凡反共的题目就不按题目写，而一律写生活痛苦，希望恢复自由等。即便是旧道德学说一类的文章，我们也只能加以客观叙述，绝不加以拥护，并且适当地依据我们的观点加以评论。如果在文章内容中以旧道德学说为掩护，那也是右倾错误。”第三，“写文章时互相监督，每四个人坐在一起写，除了互看互改之外，并指定一位政治较强的人来帮助改正。写完后还要把文章底稿带到群众中去互相传阅，进行批判，党的支部干事会对文章内容加以严格的审查，做出结论传达给小组。”第四，“严重指出有条件地写文章的策略，只有在这种环境与条件下是适用的。但敌人反省政策的进攻是日益加紧的，如果环境有了某种变化，就必须改变我们的策略。而具体地说，如果敌人进一步的干涉到我们写文章的自由，如强迫我们写悔过书等，我们至死也不能写一个字。”[①]

可以看出，狱中党支部对此事是严肃而又审慎的，其策略和方法也是可行的。执行的结果，“在最初一、二次写的文章中，除了有两个人的文章离开了阶级立场以外，一般都没有大的错误。这两个人经党支部讨论后开除了党籍，并向全体同志宣布。其他有些字句上的错误，就及时加以纠正了。以后虽然不免在很少数同志的文章中发现有字句上的错误，但一般没有大的问题”[②]。胡锡奎后来回忆说。

胡锡奎在新中国成立后曾较长时间担任中国人民大学副校长、党委书记。他在这场向人民大学师生报告中所说的被开除党籍的两个人，其中有一个人，薄一波在回忆录中说是陈伯达。由此，还引出了一段历史。薄一波回忆说：

在写文章的过程中，“出了两个向敌人投降，表示愿意反省的叛徒。其中之一，就是后来大名鼎鼎的人物陈伯达”。

陈伯达入狱时用的名字是王通，隋代一个有名的大儒叫王通，号文中子，绛洲龙门（今山西省河津市）人。陈伯达在狱中对别人讲（他对我讲过多次），他喜爱文中子的学问，所以用了王通这个假名。他是在天津与陈原道一起被捕的。他原住南号筒，后搬入北号筒。有一天放风，正在两批交替时，跟他同一间号子的党小组长李得标（即周启敦，被捕前任铁总党团副书记）向我报告：“王通写的文章，只给我们看个开头，下面的怎么也不给看。”这个开头的大致内容是：我是个读书人，参加过国民党，

① 胡锡奎：《一场监狱斗争的报告》，1959 年 11 月。打印稿。
② 胡锡奎：《一场监狱斗争的报告》，1959 年 11 月。打印稿。

研究过三民主义，参加了共产党，也研究过共产主义。本人认为，共产主义不适合中国国情，我愿意反省……等等。支部干事会认为，陈伯达的行为是叛变，应开除出党。陈原道说，这事由他来处理（他是以顺直省委书记的身份这样讲的）。陈伯达写的自愿反省文章，得到“反省院”的首肯。不几天，这个以大儒文中子自命的“王通”便出狱了。1943 年我到延安准备参加党的七大，见到了陈伯达，他很尴尬。他不仅没有被开除党籍，还当了毛主席的大秘书。我便去找刘少奇同志反映了陈伯达叛变出狱的事，刘说：当个秘书还可以吧[①]。

按照胡锡奎和薄一波的回忆，两个离开党的立场的人被狱中支部开除了党籍，其中一人是陈伯达；陈原道是狱中支部书记，又是原中共河北临时省委负责人，应该是陈原道主持开除了陈伯达的党籍。那么，陈伯达后来又是怎样重新进入党内并当上毛泽东秘书的？陈伯达在晚年的口述回忆录（香港星克尔出版有限公司出版）中对狱中被开除一事绝口不提，只说他在狱中一直未承认自己的党员身份，只承认自己是互济会成员；说他出狱是得到北伐时的老上级张贞的帮助，由他出钱并派人前来营救，他只是在“悔过书”（大意是年幼无知，误入歧途）上签个名便被保释出狱。并说，这件事情经过，陈原道以及在狱中的其他人都清楚。传记作家叶永烈所著、四川人民出版社 2016 年出版的《陈伯达传》一书，完全采用了陈伯达本人的说法。陈伯达还回忆，他是出狱后到冯玉祥、吉鸿昌的察哈尔抗日同盟军中工作时，由柯庆施恢复党籍的，后又到天津，主编中共河北省委机关报《实话报》。

---

① 薄一波:《七十年奋斗与思考》（战争岁月），中共党史出版社 1996 年版，第 148—149 页。

无论如何，陈伯达的动摇和在“悔过书”上签字出狱是无疑的。

草岚子监狱中共产党人的另一次大的争论是关于上海抗战的性质和党的方针问题。

1931 年九一八事变以后，日本侵略者又进一步向中国的内地发动进攻，很快在上海发动侵略战争。1932 年 1 月 28 日夜，日本海军陆战队在上海的闸北、江湾、吴淞口等地发动进攻，这就是一·二八事变。驻守在上海的国民党军第十九路军在蔡廷锴、蒋光鼐的率领下，进行了英勇的抵抗。上海各界民众纷纷组织义勇军、敢死队、救护队协助作战，中国共产党通过上海党组织发动群众，支援前线。在广大人民群众的有力支援下，第十九路军和随后参战的第五军（张治中任军长）部分官兵，坚持抵抗一个多月，取得重大战果，迫使日本侵略军三易主帅，损伤一万余人。但是，蒋介石、汪精卫联合掌权的国民党政府，对一·二八事变提出“一面抵抗，一面交涉”的方针，实际上是以稍作抵抗，来换得对日妥协。最后，中国军队奉命于 3 月 1 日放弃前线阵地，撤出上海。在还没有威胁到英美利益的情况下，5 月 5 日，经过英美等国“调停”，中日双方签订《淞沪停战协定》。协定规定上海至苏州、昆山一带地区中国军队不能驻扎，只能由警察接管，而日本反而可以在许多地区驻扎军队。国民党政府的丧权辱国，遭到上海乃至全国人民的强烈反对。但是蒋介石紧接着反而把“攘外必先安内”作为国民党处理对内对外关系的基本国策，部署对南方革命根据地的第四次“围剿”，并将十九路军调往江西进行“剿共”。蔡廷锴、蒋光鼐在同红军作战多次受挫中认识到，“剿共”没有出路，决心联合国民党内反蒋势力李济深、陈铭枢等，共同走抗日反蒋的道路。1933 年 11 月 22 日，以李济深为主席的中华共和国人民革命政府（通称福建人民政府）在福州成立，并和红军代表签订《闽西边界及交通条约》，实行停战抗日。史称福建事变。但是，在蒋介石军事“讨伐”和政治分化的双重打击下，加上领导本身失误等原因，第十九路军很快被蒋介石的军队击败，福建人民政府也于 1934 年 1 月宣告解体。

从一·二八事变到福建事变，随着历史的发展，人们越来越清楚地看到，由于中日民族矛盾上升，国内的阶级关系正在发生新变化，一个明显的变化是国民党内在抗日问题上正在发生分化，以民族资产阶级为主体的中间势力正在站到抗日的营垒一边。中国共产党正确的方针，应该是联合一切抗日的力量，共同抗击日本侵略者。

这些认识对于今天的人们来说，已是常识，因为它是经过历史的发展、沉淀以后得出的结论。然而，对于当时被关在敌人监狱中的共产党人来说，在对外面的情况知之不多的情况下，要迅速作出正确的判断，又谈何容易！

心系革命的草岚子监狱中的共产党人，一得到一·二八事变的消息，讨论便自发地开始了。党支部也很快有意识地组织大家进行讨论、交流，因为他们学习马克思列宁主义理论，就是为了能更好地分析实际问题，指导斗争实践。陈原道后来在向中共河北省委的报告中说：“我们政治问题的争论，是一年来未看到外边任何决议及对外边实际情形完全隔绝条件之下开始的。第二，政治争论是限于上海事变，而且在事变发生后三四天就开始的，这就说明政治争论是自动发展、讨论的现象，而且在党未有任何决议前是应有的现象。”[1]

难友们畅所欲言，讨论十分热烈。陈原道思想活跃，勇于发表意见。很快，难友中形成了两种意见，一种以陈原道为代表，一种以殷鉴为代表，两种意见都各有一批赞成者，双方争论得相持不下，只是，两种意见并非简单的一方正确，一方错误，而是观点上各有交叉。关于这方面的情况，有两份第一手档案资料，一份是陈原道 1932 年 9 月出狱后向中共河北省委的报告，一份是与陈原道同时出狱的化名鸣虎的给中共河北省委的报告，对双方的观点都作了汇报，且事隔仅半年，更接近历史的真实。下面依据这两份材料对双方的观点作些简单的梳理和介绍。

关于战争的原因——

陈原道认为，从满洲事变（即九一八事变）发展到上海事变，原因是多方面的，一是帝国主义与苏联的矛盾，这是根本矛盾；二是帝国主义之间为了现实利益瓜分中国的矛盾，其中主要是“日美之冲突”。日本是“利用英美两大帝国系统间之矛盾，联英法而对美”。三是“满洲及中国革命之突飞猛进的发展”，是工人阶级领导的“全国反帝怒潮高涨”。“上海事变就在上述我们已知道的复杂情况下发生的。这一事变是因日本经济危机深入，满洲事件之继续发展，作进一步瓜分中国的行动，即亦进一步进攻中国革命的手段。”[2]

另外一种意见认为：“上海战争的主要原因，是帝（国主义）直接镇压中国革命。上海战争不仅是满洲事变的继续并且是其发

① 陈原道：《玄涛关于监狱中情形的报告》，1932 年 9 月，中共安徽省委党史研究室编：《陈原道百年诞辰纪念文集》，中共党史出版社 2004 年版，第 328 页。

② 陈原道：《玄涛关于监狱中情形的报告》，1932 年 9 月，中共安徽省委党史研究室编：《陈原道百年诞辰纪念文集》，中共党史出版社 2004 年版，第 328—330 页。

展。”并认为，陈原道“所提的只有前述两个条件下帝（国主义）才直接镇压中国革命，是十足的机会主义”。“是对于满洲事变中国革命新的发展，未加充分估计。”[①]

陈原道从多重矛盾入手分析上海事变的原因，是有见地的。近代中国是一个由几个帝国主义国家瓜分的半殖民地社会，帝国主义之间的利益冲突引发了他们之间的矛盾和战争，引起了各自扶持的统治阶级内部不同集团的矛盾，这正是中国的特殊的国情。这一点，他通过对北洋军阀统治时期政治状况的了解，在河南工作时期就一直对此保持清醒的认识。同时，帝国主义与苏联之间又存在矛盾，中国革命又与苏联紧密相连。陈原道注意到了这种矛盾的复杂性，却被对方批评为是“十足的机会主义”，让人有些难以理解。

关于国民党在战争中的作用——

陈原道认为：“战争虽是群众爆发的，但战争所以能坚持一月之久，主要是由于KMT的组织与领导。”[②]同时，这种领导“是在群众开火之后，尤其是在帝国指使下（主要是美）才敢参加领导的。”[③]

另一种观点认为：“战争是由十九路军士兵在革命影响下自动爆发的，并且是英勇的坚持到底，KMT对战争是取得反革命的领导。他一贯的是要出卖和破坏此战争，不过对群众作欺骗宣传。战争虽然反映着日美冲突，但绝不能过分估计，把它认为主要原因。”“故KMT在战争中彻头彻尾是反动的，决不能像稻

① 鸣虎:《关于监狱中支部状况的报告》，1932年9月。
② 鸣虎:《关于监狱中支部状况的报告》，1932年9月。
③ 陈原道:《玄涛关于监狱中情形的报告》，1932年9月，中共安徽省委党史研究室编:《陈原道百年诞辰纪念文集》，中共党史出版社2004年版，第330页。

（陈原道）说的 KMT 是此战争的领导与组织者。”[①]

这里，双方各有自己论述问题的逻辑。陈原道强调战争由国民党组织与领导，这种领导“主要推动者还是美帝国主义”，这有其正确的方面；由此，他认为“蔡（廷锴）、蒋（光鼐）不是中国的基马尔，而是帝国之小狗，KMT 之任何军阀不敢向任何帝国开火，只有在另一帝国帮助之下才会开火。”[②] 这种认识，显然没有看到统治阶级内部在分化。当然，事物的发展变化刚刚开始，身在狱中的陈原道也很难一下子洞察其微。至于另一种意见，把国民党看成彻头彻尾是反动的，也是没有看到国民党内部的矛盾。

关于战争的性质——

对此，陈原道持“两重性质”的观点。一方面，广大士兵在反帝怒潮影响下起来作战，“这种英勇战争，无论如何是有革命意义”。“但因 KMT 在另一帝国指使下去领导，因此也就含着出卖中国、瓜分中国的意义了！”

持另一种观点的难友也赞成陈原道关于两重性的分析，同时认为战争是群众爆发的，故“有伟大的客观革命意义”，认为陈原道把帝国主义瓜分中国的性质看成是主要的，“因此把革命意义就‘抹杀’、‘减少’了”[③]。

关于战争的前途和党的任务——

陈原道认为，战争的前途可变为反苏战争，或爆发美日战争。我们党的紧急任务是：“a. 反对帝国瓜分中国，转变上海战争

---

① 鸣虎：《关于监狱中支部状况的报告》，1932 年 9 月。

② 陈原道：《玄涛关于监狱中情形的报告》，1932 年 9 月，中共安徽省委党史研究室编：《陈原道百年诞辰纪念文集》，中共党史出版社 2004 年版，第 334 页。

③ 鸣虎：《关于监狱中支部状况的报告》，1932 年 9 月。

为真正民族革命战争；b. 在中国苏维埃政府与C.P号召之下，工农自动武装起来，驱逐日本帝国主义及一切帝国主义在华的统治，工农自动武装起来，推翻帝国主义代理人KMT政权；c. 只有苏维埃政权才是中国民族真正解放的道路；d. 中国无产阶级亲密联合起来。”陈原道还提出：“争取上海战争的领导权，是打入士兵里面，组织广大工农群众参加，转变为反KMT反帝国主义的革命战争，这种战争才是真正民族革命战争。”①

持另一种观点的难友，“认为战争的主要前途，是应由我们建立革命领导，变为坚持到底的民族革命战争。要受苏维埃红军的领导，把反帝国与反KMT联系起来。”②与陈原道的观点基本相同。

上面所引历史资料，均是当年的档案资料，语言也真实地反映了当时的语境，并非后人所回忆，因而比较真实准确地反映了当时讨论、争论的情况。客观地看，陈原道比较多地强调战争的国际因素，强调帝国主义瓜分中国的矛盾和帝国主义国家对国民党的推动作用。另一种意见较多地强调上海抗战中群众的英勇斗争精神，强调上海战争的伟大的客观的革命意义。他们的分歧并不大，侧重点不同而已。他们共同的局限在于，没有看到国民党统治集团在尖锐的民族矛盾面前正在悄然发生着变化，因而在阶级关系的新调度面前，双方都很难提出新的斗争方针和策略，沿用的仍然是苏维埃政权建设时期的革命思路。

这一些，只能是今人的“事后诸葛亮”了。从九一八事变、上海事变到1935年的华北事变，随着日本军队的步步入侵，中

---

① 陈原道：《玄涛关于监狱情形的报告》，1932年9月，中共安徽省委党史研究室编：《陈原道百年诞辰纪念文集》，中共党史出版社2004年版，第331—335页。

② 鸣虎：《关于监狱中支部状况的报告》，1932年9月。

日民族矛盾日益凸显，成为中国社会的主要矛盾，中国共产党人从挫折和失败中认识到“左”倾关门主义的错误，从而在1935年12月的瓦窑堡会议上提出了建立抗日民族统一战线的新策略总方针。在《论反对日本帝国主义的策略》的报告中，毛泽东对于民族资产阶级的两面性和利用地主买办营垒内部矛盾的可能性问题，作了精辟的分析。而中共这一新方针的确立，也离不开共产国际七大关于建立广泛的反法西斯统一战线的新思想和中共驻共产国际代表团草拟（王明执笔）的，并以中华苏维埃共和国中央政府和中共中央名义发表的《八一宣言》的推动。对于当时狱中的共产党人来说，他们对外界情况的了解受到了很大的局限，但是他们的讨论却是那么地真诚，那么地执着，以致面红耳赤，甚至认为对方的观点就是“右倾机会主义”。这些认识，当然也有个理论是非问题，但是对于今人来说，人们更应该看到这是他们坚守共产党人的理想、信念的生动体现，是在狱中坚持革命理论学习的生动实践。同样，以今人的认识去苛求他们是不公正的。这种争论、讨论，对那些革命资历较浅的难友来说，不啻是生动的马克思主义的教育。争论中，双方都摆出了许多道理，甚至是引经据典，常常使年轻人听得入神，从而提高了自己的理论认识水平，也自觉地加入讨论之中。刘聚奎后来回忆说：

在1931年冬到1932年初，在支部内曾发生两次大的争论。第一次是关于九一八到一二八事变，支部内部发生两种意见的大斗争，一派以陈原道为首，认为事变的原因是帝国主义经济危机加深，无法解脱，他们要进攻殖民地就要瓜分中国，日本在上海的进攻表示帝国主义之间的冲突，蒋介石起了欧美帝国主义先锋队的作用，因此我们的方针是变帝国主义战争为真正的民族革命战争，武装起义，提枪投入红军。陈原道六届四中全会后是中央北上代表团团长，在党内地位很高，而且他确实也读过一些马列主义的著作，因此率动了不少人马。另一派以殷鉴同志为主，他被捕前是河北省委书记。他认为十九路军在上海抗战是民族革命战争性质，原因是帝国主义经济危机，日本想灭亡中国；十九路军由于经常与红军作战受到红军影响，因而奋起抵抗日本帝国主义。所以我们的方针应该是支援十九路军上海抗战；但是十九路军上层靠不住，所以在十九路军背叛上海抗战时，就要提出组织武装起义拖枪投入红军，进行真正民族革命战争。我和王鹤峰、薄一波都属于这一派，杨献珍则属于陈原道那一派。我记得我和王都是杨的学生，但我们两都曾一同和杨争论，争得脸红脖子粗。……现在看来黄（指殷鉴，殷在狱中化名黄健纯——引者）的意见……也有毛病，因为当时破坏上海抗战的并不是十九路军高级将领，而是卖国贼蒋介石。对于十九路军我们还应该采取团结抗战的态度，以主要矛头打击蒋介石①。

狱中难友周仲英从另一个角度对当时狱中共产党人的讨论与争论作了回忆。他说：

当时狱中不仅十分重视理论学习，而且特别强调："学习理论同中国革命斗争实际相结合。"在被捕之前，在顺直省委内部就曾经围绕着党的六届四中全会的政治路线、组织路线进行过争论。入狱后仍然继续辩论。我记得一二八上海抗战的问题，就曾经讨论过。特别是对当时革命形势的分析，是革命高潮已经到来，可以争取一省数省胜利呢？还是革命高潮尚未到来，还需要继续积极积蓄力量呢？那时，争得面红耳赤，慷慨激昂。我记得当时多数人同意共产国际意见，即革命高潮尚未到来，仍需继续积蓄力量。我也赞同这种意见。当然，当时的条件限制，水平限制，不可能对问题看得那么清楚，只认识到敌我力量相比还处于敌强我弱的状态，对于国内国际各种矛盾的分析，只是认为第三

①《刘聚奎自述》，1980年。手稿。

国际是正确的，还提高不到辩证唯物主义的高度来认识。但是，就当时的情况和条件，对于提高自己的认识，增强革命信心，还是获益良多的[①]。

★ 1961 年 6 月，当年草岚子监狱中的部分难友在监狱旧址前合影留念。前排左五为刘亚雄，右六为薄一波，右五为安子文

这是一个客观的回顾与评价。

1933 年 11 月福建事变发生时，狱中的共产党人又就福建事变的性质和我们党应该采取的方针等有关问题展开热烈的讨论与争论。只是，这时陈原道已于当年 4 月被国民党反动派在南京雨花台枪杀，已无缘与难友们一起共同讨论这一重大历史事件了。

① 周仲英:《草岚子监狱的几次重大斗争》，见吴林泉、彭飞编:《草岚子反省院斗争史料》，1987 年 11 月 30 日。打印稿。

‖ 第七章 ‖

最后的斗争

一、巡视直南

1932 年 8 月，陈原道、刘亚雄等人终于乘国民党大赦之机，走出了草岚子监狱。

这时的北平，仍然是一片白色恐怖，但是共产党人仍在顽强地坚持战斗。中共河北省委在 1931 年连遭三次大破坏后，1931 年 12 月，中共中央决定由原河北省委组织部长孟永祥为书记，组成新的河北省委，继续进行斗争。

陈原道在北平没有找到党组织，后来到了安徽会馆。通过安徽会馆，终于在天津找到了党组织。在天津，他给表兄程敬盛一信[①]：

茂如兄：

我的厄运已经脱了，在津稍事休息，不久将南下与泉弟见面。希望家中的人，今后不要以我的生死为念！

信纸是当时普通毛边纸，用毛笔竖写的。程敬盛也是陈原道的妹夫，字茂如。这里的“泉弟”，是指他的堂弟陈元泉，此时

---

① 见陈有仁：《生的伟大，死的光荣——纪念陈原道烈士英勇就义七十周年》，中共安徽省委党史研究室编：《陈原道百年诞辰纪念文集》，中共党史出版社 2004 年版，第 94 页。

在上海从事地下党的印刷工作。“不要以我的生死为念！”陈原道在经历了敌人的炼狱之火后，又一次义无反顾地投身到人民的解放事业之中。

1932 年 6 月下旬，中共中央在上海召开北方各省委代表联席会议。参加会议的有河北、满洲、河南、山东、山西和陕西等省委的代表。会议通过了《革命危机的增长与北方党的任务》《开展游击运动与创造北方苏区的决议》等文件，要求在北方农村中像南方一样，普遍地建立红色政权，在白色军队中普遍地组织哗变，建立红军。会后，中央派巡视员晓山（阮啸仙）到河北，督促中共河北省委贯彻中央北方联席会议决议。从 7 月到 8 月，晓山连续召开中共河北省委会议，督促中共河北省委通过了《河北省委接受北方各省委代表联席会议的决议》。《决议》提出：“在河北发展游击战争，创造新的苏维埃区域与红军，已经是摆到议事日程中的实际任务。”[①]8 月，中共中央又派吴华南为中央巡视员到北方改组中共河北省委。此后，中共河北省委集中力量领导了全省各地的武装暴动。

陈原道刚刚和中共河北省委接上关系，匆匆地汇报了草岚子监狱的斗争情况，来不及休整，便接受了中共河北省委指派的一项任务：到直南各县巡视，贯彻中央和省委的决议精神。

1932 年 8 月中旬[②]，陈原道来到了直南的磁县。

陈原道还是遵循他一贯坚持的思想路线和工作方法，首先进行调查研究。

---

① 中央档案馆、河北省档案馆编:《河北革命历史文件汇集》第九册，第 82—83 页。

② 关于陈原道到达河北磁县的时间，有关资料记载不一。有说是 9 月，有说是 9 月 9 日，有说是 8 月。根据陈原道写于 1932 年 9 月 12 日的《巡视直南工作报告大纲》所述，他在直南已工作一个月，以此推算，应是 8 月中旬到达磁县。

他详细地考察了直南的地理、经济、政治和群众斗争形势。他了解到：

直南地处于燕晋鲁豫四省边境，西及西南是靠太行山脉与山西、河南分界，南靠黄河，平汉路经过顺德、沙河、邯郸、磁县等而入河南武安全境及磁县之一部，即位于太行山主脉中，岗岭起伏，涧深沟河，地势极便于游击战争。……地势较优者为河南之内黄县，过去老黄河经过此地，县东部沙堆起伏，恰似海中之波涛，内中物产如花生、枣子，其它果木非常丰富，三五里即有一二之村庄，县西部完全盐土，垒成一个个的土地，如沙堆形式完全相似，亦即利于游击战①。

★ 磁县古迹现状

陈原道对直南这种地理环境的考察十分重要，由此他得出一个重要结论："地势极便于游击战争。"这是和他在河南工作期间主张"上山"，坚持游击战争的思想是完全一致的，也说明他的这一思想是一以贯之的。

陈原道又详细地考察和了解了下层劳苦大众的经济和生活

① 陈原道：《巡视直南的工作报告大纲》，1932 年 9 月 12 日，中央档案馆、河北省档案馆编：《河北革命历史文件汇集》第八册。

状况：

直南西部多山多沙石，南部新旧黄河经过其地，多盐碱，土地瘠薄，因为地势的关系，频遭军阀战争的痛苦。……几十万土匪的骚扰，天门会、红枪会、黄马褂会等出没其间，地方经济非常穷困，人民生活低下，捐税如烟酒之深入到小贩（磁县、南乐），营业捐深入到一二十元，带本的小铺（南乐等），牛羊鸡也要纳税（如滑县每人十五元）。……高利贷的利率，低者三四分，高者有加一加二者。……土地分配除山东范县外，并不十分集中，大多是一两顷的地主富农，占有土地多半，雇工工资比任何地方为低，普通十元至二十五元，甚至五六元者，短工在秋忙时才三毛钱一天（磁县），小种地的批头三七或二八，大种地的四六批（范县）。……群众生活苦到极点，普遍早已吃糠窝头，他们吃饭完全在门外吃，到街上去看好似饭市一般，这主要的原因是磁县制的大碗和没有菜，而易于跑来跑去①。

陈原道的调查绝不是走马观花，而是十分的细致，细致到雇工的工资、高利贷的利率。而农民这种端着没有菜的大碗跑来跑去吃饭的情景，非亲历其中是难以观察到的。

这是农村农民的状况。直南也有六合沟、西佐、峰峰等煤矿，有磁窑，因而有许多煤矿工人和磁工乃至盐工。对此，陈原道也作了调查和了解：

这个区域里包括一万五千产业工人和劳苦工人。……产业除平汉路外，有六合沟、台子窑、福顺煤矿人数三千至四千，完全是中国资本，有小火车通平汉路。西佐、峰峰有工人两千至三千，亦为华资，……工人工资普遍四毛五分，时间八点钟，……彭城磁工直接间接的有工人五千至六千，只磁窑工人五千余人，出产大多销于东三省、华北各地。自九一八事变发生，销路减

① 陈原道:《巡视直南的工作报告大纲》，1932 年 9 月 12 日。

少，工人生活发生恐慌，其他人数较重的即为盐工，……两河沿岸依盐为生活者不下一二十万人。

群众生活既这般地难以继续容忍下去，同时受到南方红军苏维埃发展的影响，日本帝国主义占领满洲之打击，及各地斗争之相互推动，各地即汹涌地爆发着广大的群众斗争，磁县运磁车夫一千多人两个半月的罢工，完全得到胜利（在七八月）。……六合沟、台子窑两三千多人的同盟罢工（七月），西佐下段的十余次的罢工及最近的罢工（八月五号），及现在斗争中光明镇六七个贫农短工罢工，增加工钱的武装锣鼓示威游行，马头镇小学反对饭桶教员的斗争等，大名、南乐、清丰赶走盐巡的斗争，尤其是濮阳的盐民先后作过四次示威，……在城内唱多少台戏，庆祝胜利，武装驱逐盐巡。滑县一万多盐民，打毁六七处销矿局的斗争，几百轧花车工人示威抗牙税的斗争，大名、刘茂堤反捐税的斗争，南乐草帽辫工人罢工的斗争，清丰北关打烟子的斗争，这些斗争除草辫工人罢工外，完全是党领导的。除六合沟、台子窑罢工外，大都全部或大部分的得到胜利的[①]。

对直南产业工人的生活、斗争状况，陈原道同样是如数家珍。没有艰苦细致的调查，在短时间内是绝难了解到这些具体情况的。在对直南人民的生活状况作全面的调查了解后，陈原道得出了一个基本的结论："总之，直南的群众生活已变到不能继续容忍，反动统治已到不能继续统治下去的地位……立刻发动磁县的游击战争和准备暴动，这是直南目前中心任务。"[②]

这是陈原道关于直南客观革命形势的调查和分析。那么，主观革命形势又是怎样呢？陈原道又作了调查和研究。

他得到的情况是很不乐观的。"直南的党并没有完全依据中

① 陈原道：《巡视直南的工作报告大纲》，1932 年 9 月 12 日。
② 陈原道：《巡视直南的工作报告大纲》，1932 年 9 月 12 日。

央和省委的正确路线和目前政治形势来工作，而是一般的缓慢的态度。他们对游击战争只认为是可能或前途，对士兵工作是没有做，武装群众也是形式的，也没有把它真正建立起来，反帝工作忘记了。”“拥护苏维埃红军的工作连一张宣言传单都没有发（磁县发了）”，“省委特派员王同志与其他中心县三四个月没有关系”，“十几个大的农民支部都是几个月没有关系，四五个士兵支部也是那样”，许多党的组织“完全是自然主义”。

显然，陈原道对主观革命形势的调查，让他忧心忡忡！也对游击战争能否顺利发动和开展感到阵阵担忧！注重对主观力量的考察，是他在反对“立三路线”时一直坚持的，也是一直受到批判的。然而，他仍然不改初衷。

为了贯彻中央和省委的精神，陈原道努力迅速地扭转这种被动局面。为此，他在磁县工作了十天。首先是召开直南各县联席会议，传达了中央北方各省联席会议和省委的决议，对“北方落后论”“特殊论”等作深刻的讨论，明确要“坚决的与右倾机会主义”“作无情的斗争”。会议“共开了二十七八个钟头”[①]，以此把党内的思想统一到中央和省委的精神上来。同时，采取了一定的组织措施。鉴于省委特派员王同志工作不力，陈原道“代表省委立即撤销了省委特派员王同志的工作，叫他担任磁县县委书记”，另成立磁县中心县委。在县委会议上讨论了有关组织总同盟罢工的事宜，通过了一个总同盟罢工的决议，要求党员干部立即到磁窑、农村以及民团中去建立党的支部，发展党员，招集四千人，建立两连人的红军，为在本地建立苏维埃政权、反帝同盟和反日义勇军做准备。

---

① 陈原道:《巡视直南的工作报告大纲》，1932 年 9 月 12 日。

紧接着，陈原道又先后到了濮阳、大名和清丰，分别召开濮阳中心县委扩大会议，和清丰县委、南乐县委、大名中心县委扩大会议，详细地布置了各地的工作。两个星期后，又回到磁县来检查，对磁县两周来的工作又重新作了更具体的部署，重新改组了磁县县委和建立了直南特委，准备“即刻进行游击战争”①。

这时，陈原道对斗争形势总的判断是：“武装斗争已是迫在目前，尤其是秋收时期抗租、抗债、抗民团的事件都接踵而至，在这种要求下组织与发动游击战争是必要的。”②

暴动的准备工作在紧张地进行着。

9 月 17 日，陈原道和中共直南特委、中共磁县县委研究决定，成立直南工农红军游击队第一支队，王维纲任支队长，和陈原道一同从天津去直南的省委代表杨新之任政委。并宣布成立工农苏维埃，唐寿山任主席。

要组织和发展红军游击队，首先需要一大批人和枪。为此，陈原道和特委、县委的干部直接到农村中去布置。陈原道去了光禄，“亲自组织了三十人”，这些人均是“亲自见面的，谈过话了的，较为可靠”。如何号召和发动群众参加暴动？陈原道和特委决定：“以分粮食、分土地为主要政治纲领，（以）抢民团与地主的枪为夺取武器实现政治任务的保障。”③以分粮食、分田地为政治纲领，是建立苏维埃政权的基本条件，也是符合广大农民根本利益的。

陈原道和特委还具体研究了行动计划：

---

① 陈原道：《巡视直南的工作报告大纲》，1932 年 9 月 12 日。

② 陈原道：《河北省巡视员对直南情形的报告》，1932 年 10 月 13 日。中央档案馆、河北省档案馆编：《河北革命历史文件汇集》第八册。

③ 陈原道：《河北省巡视员对直南情形的报告》，1932 年 10 月 13 日。

1. 以小车社为中心，以九龙口和北留旺二村为总集结地。决定劫枪后即进行分粮食、分土地等行动。此处亦有地方民团之二十支枪可夺取。

2. 马头镇有国民党一营军队，民团有四十支枪。地主的枪支有十条有把握夺取，因此地与中心较远，决定劫枪后即走。

3. 光禄有民团、护路队、地主枪支三十四支，决定劫枪后分粮食即走。

4. 岳城有枪三十多支，因离中心四十里，夺后即走。

陈原道后来总结说："这样布置是以我们（为）基础，针对着敌人中心小民团为对象，择小车社为实行政治任务的总场，天明时即走到岭西敌人力量较弱地域，地理上又近山，以彼地作根据地。这种布置的特点是各个小中心都能独立，任何小中心要破坏不致破坏总行动计划。"[①] 显然，这一具体行动计划体现了依靠山地部署游击战争，建立根据地的思想。

红军游击队下设两个大队、七个中队。每个中队除队长外，设指导员，均由农民或工人担任，知识分子占极少数。并对下层队员进行了短时间的训练。

暴动的计划在努力进行着比较周密的部署。虽然对胜利有着信心，但陈原道的心中也有着一些隐忧，主要是："（1）农民无组织性还是严重问题，尤其过去未有武装与训练，三个多礼拜的布置训练还是缺乏的。（2）未发动广大工人参加游击队。"他认为："看不见这种困难是绝对错误的。"[②] 眼下能做的，就是提拔一些训练较好的队员，以加强领导。

暴动定于 10 月 4 日晚发动。红军游击队的各支武装也已集

① 陈原道：《河北省巡视员对直南情形的报告》，1932 年 10 月 13 日。
② 陈原道：《河北省巡视员对直南情形的报告》，1932 年 10 月 13 日。

结到位。

然而，就在10月4日下午，发生了一个重大意外和失误：有的领导麻痹轻敌，过早泄露了暴动计划，致使一些民团立刻戒备，携枪逃走。但是，暴动队伍还是集结起一百多人。这时，敌人很快组织起全县的反动武装力量，向游击队扑来。寡不敌众，红军游击队被迫向西突围，按原计划进入山中进行游击战争。但是，“因领导者军事地理之不熟悉，结果被敌人包围而分散”[①]。到10月6日、7日，暴动完全失败了，游击支队支队长王维纲等二十九人被捕。陈原道在一同情革命的民团首领的掩护下，在磁县南关中学一教员宿舍隐蔽，随后又化装到达光禄车站，乘车到达北平。

陈原道一回到北平，就受到省委的批评，认为他只是采取军事行动，而没有发动群众，并认为游击战争仍有发动之可能，决定另派人专去发动。

10月13日，陈原道向中共河北省委写出了关于这次暴动情况的报告。他在详细报告了暴动的准备情况和暴动的经过后，在分析暴动失败的原因时指出：失败的“近因”是“农民不守秘密，主要的是领导者之不注意此工作而使计划破坏”[②]；以及对敌人力量估计不足、地理不熟而陷入敌之包围之中。失败的“远因”则是：“地方党事前在群众组织中无经常武装组织与训练，致农民在军事方面太无常识，连特委、县委也无常识”；“这种无经常军事组织还是由于对形势估计之不够”。也就是说，地方党的组织在力量雄厚的敌人面前，还缺乏基本的组织和武装准备。由此，陈原道认为：这种状况，若组织暴动和总同盟罢工，“十个

① 陈原道:《河北省巡视员对直南情形的报告》，1932年10月13日。
② 陈原道:《河北省巡视员对直南情形的报告》，1932年10月13日。

月也不能领导起来”。陈原道在报告的最后提出：必须再作充分的准备，“机会主义的领导无论如何不能再继续下去。省委如果不下决心去改造，前途是不堪设想的，或者就是不动，或者就是一哄而起，一哄而散，此外是无他途的”①。

面对着敌强我弱的形势，革命需要积蓄力量，需要党去进行充分的准备，否则，只能是归于失败。陈原道从直南暴动的挫折中再次认识到盲动主义、冒险主义的危害。

就在陈原道正在认真总结这次直南巡视的经验教训时，他又接到了中央交给他的新的任务！

二、又一次临危受命，第二次被捕

1932 年 11 月，陈原道接到中共中央通知，要他赴上海，担任中共江苏省委常委兼上海革命工会党团书记②。这次使用的名字是他的字——陈伯康。此时上海的中共地方组织隶属中共江苏省委。

这是陈原道革命生涯中的第三次临危受命！前两次分别是 1929 年赴河南和 1931 年赴河北。

此时的上海，白色恐怖比以往任何时候都更加严重。1931 年 4 月，中央政治局候补委员、参与领导中央特科工作的顾顺

① 陈原道：《河北省巡视员对直南情形的报告》，1932 年 10 月 13 日。

② 据王健英编著的《中国共产党组织史资料——领导机构沿革和成员名录》记载，陈原道此时为上海工会联合会委员长、中共党团书记，隶属中华全国总工会白区（上海）执行局。中共中央党校出版社 1995 年版，第 298 页。

章在武汉被捕叛变。6 月，担任中央政治局常务委员会主席的向忠发在上海被捕叛变。由于此二人对中央机关和中央领导人的情况非常熟悉，一时间，周恩来等中央领导人处于一种十分危险的境地。迫于形势，周恩来于 12 月离开上海，前往中央根据地瑞金，接任苏区中央局书记。此前的 9 月，由于在上海的中央委员和政治局委员均已不到半数，根据共产国际远东局的提议，在上海成立了临时中央政治局，由博古、张闻天、康生、陈云、卢福坦（后叛变）、李竹声（后叛变）六人组成，史称“临时中央”，坚持党在白区的工作。然而，工作已是举步维艰。1933 年 1 月，临时中央政治局被迫决定撤离上海，迁入中央革命根据地瑞金。1933 年春，中央决定成立上海中央局（亦称上海白区中央局），负责领导国民党统治区地下党的工作。然而，上海中央局很快又屡遭敌人破坏，一些重要干部被捕，上海中央局前后两任书记李竹声、盛忠亮等一部分重要干部被捕叛变。

★ 上海工人游行

不难看出，从 1931 年 4 月顾顺章叛变，到 1933 年 1 月临时中央政治局被迫撤离上海，大批党的重要干部撤往苏区，上海的地下斗争形势是何等险恶。

就是在如此险恶的形势下，陈原道奉命来到上海，担任领导上海工人运动的主要负责人。这正应了中国的仁人志士们常说的一句话：我不下地狱，谁下地狱！

此时的陈原道，早已把自己的生死置之度外，还在从莫斯科中山大学回国之初，他就对自己的家人说：我这一身也就是一个尸皮囊子。为了人民的解放事业，他随时准备牺牲自己的生命。从草岚子监狱出狱之初，他又告诉自己的家人，不要以他的生死为念！妻子刘亚雄深知陈原道的这种理想和信念，毅然与他同行，任中共江苏省委妇委负责人。

一到上海，陈原道便投入到革命斗争之中。他深入到工人群众中，了解工人斗争的状况，计划着如何组织失业工人进行一次反失业的示威大游行。他仍然是一如既往，废寝忘食。为了躲避敌人的搜捕，他几次变更住址，居无定所。

1933 年 1 月 7 日，上海失业工人举行反失业示威游行。敌上海公安局随即派员前往镇压，驱散游行的失业工人，并逮捕了游行总指挥李兰平。

李兰平旋即叛变，并供出了他和陈原道的联络地点——公共租界唐山路颐乐里 16 号。敌人如获至宝，立即由国民党上海公安局督察员王文君偕同政治部中西侦探来到上海工部局汇山捕房，要求协助捉拿共产党要人。租界捕房遂派出华探 291 号沈斌奎和上海公安局西探目华生一起，并带上叛徒李兰平，立即前往唐山路颐乐里 16 号搜寻。

当晚 8 点 20 分，陈原道不明就里，来到颐乐里 16 号，不幸被捕。

这是陈原道革命生涯中的第二次被捕。

对于敌人的伎俩，陈原道已经很熟悉了。在上海工部局汇山捕房和江苏省高等法院第二分院的刑事庭上，面对敌人的审问，他只承认自己是安徽合肥人，念过小学，种过地，教过私塾，于本月 2 日由家动身到租界唐山路颐乐里 14 号找朋友，系由表兄介绍前来找事教书。被捕时，敌人还从陈原道身上搜出一封党内同志的通信，陈原道也是尽力予以解脱。在尚不知敌人底细的情况下，陈原道决定首先编出一套口供去应付敌人。

★ 1933 年 1 月，陈原道被捕地点——唐山路颐乐里 310 弄 16 号

陈原道这次被捕的经过和审讯的情况，敌上海公安局所存的档案中有明确的记载。1 月 9 日，敌江苏高等法院第二分院刑事庭的“调查笔录”作了这样的记录：

二百九十一号华探沈炳奎声称：一月七日下午八时，我奉命会同西探华生及公安局来员前往塘山路颐乐里十六号，在该屋亭子间内遍行搜查，未曾搜到什么。我们正欲退出，忽有被告从后门走进，而公安局带来之犯李兰品即指他是党魁。被告则否认其言。我们谓被告前来做甚，他答是找朋友，至朋友姓名则又不能说出。我等就将他身上搜检，当场在短衫衣袋内抄出一张字条。其字迹写得细小异常，为目力所不能见，遂拘入捕房。被告到巡捕房后供称来沪不久，住在爱多亚路五十号中央旅馆三十号房间。经我去调查，得知该旅馆只有房间二十个，没有三十号的[①]。

法庭上，陈原道和法官也有一段对话。面对敌之审讯，陈原道从容应对。“调查笔录”亦有记载。兹录如下：

问（陈伯康）你是一月七日下午八时在塘山路颐乐里十六号屋内被捕吗？

答　是的。但该处门牌是十四号非十六号。

问　你即住居该处吗？

答　我不住该处，是去找朋友的。

问　这张纸条是你身上搜出的。

答　纸头在我腰间衣袋内搜出不差的。

问　纸条从何而来的呢？

答　就在塘山路马路上拾到的。

问　纸条内容写些什么你当然知晓的了。

答　我只见纸上写的字迹很小，不知写的什么，所以随便拾取来的。

问　岂有不将纸条内意义不加细看而收藏之理？

答　当时有一硬纸信封套着的，我以为是一封信，携带至朋友处再行细看，故将信封抛弃了。

问　汝何时来上海的啊？

答　一月七日到沪，是从安徽原籍至南京再来上海的。

---

① 王玉芳主编：《陈原道生平历史资料汇编》第五册。

问 来上海住什么旅馆啊?

答 尚未投宿栈房。

问 汝来上海做甚啊?

答 由表兄招我来沪,预备找朋友介绍职业。

问 你与春如、云极、镜溪等人俱属相识而为镜溪带信给春如、云极两人吗?

答 不认识这些人,亦没有代他们带信的事[①]。

这里的春如、云极和镜溪,均为敌人从陈原道身上搜到的党内同志通信中的姓名。

这次审讯,到此结束。敌人并没有拿出什么有力的证据,来证明陈原道是共产党的重要人物。

敌人当然不会善罢甘休!

1933年1月20日上午九时,国民党江苏高等法院第二分院刑事庭再次开庭,对陈原道以"危害民国案"第七十三号进行审判。这一次,他们拉来了叛徒李兰平进行对质,审判员也由一人增加到三人,并来了一位所谓的检察官。一上来,敌法官便单刀直入问道:"有一李兰品者说你是共产党党魁,怎么你就不是共产党?"陈原道回答:"我非党魁!"以下是"审判笔录"中李兰平的供词。兹再录如下,以见叛徒嘴脸之一斑:

问 李子(兰)平年籍等项。

答 本姓周,化名李子平,二十五岁,上海江湾人,共产党员,住塘山路颐乐里十四号及十六号。

问 你于何时加入共产党的啊?

答 十六年(即民国十六年——引者)入的党。

① 原件存上海市公安局档案处敌伪政治档案,抄录件存南京雨花台烈士纪念馆。见王玉芳主编:《陈原道生平历史资料汇编》第五册。

问　担任什么工作啊？
答　工联团指导员。
问　此人（指陈伯康）你可认识吗？
答　他是江苏省委常委陈伯康，又名陈三。
问　他为你们首领吗？
答　是指导我们工作的人。
问　你与他认识有几时了？
答　认识有三四个月。
问　此次他到你家去做甚呢？
答　是来接洽事务的。
问　可是找别的朋友么？
答　不是的。
问（陈伯康）李子平的话你听见么？
答　完全谎话！
问　你往他家做甚的呢？
答　是往十四号我朋友姓季的。
问　你应从实供述，不必隐讳。
答　我说的都是实话。

陈原道依然是坚不吐实！接下来，审判长就此案由工部局移交国民党公安局处进行"辩论"。先后由工部局代理人和国民党公安局代理人、检察官发言，声称"证据确凿"，一致同意将陈原道移送国民党公安局收监。

审判长最后问道（陈伯康）你有辩论吗？
答　我不是共产党。
问　还有最后陈述否？

答 没有话了！[1]

显然，陈原道认为，和敌人的所谓“辩论”已是多余的了。他早已下定了为了中国革命“从容赴死”的决心！

国民党当局兴高采烈。第二天，也就是1933年1月21日，他们就迫不及待地在上海《时报》上登出消息：

共黨嫌疑犯

陳伯康李芝半等

今晨移提公安局

市公安局

引渡共黨重要人物

共黨蘇省常委陳伯康等

[illegible]

本月七日清晨、華界大有大批共產黨徒、高揭旗幟、大呼口號、還趨小南門將社會局團團包圍、當經該局電話通知市公安局、派遣大隊警探、前往查緝、當場拘獲多人、乃訊據爲首之一共黨供稱、「名李子平、在黨內任失業工人總指揮、住公共租界塘山路頤樂里十六號、家中尚有同黨多人」等語、市公安局據供、遂飭派幹員持文詣匯司捕房請求協助、當經捕頭派遣華探沈斌奎等、會同按址馳赴塘山路頤樂里十六號、實施搜查、詎該屋共產黨徒、事先均已聞風遠颺、因此毫無所獲、探等正思歸捕房報告時、頓見有一男子、姍姍自外而來、探等遂上前將其截獲、帶入捕房

員、於是即將陳羈押、旋市公安局又根據已獲共犯范國樑供出何黨所在、故復派員持文至公共租界、會同匯司捕房中西探員、先後拘獲共黨南京人何玉選、寧波人劉國平、蘇州人沈君瑞、山東人李玉峰、湖北人張文彬等五名、查悉何張曾在奉天兵工廠爲工人、劉於民國十七年一月七日因共黨罪被逮、經法院判處徒刑、於去年二月二日始行釋出、沈亦曾於民二十年七月十三日因共黨嫌疑被捕、卒以證據不充足而開釋、張文彬於民十八年亦以共黨案就逮、法院初審時、判決徒刑一年、當[illegible]張表示不服、曾提起上訴、始蒙減處徒刑三月、以上三共犯、其犯罪時日雖殊、而其爲過犯則實無以異、昨晨工部局遂將陳伯康及何玉選等、解送高二分院覊訊、市公安局即派代表[illegible]引渡、當經郁華庭長核訊之下、遂當庭[illegible]交由公安局來員移提云、

★ 国民党报纸刊登的陈伯康（陈原道）被捕和引渡的消息

市公安局

引渡共党重要人物

共党苏省常委陈伯康等

很快，敌人将陈原道押送到南京国民党宪兵司令部看守所，收入牢中。

---

① 原件存上海市公安局档案处敌伪政治档案，抄录件存南京雨花台烈士纪念馆。见王玉芳主编:《陈原道生平历史资料汇编》第五册。

“出师未捷身先死，长使英雄泪满襟！”陈原道不禁仰天长叹，满含悲愤！自加入中国共产党，从莫斯科中山大学系统地学习马列主义归来，他几次临危受命，为重建中共河南省委、中共河北省委，为了人民的解放事业，努力奋斗，迭遭挫折和磨难；如今，上海党的力量正遭受着巨大的损失，正常的工作已无法开展，他多么想再一次力挽狂澜，为党和人民的事业再做一番努力和奋斗啊！可如今，刚到上海，即已身陷囹圄，这怎能不使他悲愤难平？

然而，他的胸中始终燃烧着革命的火焰！

三、血染雨花台

在南京国民党宪兵司令部，敌人还是首先采取威逼利诱的方法，企图逼迫陈原道就范，背叛革命，投入反人民的国民党阵营。

★ 南京宪兵司令部旧址

然而，如同当年在国民党草岚子监狱一样，陈原道始终是一个有着坚定的革命信念和崇高气节的共产党人！敌人用刑罚折磨他，他没有屈服。于是，敌人又搬来各路“救兵”。先是叛徒徐锡根前来劝降。徐锡根早年从事工人运动，中共六大中央委员，六届四中全会当选为中央政治局委员，六届四中全会后参加罗章龙分裂主义活动。1932 年被国民党逮捕后变节，改名冯琦，担任国民党中央统计局委员兼高干会主席。徐锡根现身说法，巧言令色，陈原道不为所动，嗤之以鼻。敌人又派来一曾经同监的刚刚叛变的叛徒前来劝他“转变”，企图拉他下水，陈原道以嘲笑的口吻说道：“我肺病严重，不久于人世，不需要做这种可耻的勾当！”[①] 国民党大特务康泽还亲自出马，前来劝降。康泽曾留学莫斯科中山大学，与陈原道是同学，只不过康泽一开始就不认同马列主义。1928 年回国不久就建议蒋介石采用俄国保卫局制度，保卫国民党政权。1931 年蒋介石批准成立南昌行营别动总队，康泽任少将总队长，在江西“剿共”中为蒋所器重。1932 年后，康泽担任中华复兴社中央干事与书记，成为蒋介石的十三太保之一。康泽这番前来，显然是看重了陈原道在中共党内的地位与影响，企图把陈原道争取到自己的门下。康一开始即以“老同学”的身份寒暄，并许以高官厚禄。陈原道同样冷眼相对，不屑一顾！正是道不同不相为谋！敌人还根据叛徒徐锡根和康泽的吩咐，送来一大堆精美的食品。陈原道一开始一概拒绝，后来干脆将这些食品带回送给同监的难友。他告诉同志们：吃饱了，好和敌人继续战斗！

作为曾经的草岚子监狱中的第一任支部书记，他把草岚子监

① 刘怡生回忆，1965 年 10 月 24 日。王玉芳主编：《陈原道生平历史资料汇编》第五册。

狱中斗争的经验也带到了这里。恰好在这里，他和1931年1月曾和他一起赴河北的周启敦（又名张文彬）又碰到了一起。在河南工作时，他们也曾战斗在一起，尽管意见时有不同。周是工人出身，对敌斗争是很勇敢的，也同是草岚子监狱中的战友。虽然还没有来得及成立狱中中共支部，但是他和周启敦等一起，以自己的行动，带领着难友们锤炼身体，宣传学习革命理论，唱《国际歌》和俄语的《伏尔加船歌》，揭露蒋介石政权反人民的本质。同狱的难友们后来深情地回忆了陈原道的这样几个片段。

20世纪80年代曾任中纪委常委、中顾委委员的曹瑛，是1932年12月31日在中共江苏省委巡视员任上遭叛徒出卖被捕，关入南京国民党宪兵司令部看守所的。他回忆说：

我认识陈原道同志是在1933年1月，在南京国民党司令部看守所中。我进去之前，陈原道同志已先进去了。我是在上海，1932年12月31日被捕的，两周之后被送到南京宪兵司令部。当时的政治犯中，除了陈原道同志外，还有张文彬、马宾等同志。

陈原道在牢内做了不少共产主义的宣传工作。……陈原道同志俄文很好。在牢中还教我唱伏尔加船夫曲。是用俄语教的。我们都很乐观，对事业充满了信心，我们互相鼓励。给马宾同志很大影响，那时他还是小孩子①。

曹瑛这里说到的马宾，当时是敌人牢房中最年轻的一位，一个不满二十岁的青年学生，因宣传抵制日货在无锡被捕，被押送到南京国民党宪兵司令部看守所。在这里，他遇到了陈原道，也遇到了自己的“马克思主义老师”，引导他走上了革命的道路。

① 曹瑛同志谈话记录，1982年4月26日。王玉芳主编:《陈原道生平历史资料汇编》第五册。

他几次深情地回忆陈原道：

1932年到1933年之交的3个月，我因宣传抵制日货在无锡被捕，被押送到南京宪兵司令部拘留所。一个星期后，我的家人给我送来一床被子、一罐豆腐乳。因为有了被子，一位老共产党员（我只记得他叫皮留可夫）与我共盖，教我俄文和用俄文唱《国际歌》，不几天后他被枪毙了，接着，来了一位深度近视穿一缎子夹袍像商人模样的同志，从他谈国内外形势如德国希特勒活动、日本侵略军活动和上海人民活动等方面的情况看，我感到他不像商人，后来才知道他就是陈原道同志。

我当时只看过文艺复兴作品，普罗文学还不沾边。但是，我有一种思想，仇恨有钱人，同情穷人。因此，起初我对商人装扮的他很不习惯。但是，两天以后，这位与我同被窝的近视眼，跟我讲他又经商又教书，讲起经济学来了，而且讲得很露骨：讲资本主义，讲剩余价值，讲剥削，讲阶级斗争。他在被窝里对我说，“这就是马克思主义。”“是真正的老布尔什维克，我是从他们身教言传最早学习马克思主义理论、学习共产党人气质的。”更有幸的是遇到陈原道这位马克思主义老师。这是我一生的大幸事①。

马宾还回忆了陈原道带领大家锻炼身体，唱《国际歌》、编小话剧的情形：

原道同志中等身材，戴近视眼镜，黑边。……他生活规律，定时起床，屋内很整齐，并注意锻炼身体，搞运动，带动全号子。

我们没有组织绝食，但用其它方式同敌人进行斗争。有一次，他构思了一个剧本——“审判蒋介石”，并组织号子中的人

① 马宾：《我的马克思主义老师》，中共安徽省委党史研究室编：《陈原道百年诞辰纪念文集》，中共党史出版社2004年版，第18页。

进行了演出，原道是审判官，把蒋介石痛骂了一顿。

我们号子都很乐观的，活跃的①。

★ 陈原道南京狱中难友马宾 2003 年在陈原道故居前

起初，原道同志被提审，回来什么也不说。后来有一次，他被提审后，带不少罐头回来，他说叛徒把他认出了，送了他很多罐头，他本想不要，想想还是带回来给同志们吃。我想，只有硬骨头，才能吃。有一个同志建议，全号子唱一次《国际歌》，唱歌的时候，拘留所长（据说是所长）来号子开了门，问：是谁唱的？谁也不吭声。又严厉地问，是谁唱的？！一位“强盗犯”站起来说，大家唱的。又问：是谁领头唱的？“强盗犯”向门前走一步说，是我领头唱的！看守所长知道他是一个大“强盗犯”。吓得向后退，再也不问，把门锁上走了。“强盗犯”转身向我们说，你们唱！我们向住在下层的“强盗犯”表示感谢和敬意！这

① 访问马宾记录，1982 年 12 月 27 日。王玉芳主编:《陈原道生平历史资料汇编》第五册。

情景，使我心想，共产主义一定能胜利！[1]

马宾很快被家人托人保释出狱，并由此由一个进步青年而走上革命道路，加入了中国共产党。新中国成立后，曾担任鞍山钢铁公司总经理、冶金工业部副部长。2003 年 4 月，他带着病残之躯从北京赴巢湖参加纪念陈原道诞辰一百周年暨英勇就义七十周年座谈会。回忆自己在南京国民党看守所和陈原道相处的日子，他满含深情，说："我却觉得自己在拘留所的日子犹如上了一所大学，更有幸的是遇到陈原道这位马克思主义老师。这是我一生中的大幸事。"[2]

★ 陈原道在南京雨花台殉难地

敌人无法征服陈原道，就残忍地向他举起了屠刀。1933 年 4 月 10 日拂晓前，陈原道和十八位同志一起，带着对敌人的满腔悲愤，带着对人民解放事业必胜的信念，勇敢地走上了敌人的

① 马宾：《我的马克思主义老师》，中共安徽省委党史研究室编：《陈原道百年诞辰纪念文集》，中共党史出版社 2004 年版，第 19 页。

② 马宾：《我的马克思主义老师》，中共安徽省委党史研究室编：《陈原道百年诞辰纪念文集》，中共党史出版社 2004 年版，第 21 页。

雨花台刑场。狱中难友记述了他最后就义的情景。狱中难友曹瑛回忆：

我和陈原道同志头碰头地睡在一起……在牢中住久了，摸到了国民党杀人的规律。只要看守所的头子郭正龙一来，就知道第二天要杀害人了。一听到哨兵吹敬礼号，就知道是郭正龙来了，他是个刽子手，前一天晚上，看守所的所长是要来看一看，对名字的。这时，我们就做好了准备，号友们就请吃面，表示离别的心情，头一天就把衣服穿好，等着叫名字。第二天天还不亮，就听到了铁门声，打开号门，就听到第一个叫陈原道。陈原道同志就高呼"打倒国民党""共产党万岁"！宪兵扑上去就把嘴堵住。第二个是张文彬（周启敦）[1]。

另一位难友也作了回忆：

4月10号这天的早上，天还没有亮，一群张牙舞爪的宪兵来了，第一个就喊着陈原道的名字，临捆他到雨花台枪毙的时候，他还利用敌人所允许的五分钟时间，作着慷慨激昂而又悲壮的讲演："同志们，为了无产阶级的解放事业，我们永别了，望你们保重身体，坚持立场，坚决为无产阶级事业奋斗，我们虽然被杀了，但无产阶级是会报仇的。"接着便高呼口号："打倒国民党，拥护共产党，红军万岁，共产党万岁！"随后便被推上汽车。汽车走得很远了，我们还听见在唱着"起来，饥寒交迫的奴隶，起来……"悲壮的歌声。

不一会天大亮了，我们便把他遗留下来的一件长衫挂起来，我们大家都围着被子坐着，面对长衫，默不作声，以表示我们对他的哀悼，有的同志曾流下泪来。他的那种英勇牺牲的精神，使得当时捆他的那些刽子手们都不得不心里发抖，他们只好说："陈

① 曹瑛：《回忆陈原道在南京狱中》，中共安徽省委党史研究室编：《陈原道百年诞辰纪念文集》，中共党史出版社2004年版，第70—71页。

伯康这人是好样的……”这是陈原道同志当时英勇牺牲的情形[①]。

陈原道的革命生涯，永远定格在了 1933 年 4 月 10 日清晨的南京雨花台刑场！他把自己的一腔鲜血，全部洒在了雨花台！

“陈原道同志的牺牲是很英勇的！”这是当年狱中难友们集体的记忆！他尸骨无存，仅留下几件平时穿的旧衣服，妻子刘亚雄把它先后分给了生活困难的同志。还有，就是他生前读过的革命书籍，尤其是留学莫斯科中山大学时读过的俄文书籍。

这一年，他年仅 31 岁。

---

① 康彬:《陈原道同志的牺牲是很英勇的》，中共安徽省委党史研究室编:《陈原道百年诞辰纪念文集》，中共党史出版社 2004 年版，第 72—73 页。

结语：永远的怀念

陈原道牺牲的消息，狱中难友曹瑛很快手写一封密信，通过刚刚出狱的进步青年马宾带出，寄往北平四川会馆，辗转到达尚在上海的妻子刘亚雄手中。在狱中时，陈原道曾托曹瑛一事，如他出狱，请去找刘亚雄；可到北京大学先找范文澜，再找刘亚雄。从草岚子监狱出狱后，地下党组织通过进步教授台静农的介绍，陈原道和刘亚雄曾在北京东城进步教授范文澜家里住过一些时间，得到了范文澜的热心照料。只是此时，曹瑛已被判无期徒刑。

★ 陈原道牺牲后，妻子刘亚雄继续投身革命。这是1936年，任山西牺盟会军政训练班女兵连政治指导员的刘亚雄（左）和政治工作员陶恒馥（右）、儿子刘纪原合影

这时，刘亚雄已有六个月的身孕。得到这一噩耗，她不禁泪水涟涟，痛苦万分。她强忍住悲痛，决心继续陈原道未完的事业。然而，这时敌人也已

经盯上了刘亚雄。6月，中共江苏省委考虑到环境的险恶和她已有孕在身，决定将她调到北平工作。临行之前，省委秘书长赵世兰和她谈话，要她先找到台静农和范文澜，接上组织关系。到了北平之后，由于白色恐怖严重，台静农已不知去向，范文澜也无法帮她找到组织。眼看产期临近，刘亚雄决定回到太原父亲刘少白家中。

8月，儿子出生。刘少白给他取名陈纪原，意为让儿子永远纪念自己的父亲，继承父亲未完成的革命事业。然而，国民党反动派仍在到处追捕刘亚雄，小小的纪原只能躲在家中，不敢出门。一听到外面的敲门声，常吓得躲到里面的屋中。1934年2月，产后的身体尚未恢复，刘亚雄便把小纪原留在太原家中，只身到北平寻找党组织。她要继续丈夫陈原道的事业。为了寻找组织，1934年8月，她曾到张家口一张姓的大户人家做家庭教师，以此作为掩护。很快，听说太原城里有了一点党组织的线索，便立即辞去家教，直奔太原。8月底，她终于在太原和党组织接上了头。山西特委书记王伯唐还亲自找她谈话，给她分配工作。只是王伯唐很快被捕牺牲，刘亚雄再次失去组织联系。经人介绍，她又先后到河南温县女子职业学校和河南内乡师范学校任教。但因她在学校宣传进步思想，又先后被学校解雇。直到1936年9月，当年草岚子监狱中的战友薄一波、安子文、刘澜涛、杨献珍等人经中共北方局营救出狱，薄一波、杨献珍等人又很快奉命奔赴山西，和阎锡山结成上层统一战线，改组牺盟会，编练新军。辗转几年寻找组织未果的刘亚雄，得到消息后，立即和草岚子监狱中的战友孔祥桢一起，找到了中共北方局联络员邢西萍（徐冰），和薄一波取得了联系，成为以薄一波为书记的中共山西工委十五名成员之一，并担任新军女兵连指导员，著名的抗日女英雄李林便是女兵连的一名战士。小纪原有时也跟在妈妈的身边。细心的阿姨还给他做了一身新军的服装，以致留下一张四岁的小纪原身着一身新军军装和妈妈以及女兵连政治工作员陶恒馥阿姨（后成为廖鲁言夫人）的戎装照。1942 年，刘少白发起组织晋西北士绅参观团到延安参观学习，将八岁的陈纪原、九岁的侄子刘乃成和十一岁的儿子刘易成也带到延安，希望他们在延安读书。当时，延安来的烈士和领导干部的子弟比较多，窑洞不够。王若飞把这一情况报告给了毛泽东。毛泽东说：少白老的孩子一定要收下。没有窑洞，可以挖嘛！1942 年冬，刘亚雄来到延安中央党校参加整风学习，母子得以团圆，纪原也从母亲的口中知道了父亲的革命事迹。此时，刘亚雄有个想法，干脆将小纪原由陈纪原改名为纪原。父亲刘少白听说后很不高兴，说，孩子怎么也得有个姓吧，干脆就叫刘纪原吧！[①]1944 年 6 月 22 日，正在抗属小学读三年级的刘纪原写下了一篇日记：《想起我的爸爸》。他在日记中写道：

亲爱的爸爸，当你被国民党的顽固分子杀害了的时候，我还在妈妈的肚子里，已经就是一个没有爸爸的孩子了。妈妈把我生在太原，她就走了，我就和奶奶（指外祖母——引者注）一块儿生活。

后来共产党来了，我们全家搬在黑峪口，以后又把我送到延安来学习。亲爱的爸爸，你死去十二年了，你死以后，妈妈不知受了多少苦，流过多少眼泪！一直来到了延安，我们才过上幸福的日子。我长大了，一定要做革命工作，替爸爸报仇[②]。

解放战争时期，刘亚雄奉命奔赴东北，先后担任中共辽源市

① 刘纪原谈话记录，2020 年 6 月 7 日。

② 刘纪原：《小学生日记》，1944 年 6 月 22 日，中共安徽省委党史研究室编：《陈原道百年诞辰纪念文集》，中共党史出版社 2004 年版，第 82—83 页。

委书记和长春市委书记。新中国成立后，刘亚雄又奉调北京，先后担任中央妇委副书记、劳动部副部长。从延安和母亲分别以后，刘纪原先是随外祖父刘少白回到山西兴县，后又来到北京。母亲调到北京以后，母子才真正团圆、生活在一起。1954 年，刘纪原被党组织选送到莫斯科鲍曼高等技术学校自动控制专业学习。1960 年毕业回国后，历任国家第七机械工业部第十二所所长、中国运载火箭技术研究院副院长、航天工业部副部长、航空航天工业部副部长、航天工业总公司总经理兼国家航天局第一任局长，并在中共十四大和十五大上当选为中央委员。他先后参加了“两弹一星”研制、“两弹结合”试验、中国载人航天工程等重大项目，把自己的毕生心血献给了中国的航天事业，在国内外获得了很高的赞誉。2011 年 10 月 2 日，刘纪原获得国际宇航科学院（IAA）授予的航天领域最高奖项冯·卡门奖。

自从陈原道牺牲以后，妻子刘亚雄终生没有再嫁，矢志民族和人民解放事业。支持刘亚雄的一个坚强信念，就是要完成陈原道的未竟之业，这也是他们共同的理想和信念！ 1988 年，刘亚雄在北京逝世，终年八十七岁。新华社播发的《刘亚雄同志生平》称她是“久经考验的共产主义忠诚战士、无产阶级革命家、党内杰出的妇女工作者、社会活动家”[①]。而支持刘纪原毕生献身国家航天事业的一个坚定信念，也是要继承父亲伟大的革命精神。2016 年 4 月 11 日，八十三岁的刘纪原在接受南京雨花台烈士纪念馆工作人员采访时，深情地说道：父亲革命精神中的几个特质对他教育最深，一是他敢于坚持真理；二是他在工作中注重调查研究，坚持实事求是的原则；三是大公无私，一切为了国家

①《人民日报》，1988 年 3 月 4 日。

和人民[①]。

还值得一说的是，作为曾经的国家航天工业部门领导人的刘纪原，不忘父亲当年振兴中国农业的理想，多年来致力于推广航天育种工程，并特别希望在父亲的家乡使这一工程得以开展。如今，在烈士的家乡，已有有志之士成立了中国航天育种基地。虽然创新工程的开展不会一帆风顺，但有志者事竟成，相信这一工程一定会在陈原道烈士的家乡开花结果，以告慰烈士的在天之灵。

陈原道烈士的血液在儿子的身上流淌，烈士的革命精神在儿子的身上得到了继承。这是对烈士最好的纪念！

定格在 1987 年 4 月全国“两会”期间的一张照片，让人感慨。这一年 4 月，出席全国政协会议的陈原道的妻子刘亚雄和出席全国人大会议的他们的儿子刘纪原，在庄严的人民大会堂留下了一张合影。陈原道在天有灵，一定会十分欣慰的！自 20 世纪 80 年代以后，刘纪原多次到南京雨花台和烈士的故乡陈泗湾村，凭吊父亲的英灵。如今，在北京西郊的福田公墓，有一座陈原道和刘亚雄合葬的墓。墓穴中，陈原道的遗物只有一本他在莫斯科中山大学读过的俄文书籍。刘纪原还向他的子女立下遗嘱，他和夫人去世后，骨灰也和父母亲葬于同一墓穴中。

“忠贞陈氏一门！”[②]家乡的中共党史工作者曾经这样概括陈原道和他的一家。

党和人民同样没有忘记陈原道烈士，以各种方式纪念他、缅怀他。

① 参见《雨花英烈近亲属口述史》，南京出版传媒集团、南京出版社 2019 年版，第 70 页。

② 见中共安徽省委党史研究室编：《陈原道百年诞辰纪念文集》，中共党史出版社 2004 年版，第 41 页。

★ 1987 年 4 月，陈原道妻子刘亚雄（左）和儿子刘纪原（右）在人民大会堂全国政协和全国人大会议上

1934 年 1 月 22 日，也就是陈原道牺牲不到一年，第二次全国苏维埃代表大会在江西瑞金召开。时任第一届临时中央政府主席的毛泽东在开幕词中说：“黄公略、赵博生、韦拔群、恽代英、蔡和森、邓中夏、陈原道、鲁易、沈泽民……他们在前线上，在各方面的战线上，在敌人的枪弹下屠刀下光荣地牺牲了。我提议我们静默三分钟，向这些同志表示我们的哀悼

第二次全苏大会特刊
红色中华
庄严的开幕词

★ 1934 年 1 月 24 日第二次全苏大会特刊毛主席开幕词

和敬仰！”[1]

毛泽东在这里表示哀悼和敬仰的人物，都是中共历史上著名的革命先驱或红军将领。黄公略参加广州起义，曾任中国工农红军第五军副军长、第三军军长，在中央革命根据地三次反“围剿”战役中屡建战功，曾被毛泽东在诗词中称为“飞将军”，1931 年 9 月在战斗中牺牲。追悼会上，毛泽东撰挽联一副：广州暴动不死，平江暴动不死，如今竟牺牲，堪恨大祸从天降；革命战争有功，游击战争有功，毕生何奋勇，好教后世继君来。赵博生 1931 年 12 月领导宁都起义，后任红五军团参谋长兼红十四军军长，1933 年 1 月在战斗中头部中弹牺牲。韦拔群是中国早期农民运动的三大领袖（毛泽东、彭湃、韦拔群）之一，参加领导了广西百色起义，中国工农红军第七军和广西右江革命根据地领导者之一，1932 年 10 月 19 日，遭叛徒杀害。恽代英是五四时期著名的“青年领袖”，无产阶级革命家和理论家，也是陈原道的入党介绍人，1931 年 4 月在南京被国民党反动派杀害。蔡和森是中国共产党重要创始人，杰出的无产阶级革命家、理论家和宣传家。曾任中共第五届、第六届政治局委员、常委，1931 年 6 月被敌人杀害。邓中夏，1920 年即在北京参加共产党早期组织，参与组织领导了省港大罢工，是中国早期工人运动的领导人，八七会议上被选为中央临时政治局候补委员，曾任红二军团（后改为红三军）政委、中央革命军事委员会委员，1933 年被捕后英勇牺牲。鲁易 1920 年赴法勤工俭学，1925 年任黄埔军校政治部副主任，1930 年任中央军委总政治部主任，后被派往湘鄂革命根据地，1932 年 8 月在战斗中被俘，坚贞不屈，惨遭敌人杀害。毛泽

①《庄严的开幕词》,《红色中华》1934 年 1 月 24 日，第二期。

东在开幕词中把陈原道和这些革命先驱和红军将领并列，向他们表示敬仰，足见中共中央对陈原道的高度评价！

1937年7月1日，周恩来在中共中央召开的党的活动分子会上作《十六周年的中国共产党》的报告。他在报告中指出，中国共产党产生了十六年，已经从一个年轻的幼稚的党，发展成为强大的革命的政党，“他已经不愧为世界共产主义运动中之一员，他已经锤炼成为共产国际最好的支部了”。那么，为什么能够取得这些胜利？周恩来总结了三条，其中第三条就是“因为他在这十六年的苦斗中，产生了几千几万的英勇的、坚决的、能干的、忠实的共产党的干部。这些干部，不仅有党的群众工作的领袖，还有许多能够管理国家、指挥军队的政治家、军事家，还有许多百战百胜的猛将，连敌人听到要怕的猛将。在这些天才干部中，我们党是承袭了中国民族英俊贤明、忠贞不拔、艰苦卓绝、奋勇牺牲的伟大的美德，表现了他们都是中国民族顶天立地的好儿女，都是中华民族最优秀子孙”。接下来，周恩来列举了许多著名人物：“在工人运动中，我们有二七运动的领袖林祥谦、施洋烈士，五卅运动的刘华烈士，省港罢工的领袖苏兆征、邓中夏等同志”；“在农民运动中，我们有彭湃、陈英霖、阮啸仙、李慰农、韦拔群等领袖同志之牺牲；在学生运动中，我们有天才的为全国学生景仰的领袖恽代英、萧楚女等同志的先后牺牲”；“在白色恐怖的统治十年中，我们党的干部、群众工作的领袖，被杀被砍在反动刽子手中的，更不知成千累万，著名的如蔡和森、陈延年、陈乔年、罗登贤、陈原道、何知应、杨殷、王一飞、傅烈、穆清、向警予等同志……”①

①《建党以来重要文献选编》第14册，中央文献出版社2011年版，第345—349页。

在这里，陈原道被周恩来又一次作为中共烈士中的著名人物被提出和褒扬！

这里，还有一件重要史实也应该予以记述。中共六届三中全会以后，“立三路线”的主要推行者、原中央政治局常委李立三被共产国际紧急调往莫斯科，检查自己的错误。在共产国际的严厉批评和帮助下，李立三“开始深刻反省自己的错误，在主席团会议上面对共产国际领导人公开承认了错误，承认自己对不起党、对不起共产国际”[①]。1940年，他在莫斯科用俄文口述了一篇自述，回顾了自己的革命历程。在谈到“立三路线”时期的情况时，他对因受“立三路线”迫害而牺牲的恽代英、何子述、陈原道等同志表示深深的内疚。在说到陈原道时，他说：

> （1930年）8月间在河南，以陈原道（列甫）同志为首的省委大部分成员出面反对执行政治局盲动主义方针的童长荣书记。当时的中共北方局坚持中央路线，指控陈原道同志搞反党活动，撤了他的职。但是陈原道同志拒不服从这一错误决议，继续反对中央的错误方针并获得了大多数省委成员的支持[②]。

李立三是光明磊落的！这是一个曾经犯过严重的“左”倾错误的中央领导人通过实践得出的对陈原道的正确认识。

新中国成立后，国家民政部门很快给陈原道家乡的亲属发来公函，明确陈原道的烈士身份，要求当地政府给烈士亲属予以优抚。

家乡的人民更是时时没有忘记这位从陈泗湾村走出来的著名共产党人。他的少年聪颖、待人仁义，他在龙华学校时的勤奋好

---

①《我的中国缘分——李立三夫人李莎回忆录》，外语教学与研究出版社2009年版，第411页。

②《我的中国缘分——李立三夫人李莎回忆录》，外语教学与研究出版社2009年版，第409页。

学、才华横溢，他留学莫斯科中山大学，他在地下斗争中的艰难困苦和公而忘私，他在南京雨花台最后的英勇牺牲，在家乡的人民口中，口口相传，有口皆碑。笔者家乡的村子离陈泗湾村很近，陈泗湾村前的那条河，同样也流过了笔者的村前，从小就听母亲经常说起：陈泗湾有个陈原道，是个非常了不起的人物，只是被国民党在南京雨花台枪杀了。笔者和家乡的小伙伴们，都是听着陈原道的名字和他的英雄事迹长大的！陈原道的英雄形象，从小就在我们的心灵种下了种子。这也是笔者走上中共党史研究的道路后，几十年不懈地收集、整理和研究陈原道生平历史的重要原因之一。1964 年，陈泗湾村的老百姓为了纪念这位先烈，特地在村子里修了一座桥，取名“纪原桥”。

★ 陈原道牺牲后，家乡人民始终没有忘记他。20 世纪 60 年代的三年困难时期刚过，家乡人民就在村边修了一座桥，取名“纪原桥”

★ 南京雨花台烈士纪念馆关于陈原道的新展台

★ 刘纪原向父亲陈原道遗像鞠躬

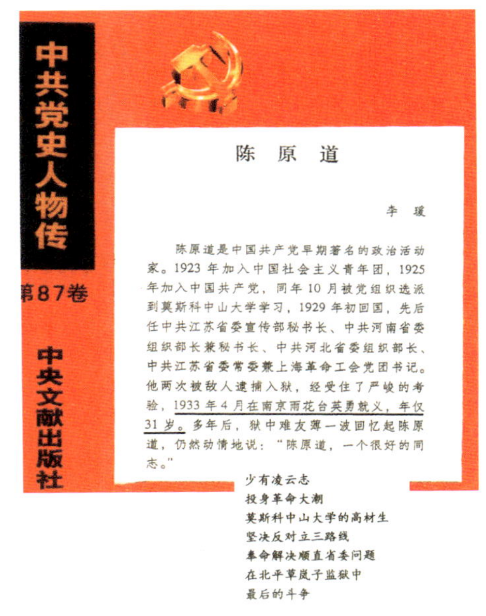

中共党史人物传

第87卷

中央文献出版社

陈　原　道

李　瑗

陈原道是中国共产党早期著名的政治活动家。1923 年加入中国社会主义青年团，1925 年加入中国共产党，同年 10 月被党组织选派到莫斯科中山大学学习，1929 年初回国，先后任中共江苏省委宣传部秘书长、中共河南省委组织部长兼秘书长、中共河北省委组织部长、中共江苏省委常委兼上海革命工会党团书记。他两次被敌人逮捕入狱，经受住了严峻的考验，1933 年 4 月在南京雨花台英勇就义，年仅 31 岁。多年后，狱中难友薄一波回忆起陈原道，仍然动情地说："陈原道，一个很好的同志。"

少有凌云志
投身革命大潮
莫斯科中山大学的高材生
坚决反对立三路线
奉命解决顺直省委问题
在北平草岚子监狱中
最后的斗争

★《中共党史人物传》第八十七卷刊载的关于陈原道的传记

新中国成立后，南京人民为了纪念牺牲在雨花台的革命先烈，在雨花台兴建了占地 153.7 公顷的雨花台烈士陵园，对陈原道等一大批烈士的事迹进行了展览。到了 20 世纪 80 年代，又建立了雨花台烈士纪念馆，邓小平为纪念馆题写了馆名。从 20 世纪 50 年代到 80 年代，雨花台烈士陵园的工作人员就多方收集陈原道烈士的历史资料，包括他早期的作文、上海被捕时的审判笔录，以及有关访谈资料。如今，陈原道的生平历史资料安排在展览馆的显著位置，供世人瞻仰、学习。

一生忠贞　风范长存

——纪念陈原道同志英勇就义五十五周年

薄一波

“陈原道同志是忠诚的无产阶级革命战士。他一生虽然短暂，但他为党的事业建立的不朽功勋，以彪炳史册。他的革命精神和高风亮节，永远值得我们钦佩和学习.”

“原道同志从苏联回国时，正是第二次“左”倾错误即“立三路线”在中央占统治地位的时候。原道同志到达河南省委后，省委内部开展了一场辩论。辩论是围绕对中国革命形势的估计和党在河南应采取的斗争策略两个问题进行的。其实质就是要不要按照“立三路线”来部署省委的工作和河南的革命斗争。在辩论中，原道同志旗帜鲜明，毫不隐瞒自己的观点，在同省委主要负责人发生意见分歧时，他不屈服于任何压力，表现了一个共产党员敢于坚持原则、坚持真理的可贵精神。”

“在当时的情况下，原道同志能够提出这些意见，应该说具有相当高的马列主义理论水平，他对中国革命的斗争实践及其发展规律的分析是正确的。”

刊载于“人民日报”1988. 3. 24

浩气长存　名垂千古

——回忆陈原道同志

曹瑛 周仲英 孔祥祯 马宾

“为了伟大的共产主义事业，为了中华民族的解放，多少革命者前仆后继，献出了自己宝贵的生命。忠诚的无产阶级革命战士、优秀的共产党员陈原道烈士，就是其中之一。”

“原道同志入狱后，始终坚持了共产党人的大无畏英雄气概和崇高的革命节操。他提出狱中斗争的原则意见，同殷鉴、薄一波、孔祥祯等同志磋商、建立了狱中秘密党支部，把监狱变成了对 敌斗争的新战场。”

“狱中的环境异常险恶。要经住残酷的斗争考验，必须具备坚强的意志。薄一波、陈原道等领导同志，抓紧每一次放风机会，秘密碰头，研究情况，分析被捕党员的政治表现，思想动态，根据实际情况，安排教育计划，对表现坚强的同志，给予有力的支持与鼓励，对张金刃等少数动摇分子，则坚决与之斗争。狱中党团员紧密地团结在党支部的周围，形成了一个坚强的战斗集体，原道同志为保存和纯洁党的组织，作出了出色的贡献。”

刊载“人民日报”1983年10月12日

★ 狱中战友的回忆

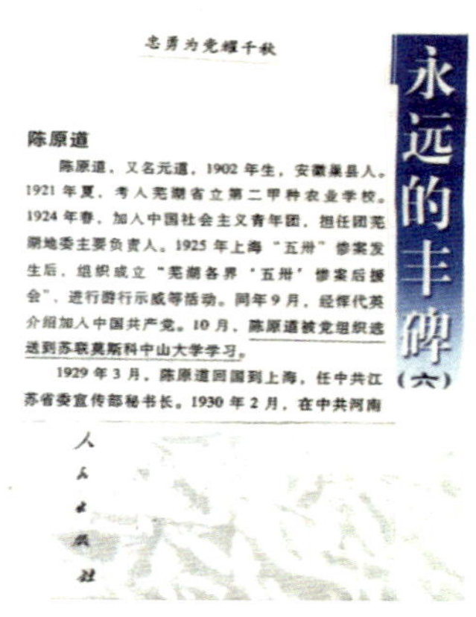

忠勇为党耀千秋

永远的丰碑（六）

陈原道

陈原道，又名元道，1902年生，安徽巢县人。1921年夏，考入芜湖省立第二甲种农业学校。1924年春，加入中国社会主义青年团，担任团芜湖地委主要负责人。1925年上海“五卅”惨案发生后，组织成立“芜湖各界‘五卅’惨案后援会”，进行游行示威等活动。同年9月，经恽代英介绍加入中国共产党。10月，陈原道被党组织选送到苏联莫斯科中山大学学习。

1929年3月，陈原道回国到上海，任中共江苏省委宣传部秘书长。1930年2月，在中共河南

人民出版社

★《永远的丰碑》对陈原道的介绍

中共党史界和地方史研究人员，在新时期也展开了对陈原道生平历史的研究和宣传。安徽、江苏、河南、北京、天津等陈原道战斗过的地方，陆续有研究文章面世。20世纪90年代末和21世纪初，由中共中央党校中共党史教研部李瑗教授等撰写的《陈原道传》，第一次以近三万字的较长篇幅，对陈原道革命的一生作了系统梳理，并对若干难点问题作了考证和分析，受到了中共党史界的重视。文章先后在《安徽日报》（摘要）、《巢湖日报》发表，更重要的是，文章被收入由中国中共党史人物研究会主编的、在国内有着广泛影响的《中共党史人物传》第八十七卷中。由中共中央党校等权威专家编撰的《中国共产党历史大辞典》“总论·人物”篇中，也收有“陈原道”的条目。当年和陈原道一起战斗在北平草岚子监狱和南京监狱的战友薄一波、曹瑛、孔祥桢、周仲英、马宾等也在《人民日报》发表了纪念陈原道的文章。

随着对陈原道生平事迹的深入了解，社会各界对陈原道的宣传、研究更加广泛和深入。

★ 2003 年 4 月 10 日，中共安徽省委党史研究室和中共巢湖市委联合举办了“纪念陈原道诞辰 100 周年座谈会”。从左至右：马宾、王明方、刘纪原

★ 纪念陈原道诞辰100周年时，方圆数十里的乡亲在陈原道故居的村口处热情迎接刘纪原一行的到来

★ 马宾一直把陈原道看作是他的“马克思主义老师”。来到陈原道的故乡，九十高龄的他显得异常的兴奋

2003年4月10日，在中央领导同志的关心下，中共安徽省委党史研究室和中共巢湖市委联合在陈原道的家乡——巢湖市举

办了“纪念陈原道诞辰一百周年暨英勇就义七十周年座谈会”，来自北京、江苏、河南、安徽等地的中共党史学者、烈士的亲属、南京狱中的难友马宾和有关领导同志参加了座谈会。陈原道当年在草岚子监狱的战友、原中央顾问委员会常务副主任薄一波特地为陈原道烈士题词：“一生忠贞，风范长存。”时任中共安徽省委副书记王明方在座谈会上讲话。他说：“陈原道同志是我党早期著名的政治活动家。”“陈原道同志的一生虽然短暂，但他为党的事业做了大量工作。他的一生，是革命的一生，战斗的一生，光辉的一生。”“我们纪念陈原道同志，就要学习他坚定的共产主义信念和为党的事业执着奋斗的革命精神”；“学习他百折不挠、英勇奋斗的斗争意志”；“学习他坚持真理、实事求是的革命品格”[①]。家乡的一位领导在发言中更是激情满怀，说：“陈

一个永远值得怀念和学习的

共产党人（代序）

中共安徽省委副书记　王明方

“陈原道同志是我党早期著名的政治活动家。他出生于安徽巢县一个贫苦农民家庭，1923年加入中国共产主义青年团，1925年加入中国共产党，后留学莫斯科中山大学，回国后历任中共江苏省委宣传部秘书长，中共江苏省委常委兼上海革命工会党团书记。他两次被敌人逮捕入狱，经受了严峻的考验，1933年在南京雨花台英勇就义，年仅31岁。”

“陈原道同志的一生虽然短暂，但他为党的事业做了大量工作。他的一生，是革命的一生，战斗的一生，光辉的一生，他留给我们的宝贵精神财富，是永远激励我们前进的动力。”

“我们纪念陈原道同志，就要学习他坚定的共产主义信念和为党的事业执着奋斗的革命精神。陈原道同志从青少年时代起，就积极投身于反帝反封建运动，探索救国救民的道路。加入中国共产党后，他为党的事业出生入死，英勇奋斗，不论环境多么险恶，斗争多么复杂，对共产主义信念始终坚持执着，矢志不移。”

“我们纪念陈原道同志，就是要学习他坚持真理、事实求是的革命品格。陈原道同志坚持真理、实事求是，对党的事业高度负责。”

“我们纪念陈原道同志，就是要学习他联系群众、深入实际的工作作风。陈原道同志出生贫苦，对工农大众有着特殊的感情。”

“同志们，陈原道同志虽然离开我们70年了，他的光辉形象和革命精神将永远鼓舞着我们不断前进。”

★《一个永远值得怀念和学习的共产党人（代序）》

① 中共安徽省委党史研究室编：《陈原道百年诞辰纪念文集》，中共党史出版社2004年版，第1—3页。

★ 2004年，《陈原道百年诞辰纪念文集》由中共安徽省委党史研究室编辑出版

原道烈士出生于我区栏杆集镇陈泗湾村。作为烈士的家乡，我们为在居巢这片热土上，诞生了陈原道这样一位与中共党史上一批早期革命者齐名、为中国人民解放事业作出杰出贡献的共产主义战士，而感到无比的骄傲和自豪！”①

会后，中共安徽省委党史研究室编辑了《陈原道百年诞辰纪念文集》一书，由中共党史出版社公开出版。书中既收集了这次座谈会上的发言和撰写的有关文章，也收集了此前党史界的研究成果和有关当事人的回忆录，同时也收集了陈原道的遗作和有关文献，从而为研究和宣传陈原道提供了一本有价值的图书。

由此，对陈原道的宣传更加深入和广泛。

2004年9月，由广州长城公司捐款五十万元，设立了陈原道教育基金，用来奖励他的母校——巢湖市黄山中学（前身即龙华学校）的优秀学生、教师和资助部分贫困家庭的学生。9月20日，陈原道教育基金成立大会在黄山中学隆重举行，全校几百名师生满怀着对先烈的景仰之情，参加了大会。十几年来，相当一部分师生得到了奖励和资助。陈原道烈士的革命精神，如春风化雨，哺育着一届又一届龙华学子。

① 中共安徽省委党史研究室编:《陈原道百年诞辰纪念文集》，中共党史出版社2004年版，第25页。

2005年，由中共中央党史研究室和新华社共同举办《永远的丰碑》的征文活动，对中共党史和革命史上的著名人物进行宣传，文章由新华社发通稿，首先在中央电视台和《人民日报》播出和刊出。2005年10月2日，新华社发出通稿——《忠勇为党耀千秋——陈原道》。当天，中央电视台在新闻联播中播出，第二天，《人民日报》即在《永远的丰碑》(六)中刊出。随后，各大网站亦纷纷转载此文。2018年8月23日，中央电视台在新闻联播《为了民族复兴·英雄烈士谱》中再次播出了陈原道的英雄业绩，并刊于《人民日报》。

★ 陈原道的母校巢湖市黄山中学为陈原道竖立的铜像

2009年，是陈原道的母校——巢湖市黄山中学建校110周年。为更好地组织好校庆，学校决定在学校广场竖立一座陈原道铜像，把学习和继承陈原道精神作为校庆的主题。10月2日，黄山中学举行110周年校庆暨陈原道铜像揭幕仪式，巢湖市的有关领导和全校师生怀着崇敬和喜悦的心情参加了大会，陈原道之子刘纪原应邀在大会上作了发言，赢得了阵阵热烈的掌声！

此后，家乡的政府又将陈原道烈士的故居按照原貌重新进行了翻盖，并布置了陈原道生平事迹展览，陈列了部分故居的家具。如今，陈原道故居已经被列为巢湖市文物保护单位和爱国主义教育基地，每年都有中小学生和人民群众前去参观瞻仰。2013年，时任陈泗湾村所在的栏杆集镇党委书记曾对笔者动情地表示：一定要让陈原道烈士的旗帜在家乡的上空高高地飘扬！

★ 刘纪原为父亲铜像揭幕

★ 修复后的陈原道故居正门

2018年，是陈原道在雨花台英勇就义八十五周年。9月，南京雨花台烈士纪念馆和南京雨花英烈研究会在南京联合举办了“纪念陈原道烈士牺牲八十五周年学术座谈会”。来自北京、安徽、河南、河北、江苏等地的中共党史研究者和陈原道之子刘纪原出席了座谈会，共同缅怀陈原道英勇奋斗的一生和崇高品质。已经成为年轻的电影工作者的陈原道的曾孙女英泽，深受会议精神的感染，在应邀发言中表示：要继承先辈的革命精神，让红色基因代代相传！

★ 刘纪原、作者（右一）和陈原道的同邑后人、陈原道事迹的热心宣传者程传水（左一）在 2016 年修建的陈原道故居前

巢湖市的作家也拿起了笔，抒发对陈原道烈士的崇敬之情。2011 年，安徽省作家协会会员、巢湖市作家协会副主席、黄山中学高级教师孙远刚写下诗一首：《站在陈原道烈士铜像前》。诗写得真挚、感人，以诗化的语言叙述了陈原道的革命业绩和崇高品格，抒发了龙华学子和家乡人民对烈士的挚爱之情。兹录如下，以飨读者诸君：

晚风收去白日的喧嚣
夜黑送来露珠的清凉
我又一次走过五月的广场

伫立在你的面前
就着天边的一排星光
将你细细端详

黑色大理石底座纹丝不动
半身青铜一言不发
你唇线如刀
目光如刺穿越前方
你好吗？尊敬的前辈
亲爱的学长
我曾读过
你负笈龙华写的文章
那时你十七八岁
正值狂飙突进的1919

你热血沸腾青春飞扬
对不公平不公正的世道
腐朽和黑暗
你眼中冒火情绪激昂
为粉碎千寻铁锁
为挣脱百年的镣铐
你怀着一个信念
踏上追寻真理的征程
从那一走
就再也没有回头

这是你留在这个世上
唯一的一张照片

你从莫斯科中山大学回国
西装领带黑框的圆眼镜
一副文弱书生的模样
你有点像瞿秋白
或者说
你们都是外表柔弱
却骨硬如钢

花香漫过无人的广场
蛙声漂浮在十字花上
此时此刻
你在想什么
又在望什么
透过牢房的天窗
你在想怀孕的妻子?
妻子腹中的孩儿?
你在想那些倒下去的战友?
想谁能有幸看到新中国?
想将来的孩子们该过着怎样的生活?
顺着你目光的指引
我看到共和国的星群
是如此地璀璨、安宁

1902—1933
这代表着什么
这意味着什么
风雨如磐
一个年轻的共产党

倒在雨花台的血泊里
血水和着雨水
浸润一片细草青青

我想问你
亲爱的学长
生命不值得留恋?
你说
“身可杀爱国的热血不可消
头可断救国的苦衷不可灭”

我想问你
亲爱的学长
当初的献出，无悔吗?
你说
你爱今天的这些孩子
生活在晴朗的天空下
读书、嬉戏、行走

青铜何幸
铸造忠魂
让万人举首瞻仰
杜鹃何幸
簇拥在你的脚边
年年吐绽新芳

再见了，亲爱的学长
请接受

一个后来者的景仰
再见了，亲爱的学长
请相信
七千万共产党
和全国人民一起
中国会如你所望
人民自由幸福
国家昌盛富强[1]

巢湖的作家和艺术家也同时以全国首批非遗文化巢湖民歌的形式歌颂陈原道烈士。一首由作家王诗金和笔者共同作词、巢湖市文化馆老馆长张勋亚作曲的《河水清清陈泗湾》开始在烈士的家乡流传开来：

（一）
涂河水哟长又长，
弯弯曲曲到长江。
河水清清陈泗湾，
孕育了陈原道好儿郎。
肩负民族希望离家乡，
革命路上走四方。
心中不忘众乡亲啊，
但求民族得解放，
家国情怀心中装。

（二）
涂山松哟青又壮，
巍然屹立山岩上。

① 见刘纪原、王玉芳编：《永远的丰碑——陈原道烈士生平历史和纪念活动实录》。

留学苏俄浪迹天涯[1]，
坚信马列坚信共产党。
国情调查心里亮，
临危受命敢担当。
守护真理何所惧啊，
一片丹心志如钢，
血染雨花英名扬！

涂山[2]苍苍，滁水[3]泱泱。陈原道的英雄事迹和崇高品格，在家乡，在人民心中，永远长存，百世流芳！

★ 永远的怀念：刘纪原夫妇与女儿刘瑛瑛、女婿阎晓东（阎红彦之孙）在黄山中学陈原道铜像前

---

① 陈原道入党介绍人恽代英《狱中诗》有“浪迹江湖忆旧游，故人生死各千秋”句，苍凉，悲壮。新中国成立后，周恩来亲笔抄录恽诗，以示怀念。这里借用恽诗“浪迹”一词，说明二人心迹相通。

② 陈原道少年时代就读的龙华学校，位于巢湖东黄山脚下。这里的黄山，古代及至近代，亦称涂山。

③ 陈原道的故乡陈泗湾村，三面环水，水流向东，一直流入滁河，汇入长江。

★ 故乡的思念 （作者 陈大健）

后　记

写作《陈原道传》，是作者多年来的一个愿望。作者家乡的村子离陈原道家乡的陈泗湾村只有三里地，流经陈泗湾村的那条小河，同样流过我们小湾村。作者从小是听着陈原道的名字长大的，知道他是一位了不起的共产党人，走上中共党史研究的道路以后，便有了研究陈原道生平历史的想法。自己深感作为一名从烈士家乡走出来的中共党史研究者，一名军队干部，这是一种责任！于是，从 1985 年到中央党校攻读中共党史专业研究生后，便开始十分注意收集陈原道的历史资料。就在这一年，在华中师范大学召开的纪念恽代英诞辰九十周年学术讨论会上，幸遇南京雨花台烈士纪念馆的郭必强同志。他热情地介绍了馆内收藏的有关陈原道的历史资料，会后即寄来一份陈原道的小传和尚健在的陈原道的夫人刘亚雄的联系方式。于是，有了对刘亚雄的几次造访。并在 1990 年尝试着写出一篇两万字的《陈原道传》。然而，由于当时收集到的历史资料十分有限，这个小传没有写成功。

1995 年，我从军事科学院调到老一辈革命家薄一波同志的写作班子工作，不久又担任写作班子主持日常工作的负责人（第一负责人一直是滕文生）。薄老当时已从中央顾问委员会常务副主任的位置上退下来，但仍担任中央党史工作领导小组副组长，组长是国家主席杨尚昆，同时担任副组长的还有胡乔木，后来又增加了邓力群、胡绳。而且，薄老还是陈原道当年在国民党草岚子监狱中的战友，老人正在写作的自传体回忆录对陈原道又多有涉及。这就为收集陈原道的历史资料提供了很大的方便。2001 年，作者遵照薄老的嘱咐，为写作《“六十一人”的历史》一书收集包括陈原道在内的当年草岚子监狱中共产党人的历史资料而来到南京，受到了江苏省委办公厅同志的热情接待，南京雨花台烈士纪念馆的同志也把已经准备好的关于陈原道的一套复印资料当即交给了我们。加上当时各省档案馆都在编写本省的《革命历史文件汇集》，陈原道在中共河南省委和中共河北省委工作期间的历史文件得以内部发行。2002 年，作者和在中央党校中共党史教研部任教的妻子李瑗合作，终于完成了一篇史料比较丰富翔实的两万多字的《陈原道传》，刊登在由中国中共党史人物研究会主编的权威性的《中共党史人物传》第八十七卷上。其后，作者又继续进行研究，对陈原道的生平历史又有了新的认识，于 2017 年在《百年潮》杂志上发表了《共产党人陈原道》一文，澄清了中共党史界对陈原道的某些误解。

这次写作《陈原道传》，殊非易事。盖因这是一部比较完整地反映革命先驱陈原道生平和思想的著作，由此对于过去陈原道研究中的难点问题，就必须一一予以回答，是则是，非则非，不能定论的可以存疑，回避不是历史主义的态度。只有把对革命先驱的认识建立在可靠的、坚实的历史研究的基础之上，革命先驱的形象才更加可信，才能真正长留人间。这里主要是与王明教条宗派的关系问题。为此，作者查阅了大量的相关历史资料和著作，对有关的历史资料进行了系统梳理和比较研究，着实下了一番功夫。作者的基本指导思想是：既要为家乡的革命烈士宣传，同时作为一名中共党史研究者，又必须从史实出发，对历史负责。作者相信：这是一部信史。

本书在写作过程中，得到了陈原道之子、原国家航天部副部长、航天工业总公司总经理刘纪原和夫人王玉芳老师的大力支持。为了更多地收集到陈原道在莫斯科中山大学的历史资料，刘纪原老部长几次委托我国驻俄使馆的同志到莫斯科档案馆收集、复印相关档案资料。王玉芳老师在她的工作单位北京大学图书馆，一蹲好几年，尽可能地收集了目前国内所能见到的公开的、内部的历史资料，编印了厚厚的七册《陈原道生平历史资料汇编》，其治学之严谨，让人叹服！更重要的是，他们在收集编印资料时兼收并蓄，而不是时下盛行的“为尊者讳”。这正是一种实事求是的历史主义的态度。他们也以自己的行动，继承了父亲陈原道实事求是的精神和品格。正是这种历史资料的全面性，为作者写出一部真实的《陈原道传》，提供了坚实的基础。在写作过程中，一些重要观点和材料的运用，老部长又和作者反复推敲并最后定稿，可谓一丝不苟！

本书承蒙中国科技大学宁业高研究员审读了全部书稿。同时本书在写作过程中，陈原道的同邑后人、安徽省监狱管理局原局长程传水，巢湖市文联主席包先华，巢湖市涂山文化研究中心负责人、巢湖市作家协会会员程仲平，安徽大学历史文化学院教授周怀宇，中学同学、作家王诗金，原南京军区汽车团战友陈大健、黄声友，原解放军总后勤部宣传部副部长、军代表局政委刘欣，中共安徽省委党史研究院处长徐京，南京雨花台烈士纪念馆院长向媛华，北京华联印刷有限公司总经理朱敏、客服部主任助理杨迎春，原薄老写作班子的同事等诸多朋友，也都给予了很多鼓励和帮助。在此一并致谢！

写完这部书稿，算是给家乡的先烈、家乡的父老乡亲交了一份答卷。30年前，作者曾和中央党校、原中央党史研究室、国防大学的几位党史研究同仁合作撰写了四卷本《毛泽东之路》(本人承担第一卷:《横空出世》)，并获得了第八届中国图书奖和国家四部委“优秀青年图书奖”，后来又合作撰写了四卷本的《刘少奇之路》，但都没有完成这本书的写作有成就感。原因很简单，还是那句话：作为从陈原道烈士家乡走出来的一名中共党史研究者，我对烈士的研究和宣传有着一份特殊的责任！同时，作为一名有着42年军龄、参加过援越抗美的七旬老兵，我更希望这本书稿的写作和完成，只是为革命先驱陈原道留下一部信史和历史资料，只是一个开端。更重要的是，我们应该在实践中真正践行陈原道烈士为民族和人民解放事业英勇献身的崇高信念，坚持调查研究，一切从实际出发，勇于坚持真理的优秀品质，把祖国建设好，把烈士的家乡建设好。如此，才能告慰先烈的在天之灵！

本书曾在2020年9月以《巢湖》特刊的形式内部印发了若干册，征求烈士家乡父老乡亲的意见，得到了一致肯定。这次公开出版，得到了中共党史出版社的鼎力支持！谨致谢忱！

书中如有不妥之处，敬请指正。

胡长水

2022年5月

于中央党校大有北里小区

图书在版编目（CIP）数据

陈原道传 / 胡长水著. -- 北京：中共党史出版社，2023.3

ISBN 978-7-5098-6284-1

Ⅰ. ①陈… Ⅱ. ①胡… Ⅲ. ①陈原道—传记 Ⅳ. ①K827=6

中国国家版本馆CIP数据核字（2023）第031990号

出版发行：中共党史出版社
责任编辑：赵雨
责任印制：段文超
社　　址：北京市海淀区芙蓉里南街6号院1号楼
邮　　编：100080
网　　址：www.dscbs.com
经　　销：新华书店
印　　刷：北京中科印刷有限公司
开　　本：710mm × 1000mm　1/16
字　　数：280千字
印　　张：25
版　　次：2023年3月第1版
印　　次：2023年3月第1次印刷

ISBN 978-7-5098-6284-1

定　　价：88.00元
